O caráter educativo do
movimento indígena
brasileiro (1970–1990)

Coleção EDUCAÇÃO EM FOCO

- *Herança Quilombola maranhense*: história e estórias – Joseane Maia
- *Malungos na escola*: Questões sobre culturas afrodescendentes e educação – Edimilson de Almeida Pereira
- *O caráter educativo do movimento indígena brasileiro (1970–1990)* – Daniel Munduruku
- *O preconceito em foco*: análise de obras literárias infantojuvenis. Reflexões sobre história e cultura – Antonio Sampaio Dória

Daniel Munduruku

O caráter educativo do
movimento indígena
brasileiro (1970–1990)

Dados Internacionais de Catalogação na Publicação (CIP)
(Câmara Brasileira do Livro, SP, Brasil)

Munduruku, Daniel
O caráter educativo do movimento indígena brasileiro (1970-1990) / Daniel Munduruku. – São Paulo : Paulinas, 2012. – (Coleção educação em foco. Série educação, história e cultura)

Bibliografia.
ISBN 978-85-356-3304-7

1. Povos indígenas - Brasil   2. Povos indígenas - Cultura   3. Povos indígenas - Educação   4. Povos indígenas - História   I. Título.   II. Série.

12-10516   CDD-306.089981

Índices para catálogo sistemático:
1. Cultura indígena brasileira : Sociologia educacional   306.089981
2. Movimento indígena brasileiro : Caráter educativo : Sociologia educacional   306.089981

1ª edição – 2012
1ª reimpressão – 2022

Direção-geral: *Bernadete Boff*
Editora responsável: *Maria Alexandre de Oliveira*
Assistente de edição: *Rosane Aparecida da Silva*
Copidesque: *Ana Cecilia Mari*
Coordenação de revisão: *Marina Mendonça*
Revisão: *Ruth Mitzuie Kluska*
Assistente de arte: *Ana Karina Rodrigues Caetano*
Gerente de produção: *Felício Calegaro Neto*
Projeto gráfico: *Telma Custódio*
Editoração eletrônica: *Wilson Teodoro Garcia*

Nenhuma parte desta obra poderá ser reproduzida ou transmitida por qualquer forma e/ou quaisquer meios (eletrônico ou mecânico, incluindo fotocópia e gravação) ou arquivada em qualquer sistema ou banco de dados sem permissão escrita da Editora. Direitos reservados.

Paulinas
Rua Dona Inácia Uchoa, 62
04110-020 – São Paulo – SP (Brasil)
Tel.: (11) 2125-3500
http://www.paulinas.com.br – editora@paulinas.com.br
Telemarketing e SAC: 0800-7010081
© Pia Sociedade Filhas de São Paulo – São Paulo, 2012

A Maria Aracy Lopes da Silva (*in memoriam*).
Minha gratidão eterna à professora que me iniciou na lida acadêmica com paciência, bondade e fé. Espero ter feito jus à sua dedicação.

Ao meu pai Miguel Costa (*in memoriam*), que este ano foi juntar-se aos ancestrais no mundo espiritual.

À Roseli Fischmann,
por ter sido minha paciente e carinhosa orientadora.

A Tania Mara,
companheira e mãe amorosa.

Agradecimentos

É deveras necessário agradecer. Os povos indígenas costumam, através de cantos e danças, agradecer as benesses que os espíritos ancestrais lhes oferecem. Este espírito de gratidão não apenas os impulsiona a se sentirem integrados ao Todo Universal, mas também os tornam seres do presente, comprometidos com o agora.

Esta obra é fruto de uma urgência que se instalou em mim. Uma inquietação que, creio, me foi introjetada pela ancestralidade a que pertenço e, embora não tenha sido fiel a este "chamado" no espaço e no tempo proposto, ainda assim sinto o privilegiado afeto que estes ancestrais sopram sobre mim. Não me sinto desmerecedor deste afeto, mas sim devedor, por ter escolhido realizar outras tantas buscas, outras quimeras, e abandonado o apelo para ser porta-voz de meus antepassados. Para diminuir este sentimento de dívida, meu primeiro agradecimento vai justamente para esses espíritos que me acompanham e, de certa forma, me formam.

Ao meu sábio avô Apolinário (*in memoriam*), pela especial inspiração que dirige meus passos.

A todos os meus avôs ancestrais. Aos que "tombaram" na luta pela defesa da tradição e àqueles que permitiram que ela chegasse até nós, fazendo justiça aos nossos primeiros pais. Aos "avós" que partiram mais recentemente: Angelo Kretã (Kaingang); Marçal Tupa'I (Guarani); Marta Terena (Terena); Mário Juruna (Xavante); Idjarruri Karajá (Karajá) e Jorge Terena (Terena). Eles nos ensinaram a luta política e por ela deram a vida (roubada ou ofertada).

A meu povo Munduruku, que me acolheu de volta após minha diáspora. Em especial a Biboy Kabá, um velho sábio que foi o primeiro a derramar seu saber sobre mim, após meu retorno. Obrigado a todas as comunidades e aldeias que pertencem a este digno povo. Um especial agradecimento à comunidade Nova Munduruku, do município de Juara, no Mato Grosso. Ela foi – e é – minha família. Ao tio Joaquim Krixi e à tia Madalena Krixi.

Devo gratidão especial aos meus pais Maria e Miguel, este falecido recentemente. São dois bons brasileiros que sempre incutiram em seus filhos o respeito pelo outro. Sempre se preocuparam em manter a unidade familiar, apesar dos tempos difíceis que viveram, fruto da diáspora a que foram submetidos. Meu agradecimento por me deixarem sempre livre para trilhar os meus próprios caminhos. E a meus irmãos e irmãs – nove ao todo –, que sempre torceram para eu não desistir. Este livro é para vocês e, também, para Maria das Graças, irmã que preferiu não esperar eu concluí-lo.

Não posso deixar de elevar meu sentimento de gratidão a meus sete amigos e amigas que aceitaram o desafio de compartilhar comigo suas experiências dentro do movimento indígena. Obrigado a Ailton Krenak, Álvaro Tukano, Carlos Taukane, Darlene Taukane, Eliane Potiguara, Manoel Moura e Marcos Terena. Agradeço pela coragem e ousadia de todos e de cada um de vocês e, também, pela longa convivência que já partilhamos, pelo conhecimento da luta que travaram. Agora, pelas palavras ousadas e certeiras, posso afirmar que vocês todos são Grandes, Gigantes no Pantheon dos sábios indígenas. Minha gratidão – e certamente de todos os indígenas brasileiros – por não terem desistido, quando as coisas não estavam muito boas. Obrigado por continuarem entre nós, apoiando-nos e fortalecendo-nos.

Sumário

Apresentação 11
Introdução 15
O Movimento Indígena e os indígenas em movimento:
mesmos sonhos, outros caminhos 15
Minhas razões pessoais para escrever este livro:
um educador em processo de educação 17
Um estilo de narrar 19

PRIMEIRA PARTE
COLOCANDO PINGOS NOS IS

Capítulo 1. O processo civilizatório e o Movimento Indígena brasileiro 23
    1.1. As políticas indigenistas e a visão sobre os povos indígenas 23
    1.2. Paradigma exterminacionista 27
    1.3. Paradigma integracionista 30
    1.4. Fundação Nacional do Índio 34
    1.5. A Constituição Federal do Brasil:
    um novo paradigma para a política indigenista nacional 36
    1.6. A transfiguração étnica e o Movimento Indígena 38

Capítulo 2. "Posso ser quem você é, sem deixar de ser o que sou":
a gênese do Movimento Indígena brasileiro 43
    2.1. "Posso ser quem você é, sem deixar de ser o que sou:" 43
    2.2. Anos 1970: surgem as "Assembleias Indígenas" 50
    2.3. Anos 1980: a organização macro e a organização micro 53
    2.4. Anos 1990: relações interétnicas em mudança
    ou protagonismo indígena 56

SEGUNDA PARTE
"SOMOS AQUELES POR QUEM ESPERAMOS"

Capítulo 1. Somos aqueles por quem esperamos 61
   1.1. Prólogo 61
   1.2. Por que esses? 76
Capítulo 2. Militância e memória 177
   2.1. Prólogo 177
   2.2. Influência religiosa e escolaridade 179
   2.3. Movimento Indígena 183
   2.4. Visão de futuro 185
   2.5. Avaliando as parcerias 188
   2.6. Caráter educativo do Movimento Indígena 194
   2.7. Autoavaliação 203
   2.8. Conclusão 208
Capítulo 3. O caráter educativo do Movimento Indígena brasileiro: considerações finais 209
   3.1. Entidades de apoio aos índios 212
   3.2. O Movimento Indígena como Movimento Popular 217
   3.3. Imagens que se desfazem: educando a sociedade brasileira 222
Referências bibliográficas 225

Apresentação

Este livro tem como objeto falar do Movimento Indígena brasileiro e de seu caráter educativo. É meu intento mostrar como ele se originou e se desenvolveu dentro do conjunto de acontecimentos sociais eclodidos a partir da década de 1970. Nesse período, o movimento social estava em pleno desenvolvimento num país governado por militares que adotaram uma linha dura contra os movimentos pró-democracia, e os povos indígenas passaram a ser incorporados nessa movimentação política através da participação em assembleias de líderes e chefes indígenas. Dessa inserção no movimento social nasceu uma consciência pan-indígena, que fez com que percebessem que havia problemas semelhantes entre seus povos, gerando ações concretas em prol de seus direitos.

Com base nessa visão pan-indígena, articulada desde muito por líderes de diferentes povos e aflorada no interior do movimento social, surgiu um grupo de jovens indígenas que vai representar uma geração de liderança que desloca seu foco de atuação, desvinculando-o dos caminhos propostos até então. Este grupo irá buscar novas parcerias com outros setores sociais, como: a Pontifícia Universidade Católica (PUC) e a Universidade de São Paulo (USP); a Central Única dos Trabalhadores (CUT), artistas e personalidades como Milton Nascimento e Chico Mendes; entidades de classes como a Associação Brasileira de Antropologia (ABA) e a Ordem dos Advogados do Brasil (OAB), entre outros.

Houve, portanto, abertura para a institucionalização do Movimento Indígena, o que o leva a assumir o papel de protagonista na proposição de novo modelo de política indigenista por parte do órgão oficial.

Na versão original da tese que gerou este livro, havia uma referência especial ao povo Munduruku que serviu como base metodológica para demonstrar como um grupo específico atuou no sentido de efetivar as discussões que aconteciam em âmbito nacional. Na versão para este livro, entendemos que sua exclusão não empobrecerá as reflexões que aqui faremos sobre o caráter educativo do movimento indígena brasileiro.

Ao contrário, a pesquisa apresenta todos os elementos que estão contidos nas demais etapas da obra, mormente os que tratam da construção da autonomia indígena, dos embates com as instituições oficiais, da interferência missionária na vida indígena e da consequente influência sofrida por estas sociedades e seus membros. Será possível, ainda, perceber que esta parte do trabalho irá oferecer significativa sinalização ao se tratar da atuação dos líderes indígenas entrevistados para este livro.

O que busco provar com este livro é que o Movimento Indígena brasileiro teve e tem um caráter educativo – sobre o qual procuro estruturar o foco –, não sendo apenas o que se vê "de fora", ou seja, ele é um instrumento legítimo na defesa dos direitos indígenas, estruturado em processo de autoformação e servindo também, em outra vertente desse mesmo caráter educativo, para mudar o olhar da sociedade brasileira, e mesmo do Estado, sobre os povos indígenas.

Por outro lado, quero esclarecer que esta obra não é um estudo antropológico do movimento indígena, e muito menos um tratado sobre os povos indígenas brasileiros, embora apresente referências tanto da ciência antropológica quanto da história ou do direito. Portanto, é sob este prisma que precisa ser compreendida e analisada.

Organização do livro

O título que escolhi para este livro – *O caráter educativo do Movimento Indígena brasileiro (1970-1990)* – faz jus à perspectiva que sempre me coloquei desde o início, quando objetivei compreender melhor o desenvolvimento das lutas do Movimento Indígena. No meu entendimento, o surgimento do movimento representa a atualização de todas as lutas em que nossos ancestrais se empenharam. Também por isso um dos capítulos irá tratar do modo indígena de se posicionar ante o tempo, as transformações e as atualizações.

Entendo que nunca houve e nunca haverá um indígena que se possa chamar de mensageiro ou herói, capaz de transformar a realidade em que vivemos. Na verdade, creio que não devemos esperar ninguém, porque já somos aqueles por quem esperamos. Para que não desprezemos o sacrifício de nossos ancestrais, precisamos ser capazes de atualizar sua memória, mas, para isso, é necessário ter claro qual a nossa identidade enquanto seres que experimentam um diferente jeito de olhar a realidade em que nos encontramos. Sim, somos aqueles a quem esperamos.

E para tentar mostrar a chave dessa experiência e atualizá-la, estruturei este livro em duas partes: "Colocando os pingos nos is" e "Somos aqueles por quem esperamos". Cada uma delas é composta por capítulos sequenciais, que poderão ser lidos em qualquer ordem, porque se trata de conteúdos não lineares, mas que estão estruturados para oferecer uma visão organizada de um tema complexo e que se apresenta com muitas faces e muitas possibilidades de aprofundamento. Esses conteúdos irão traçar a trajetória do próprio livro, oferecendo uma unidade conceitual.

A primeira parte está organizada em dois capítulos complementares. No Capítulo 1, intitulado "O processo civilizatório e o Movimento Indígena brasileiro", faço uma síntese histórica das políticas indigenistas. Minha ideia é poder oferecer um quadro de como o Estado brasileiro desenvolveu seu pensamento e sua ação em torno dos povos indígenas. No Capítulo 2, batizado como "Posso ser quem você é, sem deixar de ser o que sou: a gênese do Movimento Indígena brasileiro", discorro sobre o nascedouro do movimento, procurando localizar no tempo histórico as razões para seu surgimento enquanto movimento social.

A segunda parte do trabalho apresenta mais três capítulos. No Capítulo 1, "Somos aqueles por quem esperamos", reflito sobre o importante papel das primeiras lideranças indígenas na construção de um projeto de sociedade. Ali tem voz os líderes do Movimento Indígena, que refletem sobre seu papel pioneiro na organização das ações sociais que alteraram o modo como o Brasil via os povos indígenas. O Capítulo 2, "Militância e memória", apresenta uma análise do pensamento dos líderes entrevistados. Na sequência, apresento as considerações finais, que intitulei "O caráter educativo do Movimento Indígena brasileiro", em que faço uma conclusão procurando mostrar os resultados da atuação educadora do Movimento Indígena.

Após estas considerações, segue-se a referência bibliográfica utilizada. Ali, o amigo leitor, o professor ou pesquisador, vai poder encontrar outras obras que contam estas e outras histórias, além de temas sobre nossos povos, sob diferentes perspectivas, oferecendo um mosaico bibliográfico que poderá ser útil para quem desejar se aprofundar no assunto.

Introdução

O MOVIMENTO INDÍGENA E OS INDÍGENAS EM MOVIMENTO: MESMOS SONHOS, OUTROS CAMINHOS

Queridos parentes indígenas, este livro, feito com base em uma tese sobre o Movimento Indígena brasileiro, irá discorrer sobre como este movimento se organizou nos idos de 1980, aproveitando o momento histórico nacional, que era de mobilização política e de intensa participação popular, sobretudo no chamado movimento social.

Há, na verdade, muitas teses e dissertações sobre o Movimento Indígena, como você poderá perceber nas citações aqui apresentadas, mas este livro tem como peculiaridade o fato de "ouvir" a fala de algumas personalidades indígenas que participaram diretamente desse processo histórico. Ouvi-los será de suma importância para que se estabeleça um novo olhar sobre os fatos. Eles são, portanto, testemunhas oculares dos eventos e poderão nos contar suas versões. Este é um importante diferencial que apresento a você nesta obra.

Claro que, quando me coloquei o desafio de pensar o Movimento Indígena, havia algumas questões latentes e que tinham a ver com a compreensão possível de alguns desdobramentos na minha atuação dentro do movimento e, também, com o educador que sou:

1) Qual concepção de educação estava presente no bojo das primeiras lideranças políticas? Como pensavam a identidade, o projeto de futuro e a autonomia de seus grupos?

2) Tinham consciência de estarem fazendo um trabalho coletivo, que ia além da defesa de seus direitos históricos? Sabiam que estavam afetando a própria sociedade brasileira em sua atuação?

3) Por outro lado, por que o Movimento Indígena não "deslanchou" após a década de 1990, permanecendo imobilizado e sem conseguir se articular de forma nacional?

4) Em que medida a formação ancestral – concepção de tempo, educação, produção, participação – influiu para que o Movimento Indígena não caminhasse para a autonomia?

Propus-me, então, a refazer a trajetória do pensamento indigenista brasileiro na tentativa de responder a algumas dessas questões. Minha intenção era compreender como o Brasil oficial desenvolveu seu pensamento a respeito dos povos indígenas desde os primórdios da colonização até a década de 1990, que é até onde vai a pesquisa. Pude, assim, constatar que a visão equivocada – e propositadamente estereotipada – sobre nossos povos foi perversamente orquestrada, retirando deles – em muitas circunstâncias – a humanidade de sua visão de mundo e colocando-os como empecilho para o desenvolvimento proposto pelo Estado brasileiro e que passava pelo extermínio – depois assimilação e integração – das suas diferenças culturais e espirituais.

No entanto, não pense que estes pensamentos são originalmente meus. Eles não o são. Fazem parte de um acervo de conhecimento que foi sendo elaborado ao longo dessa história que pretendo contar a vocês. Na verdade, é uma história que vem sendo contada ao longo do tempo. O jeito de narrar será meu, mas isso já foi feito também por pessoas de diferentes formações teóricas e correntes literárias. Estas referências estarão presentes no final desta obra, numa parte chamada bibliografia.

O que me provocou, no entanto, a pensar no surgimento do Movimento Indígena foi perceber que – a meu ver – houve uma série de fatores que, somados, culminaram com o desejo de jovens estudantes de assumirem a trilha da própria história. Estes jovens estudantes, oriundos de diferentes comunidades, estavam no lugar certo e na hora certa. Sua capacidade de percepção do momento foi a mola mestra que os conduziu à aventura de organizar as sociedades indígenas em um movimento político pela defesa dos seus direitos ancestrais. Percebi isso quando Gilberto Velho – antropólogo – definiu como *campo das possibilidades* a capacidade de pessoas manipularem em seu proveito as situações vividas. Isso me fez querer buscar entender quais foram estas possibilidades. Aí me deparei com o campo político pós 1964, época em que os militares tornaram-se donos do poder criando um clima de terror e instabilidade em toda a sociedade brasileira, que não permaneceu paralisada, organizando-se para lutar contra a hegemonia militar.

A esta altura surgiu o papel determinante da Igreja Católica na organização popular. Foi ela quem iniciou o movimento de reunião das lideranças indígenas para que discutissem seus problemas comuns. A estas reuniões deu-se o nome de assembleias. Elas foram muito importantes para criar uma consciência pan-indígena aos participantes que, antes, estavam apenas preocupados em defender interesses locais. Muitas dessas assembleias foram sendo realizadas ao longo da década de 1970. Também nessa década outras instituições foram sendo criadas, fazendo com que houvesse uma transição entre a Igreja e os outros parceiros apoiadores da causa indígena, como universidades, artistas, profissionais liberais, estudantes secundaristas, trabalhadores rurais sem terra, seringueiros, entre outros. Essa transição foi importante para o amadurecimento das lutas das populações indígenas.

É a partir desse momento, caros parentes, que começou a surgir um movimento indígena organizado propriamente dito. Foi, pois, esse o campo das possibilidades que se abriu para que uma nova geração de indígenas passasse a assumir a organização da luta. Esse grupo foi reunido pelo acaso das necessidades, qual seja, o desejo de estudar, se formar, pensar no futuro. Acontece, no entanto, que o momento político os levou a despertar o sentimento ancestral do coletivo e, quando viram ameaçado seu direito de ser diferentes, protestaram, se impuseram contra os desmandos dos militares e exigiram respeito e dignidade para si e para os povos indígenas brasileiros. Estava, assim, deflagrado um movimento político capaz de organizar pautas de reivindicações que levassem em consideração o direito à diferença.

MINHAS RAZÕES PESSOAIS PARA ESCREVER ESTE LIVRO: UM EDUCADOR EM PROCESSO DE EDUCAÇÃO

Sou um educador. Minha graduação me levou a desenvolver um trabalho focado na escola e na sala de aula. Consciente desta minha tarefa profissional, sempre busquei oferecer aos educandos uma visão de mundo centrada no olhar indígena. Dessa maneira, narrava mitos ancestrais para falar do mundo atual. Ainda assim não me sentia envolvido com o próprio Movimento Indígena. Era um educador preocupado em transformar o mundo, mas estava muito aquém de transformar a mim mesmo ou de atuar a favor dos meus parentes indígenas.

Um dia decidi que iria colocar minha formação a serviço do Movimento Indígena, sem abandonar a minha formação acadêmica e sem abrir mão do meu estilo literário e das minhas próprias articulações com o movimento. Foi dessa maneira que me tornei um indígena em movimento, com o propósito de compreender as diferentes facetas de atuação e encontrar meu lugar dentro de um movimento político capaz de responder de forma efetiva aos diversos estereótipos engendrados na mente da sociedade brasileira. Este caminho me levou à literatura. Tornei-me um escritor de livros para crianças, jovens, adultos, educadores. Minha intenção era poder educar a sociedade brasileira e, por sua vez, me aprofundar ainda mais no conhecimento da causa indígena.

Como é do conhecimento de todos: caminho vai abrindo caminho. E assim foi acontecendo meu envolvimento com o Movimento Indígena via literatura, o que me proporcionou adentrar em um campo ainda pouco discutido e conhecido pelos indígenas, que é o da propriedade intelectual. Por este viés pude me dedicar a desenvolver um caminho notadamente intelectual, pois se trata de um tema cuja especificidade se debate no campo do direito, que me remetia à minha formação inicial como educador.

Claro está que tal dedicação sempre trazia à tona a necessidade de formar novos profissionais que pudessem atuar de forma especializada neste novo campo intelectual. Novamente fui remetido ao começo do Movimento Indígena, com a expectativa de poder compreender algumas dificuldades ainda latentes no contexto da sua atuação, mormente a que tange à formação de intelectuais orgânicos capazes de "pensar" os caminhos do próprio movimento. De certa forma, isso me conduziu a desenvolver este projeto de doutorado em educação, agora transformado em livro, imaginando que daria minha contribuição para as novas lideranças que irão surgir nos próximos anos. Elas devem vir com ideias novas, formação nova, estímulo renovado, e espero que possam beber na fonte o que lhes apresento aqui.

UM ESTILO DE NARRAR

É importante dar uma palavra sobre o estilo narrativo que escolhi empreender nesta obra, pois narro como se estivesse redigindo uma carta aos meus parentes indígenas. É, de fato, um estilo epistolar, como bem o definiu o professor Antonio Joaquim Severino. Essa foi uma opção que fiz para tentar chegar mais próximo de meus parentes sem perder a organização e a profundidade acadêmicas. Sei que a carta – ou a epístola – não é exatamente um estilo indígena, uma vez que exige o domínio da escrita. O estilo indígena seria baseado na oralidade, mas certamente a carta é o que mais se aproxima do estilo oral e, por isso, o escolhi com a finalidade de aproximação. Também por isso, como será percebido, há algumas repetições de ideias. É apenas para lembrar o caráter da narrativa mítica, utilizada por nossa gente: ela é circular. Nesse sentido, ideias importantes são permanentemente lembradas para atualizar a compreensão de quem as ouve ou, neste caso, de quem as lê.

Verão, parentes, que este texto foi escrito para cada um de vocês, que são os destinatários desta minha correspondência. Sei que em alguns momentos o palavreado será de mais difícil entendimento, porque segue uma racionalidade própria da academia. Penso, porém, que com algum esforço tudo se tornará mais fácil e compreensível.

PRIMEIRA PARTE

Colocando pingos nos is

Capítulo 1
O processo civilizatório e o Movimento Indígena brasileiro

1.1. AS POLÍTICAS INDIGENISTAS E A VISÃO SOBRE OS POVOS INDÍGENAS

Prezados parentes indígenas, não tem sido muito fácil para nossos povos viverem uma vida digna em terras brasileiras desde a chegada dos europeus, no século XVI. Desde essa época a compreensão a respeito de nossa história e de nossa cultura tem sido relevada a um patamar pouco dignificante. Isso aconteceu por culpa da própria historiografia oficial, que foi contando a história sob uma ótica eurocêntrica. Ou seja, a história foi sendo contada tendo como referência o modo europeu de ver o mundo e, naquela época do famoso "descobrimento" do Brasil, a Europa passava por profundas mudanças sociais, políticas, econômicas e religiosas. O que, combinado com outros acontecimentos vultosos, culminou com a necessidade de se descobrir novas rotas marítimas para o Oriente. O resultado disso foi a chegada dos portugueses em terras brasileiras nos idos de 1500.[1]

O processo colonizador do Brasil obedeceu a interesses econômicos muito claros por parte da coroa portuguesa. Esses interesses passavam pelo desejo da descoberta de ouro, metal altamente valorizado no comércio europeu, e que já havia sido encontrado pelos espanhóis em outros

---

[1] Não é minha intenção fazer uma revisão da historiografia oficial. E muito menos ainda ministrar uma aula de história do Brasil. Faço estas citações apenas com o intuito de estabelecer uma linha de pensamento acerca do tema a ser tratado. Para maior aprofundamento, cf. Eduardo Bueno, 1998; Carneiro da Cunha et alii, 1998, entre outros.

cantos da América. No entanto, a ausência de ouro à vista dos primeiros colonizadores frustrou a expectativa do reino português e o fez optar pela exploração da única matéria-prima que parecia ser interessante naquele momento: o pau-brasil.

Sobre o significado da extração do pau-brasil, diz Roberto Gambini (2000, pp. 22-23):

> A coleta, a extração e a extorsão são representadas pela derrubada do pau-brasil, o grande símbolo do começo de nossa história, que sobre ela deixará marcas de origem. O desfalque e o ataque à natureza são nossos sinais de batismo, como o é também a posse da mulher índia pelo branco invasor, de cujo acasalamento resulta, nas reveladoras palavras de Darcy Ribeiro, a protocélula do povo brasileiro; a criação de um híbrido que nunca saberá quem é, porque nem pai nem mãe lhe servirão de espelhos ou modelos de identidade. Essa legitimação do ato de apropriar-se do bem não reconhecido como alheio, que a projeção do Paraíso instituiu na cabeça do invasor, faz com que a *alma ancestral* se transforme num objeto a ser apropriado ou dispensado.

Essa política de expropriação efetivada por Portugal vai ser explicitada nas muitas políticas implantadas ao longo da história brasileira. E isso vai passar por diversas abordagens, inclusive pelo fato de considerar os nativos brasileiros como seres desprovidos de qualquer conhecimento, qualquer crença e qualquer estrutura organizacional, o que "autorizava" a adoção de medidas escravistas ou exterminacionistas.

Havia, porém, uma razão muito forte para que tudo não virasse apenas um massacre: o rei português era católico. Sua catolicidade o deixava em situação de ter que prestar contas à Igreja ou, ainda, ter que lhe oferecer uma participação nessa empreitada. Continua Gambini (2000, p. 24):

> O que temos então, no plano histórico? Um processo que negou a existência dessa dimensão psíquica e que, além disso, operou eficazmente para destruir o que não era possível negar. Estudei esse processo analisando a correspondência dos jesuítas no século XVI para tentar entender o que a catequese dos indígenas representava psicologicamente. Ou seja: não era suficiente que os índios adotassem certos compor-

tamentos ou repetissem certas palavras, era preciso levá-los a renegar sua identidade de origem. Os jesuítas foram mestres nessa obra, sendo capazes de criar vergonha em corpos nus ou fazer povos profundamente religiosos admitirem que não acreditavam em nada.

A presença religiosa era, portanto, uma condição *sine qua non* para que o projeto português em terras brasileiras se realizasse. Isso, no entanto, será uma realidade apenas nos idos de 1549, quando Portugal assume de vez que é preciso "invadir" o Brasil de forma mais organizada. Para cá são mandados os primeiros colonizadores, de fato, acompanhados pelos primeiros jesuítas, para destruir a alma de nossa gente.[2]

Este prólogo inicial tem como objetivo dizer, caros parentes, que esse momento histórico – a chegada dos colonizadores e dos jesuítas – marca também o início da expropriação oficial do conhecimento ancestral. De um lado, chegava o colonizador português trazendo o poder de matar em nome do rei – representado pela espada, a arma de fogo, o brasão real – e, do outro, o conversor – representado pela cruz, pelo jesuíta, pela Bíblia. De um lado, havia aquele que obrigava os corpos a produzirem riquezas para o rei, que eles não queriam, e, de outro, o detentor de uma fé destrutiva. Acima dos dois pairava a lei, redigida do outro lado do oceano, que tinha a vã esperança de controlar a sanha de uns e de outros.

Claro que essas leis obedeciam a determinadas formas de pensamento, que, na época, retratavam, de uma forma ou de outra, o modo de compreender os povos indígenas.

É que não é de hoje o pensamento enviesado sobre o processo civilizatório brasileiro, quando se trata da questão indígena. A cada nova fase da história do Brasil (Colônia, Império, República), uma abordagem teórica era desenvolvida com a finalidade de estabelecer um paradigma que pudesse definir qual o papel dessas populações no contexto do desenvolvimento econômico que o Brasil queria para si. Dessa forma, diferentes modelos foram testados e diversas linhas foram definidas, cada uma delas trazendo conclusão pouco satisfatória para os seus idealizadores, fazendo-os sempre mais criativos no ato de estabelecer

---

[2] Sobre o tema da presença missionária em terra indígena, conferir o artigo que escrevi para o livro *Filosofia e educação – Estudos 2*, organizado por Jean Lauand e publicado pela Factash Editora, São Paulo, 2006.

novos critérios baseados em seus princípios escravocratas, imperialistas ou republicanos.

O objetivo deste capítulo é demonstrar a existência de modelos de políticas indigenistas, os quais foram adotados pelo Brasil desde seus primórdios até os dias atuais. Dentro da perspectiva que me coloco – de demonstrar o caráter do movimento indígena brasileiro –, penso que todo este processo criou um campo de possibilidades propício para o surgimento do Movimento Indígena brasileiro, bem como gerou novas atuações dentro do campo político.

Tomo como referência os escritos de Darcy Ribeiro, em especialmente *Os índios e a civilização* (RIBEIRO, 2004), cujo texto foi o resultado de uma longa pesquisa realizada por ele a pedido da Unesco, órgão das Nações Unidas para a Educação e Cultura. Neste referido relatório, cuja finalidade era "celebrar a incorporação das comunidades indígenas na sociedade circundante", o antropólogo não correspondeu às expectativas de seu patrocinador, pois se viu obrigado a expor "como a mitologia da integração mascarava a desintegração social e cultural, o esfacelamento da identidade coletiva das comunidades tribais e a dissolução de indivíduos alienados no anonimato da sociedade dominante" (TREECE, 2008). Dizia ele no citado relatório:

> Com efeito, de todos os grupos indígenas sobre os quais obtivemos informação fidedigna, podemos dizer que não foram assimilados à sociedade nacional como parte indistinguível dela. Ao contrário dessa expectativa, a maioria deles foi exterminada e os que sobreviveram permanecem indígenas: já não nos seus hábitos e costumes, mas na autoidentificação como povos distintos do brasileiro e vítimas de sua dominação (RIBEIRO, 2004, p. 20).

Darcy Ribeiro irá nos guiar, portanto, a uma leitura que nos fará dialogar com outros autores que também trataram do tema das políticas indigenistas oficiais, tais como Souza Lima (1995) e Carneiro da Cunha (1998), e que, de certa forma, atualizaram o debate proposto por Ribeiro. Por outro lado, irei adotar o modelo desenvolvido por Lúcia Fernanda Belfort, indígena Kaingang, que discorreu sobre o mesmo tema em sua dissertação de mestrado apresentada à Universidade de Brasília, em 2006. Ali, seguindo também um modelo didático, ela tipifica os diversos momentos históricos no desenvolvimento das políticas oficiais para os povos indígenas, procurando ser bem específica e clara em suas argumentações.

1.2. PARADIGMA EXTERMINACIONISTA

O primeiro grande modelo colocado em prática desde o momento da chegada dos europeus é conhecido como paradigma *exterminacionista*, e seu objetivo era a destruição em massa dos povos indígenas. Tal política era assim desfechada porque era senso comum à época dizer que os nativos que aqui habitavam não tinham alma e, como tal, qualquer carnificina cometida era devidamente perdoada por Deus através de sua Igreja.

Este modelo de compreensão da humanidade do outro fez com que se cometessem verdadeiras barbaridades contra os primeiros habitantes. Tais atos só foram amenizados com a posterior aprovação de uma bula papal, datada de 1537, em que a Igreja definia que os habitantes do novo mundo eram dotados de alma e, portanto, seres humanos. Este talvez tenha sido o primeiro documento legal com uma posição oficial e que favorecia – ainda que não integralmente – os negros da terra, para usar uma expressão de Pero Vaz de Caminha (BELFORT, 2006).

Na verdade, muito pouco efeito prático teve o documento assinado por Paulo III. O que de fato valia eram as descrições feitas pelos primeiros navegadores que por aqui aportaram e que diziam que os nativos não possuíam escrita e eram destituídos de fé, lei e rei. Isso levava a uma conclusão tipicamente eurocêntrica de que estas terras tinham necessidades imperiosas de serem convertidas ao cristianismo para poderem entrar no rumo do "desenvolvimento", compreendido à época como o pertencimento ao reinado de Portugal.

Segundo Lúcia Fernanda (BELFORT, 2006, p. 10), esse período foi especialmente difícil, mas revelador de uma postura etnocêntrica e sem senso de humanidade, mesmo com a superação legal imposta. Para ela:

> Superada a definição sobre a natureza jurídica dos povos indígenas mediante declaração formal, por parte da Igreja Católica, de que se tratava de criaturas humanas, passou-se a enquadrar as culturas indígenas nativas do Brasil na condição de "bárbaras" e, por consequência, a

excluí-las da categoria de "civilizadas" em que se julgava estar inserida a sociedade europeia da época. Dessa forma, restavam ideologicamente justificadas as limpezas étnicas promovidas no Brasil, ao longo do período exterminacionista.

Essa foi, portanto, uma época em que os indígenas eram violentamente assassinados por aqueles que chegaram por aqui. O propósito disso era, evidentemente, o completo domínio do território e sua expansão conforme desejo de Portugal. O que certamente o rei e seus súditos não previam era que as populações locais fossem se rebelar contra aquele modelo escravocrata que lhes tirava a alegria de viver, sua principal herança cultural.

O paradigma exterminacionista marca, portanto, um longo período histórico no qual predominou a violência física, concretizada em práticas genocidas, legalmente autorizadas pelo governo português. O genocídio pode ser conceituado como forma de eliminação de coletividades de pessoas e caracteriza-se pela destruição física ou mental de grupos étnicos, conforme está explicitado no artigo 3º da Convenção da Organização das Nações Unidas (ONU), aprovada em Paris, em 1948.[3]

Embora tenham sido empregados outros meios de violência, ao longo do período de extermínio que vitimou os povos indígenas do Brasil, essa fase foi marcada pela brutalidade física contra as sociedades autóctones, pelo assassinato de coletividades inteiras, com o propósito de promover uma "limpeza étnica" que abrisse os caminhos para o progresso e para o desenvolvimento de uma nação dita "civilizada".

Vale lembrar, ainda, que a Igreja católica teve uma participação ímpar na empreitada civilizadora de Portugal. Não foi certamente sem propósito que a chegada dos primeiros jesuítas ao Brasil, entre eles Manoel da Nóbrega e José de Anchieta, coincidiu com a vinda do primeiro

---

[3] "Na presente convenção, entende-se por genocídio qualquer dos seguintes atos cometidos com a intenção de destruir, no todo ou em parte, um grupo nacional, étnico, racial ou religioso, como tal:
– matar membros do grupo;
– causar lesão grave à integridade física ou mental dos membros do grupo;
– submeter intencionalmente o grupo a condições de existência capazes de ocasionar a destruição física total ou parcial;
– adotar medidas destinadas a impedir os nascimentos no seio do grupo;
– efetuar a transferência forçada de crianças do grupo para outro grupo."

governador-geral, Tomé de Souza, em 1549. Essa "coincidência" trazia em si a posição da Companhia de Jesus, que garantia serem os nativos desprovidos de cultura, crença e educação – "um papel em branco" onde se podiam inscrever os dogmas da civilização por meio da catequese e da instrução.

A catequese e a educação ministradas aos povos indígenas significaram, na verdade, o emprego de outro tipo de violência contra esses povos, configurada pela imposição de valores sociais, morais e religiosos, acarretando a desintegração e a consequente destruição de incontáveis sociedades indígenas, o que caracteriza o etnocídio,[4] um processo diverso do genocídio, porém com resultados igualmente nefastos para os povos dominados.

Desde a chegada dos colonizadores europeus ao Brasil, em 1500, até os dias atuais, os conflitos fundiários estão entre os principais fatores de extermínio da população indígena. Em 1808 foi promulgada uma Carta Régia que estabelecia que os territórios indígenas fossem considerados terras devolutas e que poderiam ser expropriadas através de guerras justas, que consistiam em formas de legitimação do processo de expulsão e escravização dos indígenas remanescentes de massacres genocidas (CARNEIRO DA CUNHA, 1987). Anteriormente a isso, outro alvará régio, de 1680, reconhecia que eram os indígenas os "primeiros ocupantes e donos naturais destas terras". Entretanto, estas eram linhas mortas porque o governo do Brasil Colônia e, posteriormente, o do Brasil Império incentivavam a política de extermínio dos povos indígenas com praticamente a mesma desculpa de guerras justas.

A historiografia oficial tenta justificar tais políticas – que vitimavam principalmente crianças, velhos e mulheres – através do argumento de que eles eram preguiçosos e indolentes e não gostavam de trabalhar, omitindo que a imposição desses trabalhos representava uma violação à organização social e à soberania dos povos indígenas.

Dessa forma, na era colonial pode ser observada a criação de justificativas ideológicas para a opressão do colonizador europeu,

---

[4] Entendo genocídio como" imposição forçada de um processo de aculturação a uma cultura por outra mais poderosa, quando esta conduz à destruição dos valores sociais e morais tradicionais da sociedade dominada, à sua desintegração e, depois, ao seu desaparecimento" (ALENCAR; BENATI, 1993, p. 214).

as quais consistiam em deturpar de forma pejorativa a imagem dos indígenas e reproduzir esses preconceitos no seio da sociedade brasileira, caracterizando um processo de inferiorização, marginalização e exclusão das minorias étnicas que estigmatizam, até os dias atuais, as sociedades indígenas brasileiras.

Em síntese, no período caracterizado como exterminacionista, centenas de povos e milhares de pessoas sucumbiram ao emprego da violência física e cultural: o genocídio concretizado pela escravidão, pelas doenças estranhas, pela ganância homicida dos apresadores de índios, aliado ao etnocídio promovido pela Igreja, por meio da catequese, em sua política de proibição, demonização e inferiorização das culturas indígenas.

Esse somatório de ações orquestradas pela Igreja e pelo Governo Colonial e, mais tarde, pelo Imperial, varreu da face da terra a quase totalidade dos habitantes originais do chamado Novo Mundo, sob o cínico argumento de que tal política consistia no combate à barbárie dos infiéis, para que se pudesse construir uma nova civilização sob os auspícios do desenvolvimento e da riqueza.

1.3. PARADIGMA INTEGRACIONISTA

O segundo modelo de política indigenista levado a efeito foi batizado de integracionista. Este modelo tem como base a crença de que "há estágios de evolução cultural pelos quais os índios (isolada ou coletivamente) passarão necessária e inexoravelmente, estágios a partir dos quais é possível diferenciá-los numa escala hierárquica de mais ou menos inferioridade" (BARRETO, 2003, p. 64).

O paradigma integracionista caracterizava-se pela concepção de que os povos indígenas, suas culturas, suas formas de organização social, suas crenças, seus modos de educar e de viver eram inferiores aos dos colonizadores europeus, estando fadados ao desaparecimento. Isso sujeitava os indígenas libertos do cativeiro, na qualidade de indivíduos considerados incapazes, à tutela orfanológica, prevista na lei de 27 de outubro de 1831, como forma de protegê-los, prover seu sustento, ensinar-lhes um ofício e, assim, "integrar" aqueles que foram retirados do convívio de suas culturas tradicionais à sociedade nacional (SOUZA FILHO, 1993).

Este paradigma foi sendo desenvolvido tendo como suporte teórico o nascente positivismo, que acreditava ser natural esta passagem entre o estado primitivo e a civilização. Segundo Darcy Ribeiro (2004, p. 147):

> Nos primeiros vinte anos de vida republicana nada se fez para regulamentar as relações com os índios, embora nesse mesmo período a abertura de ferrovias através da mata, a navegação dos rios por barcos a vapor, a travessia dos sertões por linhas telegráficas houvessem aberto muitas frentes de luta contra os índios, liquidando as últimas possibilidades de sobrevivência autônoma de diversos grupos tribais até então independentes.

Assim, quando o governo republicano tomou posse no Brasil, foi necessário dar uma nova direção à política indigenista baseada numa legislação tutelar, o que levou a uma solução estatal que culminou na criação do Serviço de Proteção ao Índio (SPI), em 1910.

Segundo Ribeiro (2004, p. 149), houve certa reserva política antes da criação do referido órgão. Essa postura foi revertida graças a uma campanha organizada pela imprensa através de relatos de chacinas cometidas contra os indígenas, os quais eram acompanhados sempre de pedidos de providências. A partir daí, as descrições das carnificinas se avolumaram, levando adeptos a fundarem associações pró-índios. Por fim, empolgou as classes cultas do país. Isso fez com que o índio se tornasse assunto na imprensa, nas revistas especializadas, instituições humanitárias e reuniões científicas. Darcy Ribeiro (1996, p. 149) nos lembra que

> para esta tomada de consciência do problema, contribuíram ponderavelmente as conferências do general Rondon, que, de volta de suas expedições, revelava à gente das cidades uma imagem nova do índio verdadeiro que aguardava a intervenção salvadora do governo. Foi ele quem substituiu a figura de Peri pela de um Nambikwara, aguerrido e altivo, ou pela dos Kepkiriwat, encantados com os instrumentos supercortantes da civilização, ou ainda pela dos Umutina, dos Ofaié e tantos outros levados a extremos de penúria pela perseguição inclemente que

lhes moviam, mas ainda assim, fazendo comoventes esforços para confraternizar com o branco.

Outros fatos foram relevantes para polarizar a opinião pública, como a morte, pelos Kaingang, em 1901, de um padre muito relacionado nas camadas mais altas de São Paulo, Mons. Claro Monteiro, que fora tentar sua pacificação.

Foi também de extrema importância um pronunciamento feito por um renomado cientista, Hermann von Ihering, diretor do museu paulista. No referido artigo, o cientista defendia e justificava o extermínio dos índios hostis, considerando que não se podia esperar deles nenhuma contribuição para a civilização e que representavam um empecilho à colonização.

Não é necessário mencionar o alvoroço que semelhante posição causou na opinião pública nacional, dando ensejo a um debate em que dois grupos opostos propunham a política indigenista a partir de seus próprios interesses. Uma corrente defendia a catequese católica como a única solução, enquanto outra, leiga, argumentava que a assistência aos índios competia ao Estado.

De ambos os lados os argumentos foram apresentados, mas acontecimentos envolvendo o assassinato de padres e freiras por índios Guajajara, bem como o posterior massacre desses índios por sertanejos revoltados, fizeram com que o Estado interferisse e começasse a propor uma política laica para os povos indígenas.

Nesse contexto, nasce o Serviço de Proteção ao Índio (SPI), premido pela necessidade de outorgar proteção aos remanescentes dos povos indígenas brasileiros e mergulhado na incerteza sobre a natureza e a forma sob a qual tal proteção deveria ser exercida pelo Estado brasileiro. Souza Lima (1998, p. 159) lembra, parentes, que

> (...) foi a partir da expansão de um Estado Nacional – aqui concebido como forma processual – formalmente separado das ordens eclesiásticas, que se teria a criação do chamado Serviço de Proteção aos Índios (SPI), primeiro aparelho de poder governamentalizado instituído para gerir a relação entre os povos indígenas, distintos grupos sociais e demais aparelhos de poder.

O SPI nasce, pois, sob a batuta do Marechal Candido Mariano Rondon, que foi, desde sempre, seu principal mentor e maior expoente. Militar de carreira que trabalhava na expansão das linhas telegráficas nos estados do Mato Grosso e Amazonas, Rondon condicionou a aceitação do convite para organizar e dirigir o SPI à aprovação dos princípios positivistas sobre a matéria e das diretrizes fundadas nos princípios elaborados, em 1822, por José Bonifácio de Andrada e Silva:

1) justiça no que se refere às terras indígenas, que são vítimas de esbulho;

2) brandura, constância e sofrimento, por parte dos brancos;

3) abrir comércio com os índios, mesmo que seja com perda;

4) procurar a paz com os índios inimigos, através de dádivas e admoestações;

5) favorecer os matrimônios entre índios e brancos e mulatos (KAINGANG, 2006).

A despeito dos problemas que se verificaram no SPI, ao longo de sua existência, sua criação significou um marco na política indigenista brasileira, pois inaugurou uma política governamental sobre o tema, institucionalizada, abrangente e com força da lei. Dentre as diretrizes que norteavam a atuação do SPI, destacam-se o respeito aos povos indígenas, aos seus direitos de identidade e diversidade cultural. Com relação a estas últimas, acreditava-se que poderiam com o passar do tempo ser mudadas para inseri-los na comunhão nacional.

Essa perspectiva assimilacionista baseava-se em uma concepção evolucionista que se traduzia em "criar uma expectativa de desenvolvimento natural e progressivo do índio, tendo por base sua própria tradição sociocultural e econômica" (LOMBARDI, 1997, p. 8).

Mesmo tendo sido um órgão favorável aos povos indígenas em seu espírito originário, o SPI também incorreu num fracasso, porque foi sendo desestruturado ao longo do tempo. Esta desestruturação passou pela falta de recursos financeiros e humanos qualificados para atuar junto aos povos indígenas e, também, pelo enfraquecimento político e administrativo, o que impossibilitou ao órgão impor-se junto aos poderes políticos e econômicos em nível local. Há de considerar ainda o fato de novos estudos em torno dos povos indígenas terem determinado novas teorias sobre cultura, as quais foram substituindo o paradigma assimilacionista. Além disso, o golpe militar instituído no Brasil em 1964 estabeleceu uma mudança de postura política indigenista por parte dos militares, que influenciaram na extinção do SPI e criaram a Fundação Nacional do Índio (Funai). Para Ribeiro (2004, p. 201):

> A realidade demonstraria que, embora tendo razão quanto à potencialidade do índio, desconheciam dois fatores que poriam abaixo suas mais caras esperanças: 1) O vigor do conservantismo dos grupos indígenas, sua tenaz resistência à mudança e a força do sentimento de identificação tribal que leva estes minúsculos grupos étnicos a lutar por todos os meios para conservar sua identidade e sua autonomia; 2) a incapacidade da sociedade brasileira, particularmente das fronteiras de expansão, para assimilar grupos indígenas, proporcionando-lhes estímulo e atrativos para nela se dissolverem.

1.4. FUNDAÇÃO NACIONAL DO ÍNDIO

Entre as causas que determinaram a extinção do SPI e sua substituição pela Funai podem-se identificar, além dos problemas internos enfrentados e anteriormente mencionados, três fatores externos: as campanhas empreendidas pela imprensa; a insatisfação do Governo, mormente de um grupo de militares, em relação à atuação do SPI; e a repercussão dos debates e do posicionamento de intelectuais, ideologicamente sensibilizados com o processo de exploração e pauperização a que foram submetidos os povos indígenas do Brasil.

Inicialmente, a Funai teve à sua disposição todas as condições necessárias a uma boa atuação: recursos orçamentários suficientes, renovação dos recursos humanos, eliminação dos funcionários corrompidos e criação de condições legais mais eficientes na proteção dos povos indígenas. Contudo, permaneceu sob direção militar, tornou mais centralizada sua estrutura burocrática, deixou de dar continuidade à qualificação de recursos humanos e permitiu a ocupação de cargos por pessoas descomprometidas e despreparadas para o trabalho indigenista, além de omitir-se a assegurar a posse e usufruto exclusivo dos territórios indígenas, cujo programa de demarcação resultou lesivo, pois tolerou a ocupação ilegal das terras.

O surgimento da Funai deu-se no auge da política integracionista, isto é, na concepção do novo órgão indigenista oficial, o papel a ser desempenhado pelo Estado brasileiro, junto dos povos indígenas, seria de representá-los, defendendo a vontade dos tutelados no exercício do papel de tutor dos povos indígenas, classificados pelo código civil de 1916 como *silvícolas*, e cuja capacidade era considerada relativa. Para tanto, fez aprovar o Estatuto do Índio, em 1973, que passaria a validar as ações do órgão tutor, reforçando as teses do integracionismo como o futuro dos povos indígenas brasileiros.

Na qualidade de tutor, incumbiu-se a Funai de prover as necessidades de seus tutelados, mediante a adoção de uma política paternalista e assistencialista que não se sustentou, em face da progressiva escassez de recursos por parte do Governo para sua manutenção. Isso se deu em razão da diminuição de repasses financeiros e do tratamento dispensado à política indigenista, vista como tema de menor importância, o que gerou a precariedade dos serviços de atenção à saúde dos povos indígenas e provocou um alto índice de mortalidade infantil, aumentando a situação de risco social em que se encontravam estes povos.

> De modo contraditório, a legislação indigenista infraconstitucional objetiva a integração ou assimilação à comunhão nacional dos povos indígenas, sob a perspectiva de que essa suposta transição pudesse resultar em cidadãos brasileiros, destituídos de suas especificidades culturais e dos direitos delas decorrentes, e que esse processo de erosão cultural ocorreria, inexplicavelmente, de forma harmoniosa e progressiva e permitiria, simultaneamente, a preservação dessas mesmas culturas fadadas à extinção, segundo a concepção assimilacionista (BELFORT, 2006).

Ficou, assim, claro que o órgão que executava a política indigenista oficial desde 1967, quando foi criado, trazia em seu bojo ideológico a certeza de que as populações indígenas seriam assimiladas ou integradas à vida nacional, mesmo sabendo sobejamente da capacidade de resistência própria desses povos, coisa que já havia sido repetidamente lembrada por Darcy Ribeiro (2004). Ou, talvez, seja justamente por saber disso que passou a desenvolver projetos econômicos que desorganizavam a estrutura do tecido social dessas sociedades. Projetos esses que tinham como objetivo a incorporação ao cenário econômico local, o que gerava conflitos entre a economia tradicional – baseada no sistema de troca – e a economia de mercado – baseada no comércio do excedente –, tornando as comunidades escravas dos produtos e instrumentos industrializados.

As mudanças que superariam o modelo integracionista protagonizado pela Funai foram pautadas pelo movimento indígena brasileiro, que se fez conhecido e respeitado por sua participação decisiva na elaboração da nova Carta Magna, promulgada em 1988, e que trouxe uma nova perspectiva ideológica aos povos indígenas.

1.5. A CONSTITUIÇÃO FEDERAL DO BRASIL: UM NOVO PARADIGMA PARA A POLÍTICA INDIGENISTA NACIONAL

A nova Constituição Federal do Brasil, prezados parentes, inaugurou uma nova concepção de política indigenista. E para que isso acontecesse, foi decisiva a participação das organizações sociais indígenas ou não, o que pôs fim a uma abordagem eurocêntrica da temática dos povos indígenas, por sua vez, caracterizada pela concepção de que se tratava de culturas inferiores, que desapareceriam em contato com a suposta superioridade da sociedade civil de matriz europeia. Assim, deu-se início a uma nova era de interação entre os povos indígenas e o Estado brasileiro, agora em situação de igualdade, de horizontalidade, norteada pelo respeito à diversidade, por meio do reconhecimento da pluralidade de culturas e da garantia de proteção especial às minorias indígenas. De acordo com Barreto (2003, p. 66):

> As relações dos índios, suas comunidades e organizações com a comunidade nacional passaram a se dar no plano da horizontalidade e não mais no plano das verticalidades, isto é, a nova mentalidade assegura espaço para uma interação entre esses povos e a sociedade envolvente em condições de igualdade, pois que se funda em garantia do direito à diferença.

Assim, a atual Constituição Federal trata dos direitos dos povos indígenas de forma transversal, ampla e inovadora, ao reconhecer que reside na diversidade cultural e não na incapacidade civil a necessidade de proteção jurídica especial destinada aos povos indígenas, o que possibilitou a elaboração, nos anos que se seguiram, de farta legislação infraconstitucional indigenista, contemplando essas minorias com o direito à diversidade étnica, linguística e cultural, sem prejuízo de suas prerrogativas como cidadãos brasileiros.

A constituição brasileira, como resultado da ampla participação política dos povos indígenas e organizações dedicadas à sua defesa, consagrou um capítulo específico aos direitos indígenas e disciplinou o tema em nove dispositivos esparsos no texto constitucional.

No capítulo dedicado aos povos indígenas, é possível identificar a nova orientação que daria base a uma política indigenista não mais baseada em visões europeias, mas defensora do multiculturalismo e do pluralismo jurídico, ao reconhecer a organização social, costumes, línguas, crenças e tradições como direitos subjetivos dos povos indígenas. Além disso, garante os direitos originários às suas terras tradicionais, baseados no instituto do indigenato, isto é, trata-se de direito primário e congênito à posse territorial, independente de legitimação. A demarcação das terras indígenas, que o artigo 231 incumbiu à União, não é consultiva de direitos, mas tão somente declaratória de um direito preexistente, de modo que compete ao processo demarcatório a delimitação das terras tradicionais dos povos indígenas (BELFORT, 2006, pp. 26-27).

No entanto, talvez o aspecto mais importante da Constituição neste capítulo seja a promoção do protagonismo dos povos indígenas, quando admite, no artigo 232, legitimidade processual aos índios, bem como a suas comunidades e organizações, na defesa de seus direitos e interesses, assegurada a intervenção do Ministério Público em todos os atos do processo. Ou seja, parentes, os povos indígenas poderão entrar em juízo quando perceberem que seus direitos não estão sendo respeitados seja pelo poder público, seja por terceiros da sociedade civil.

Esta nova política foi sendo gestada ao longo de duas décadas em que a sociedade civil posicionou-se a favor das minorias e começou a esboçar uma reação contras os achaques que parcelas minoritárias da população viviam, especialmente os povos indígenas. Essa reação marcou o surgimento do movimento indígena brasileiro.

1.6. A TRANSFIGURAÇÃO ÉTNICA E O MOVIMENTO INDÍGENA

Darcy Ribeiro (2004, p. 12) denominou transfiguração étnica ao fenômeno de resistência vivenciado pelos povos indígenas brasileiros durante o processo civilizatório. Diz ele que

> a pesquisa com respeito à assimilação dos povos indígenas, que me foi entregue, deu o mesmo resultado decepcionante. *Nenhum grupo indígena jamais foi assimilado.* É uma ilusão dos historiadores que trabalham com documentação escrita a suposição de que onde havia uma aldeia de índios e onde floresceu, depois, uma vila brasileira, tenha ocorrido continuidade, uma se convertendo na outra. Em todos os casos examinados por nós, numerosíssimos, isso não sucedeu. Os índios foram morrendo, vítimas de toda sorte de violência, e uma população neobrasileira foi crescendo no antigo território tribal, onde se implantou uma forma totalmente nova de vida e criou sua própria identificação étnica (grifo meu).

O famoso antropólogo desenvolveu esse conceito depois de analisar detidamente o processo civilizatório brasileiro, em seu livro *Os índios e a civilização*, em que procurou mostrar como as populações indígenas foram sendo massacradas ao longo da história, num danoso processo cujo objetivo era o extermínio, num primeiro momento e, depois, a assimilação ou integração à sociedade nacional, conforme falado anteriormente.

O que me parece bastante interessante, para chegar aonde pretendo, é o fato de esse conceito nos permitir analisar o surgimento do Movimento Indígena num contexto político pouco favorável. Na verdade, poderia chamar a isso de pré-história do movimento, pois se trata de uma reação natural – ou por conta da transfiguração étnica – às diversas políticas indigenistas colocadas em prática pelo Governo brasileiro.

O mais importante é lembrar que os povos indígenas resistiram a um processo violento. Claro que muitos grupos ficaram pelo caminho e não conseguiram chegar aos nossos dias. Por outro lado, a inventividade de outros agrupamentos em contato constante com a sociedade nacional colocou-os em situação de enfrentamento, o que, às vezes, culminou no processo de convivência, que, se não lhes tirou a identidade étnica, fez com que a tivessem que ocultar em nome da própria sobrevivência. Segundo Ribeiro (1996, p. 245):

> Uma vez estabelecido o convívio e à medida que as relações se amiúdam e se estreitam os índios se veem submetidos a uma série de desafios, todos eles conducentes a transfigurações sucessivas no seu modo de ser e viver. Nenhuma oportunidade lhes é dada de preservar seu substrato biológico, sua sociedade e sua cultura em sua forma original. Os desafios cruciais com que se defrontam são os de resguardar sua sobrevivência como contingentes humanos, seriamente ameaçados do extermínio; o de resguardar, na medida do possível, sua identidade e autonomia étnica, a fim de não se verem abruptamente subjugados por agentes da sociedade nacional, a cujos desígnios tenha de submeter seu próprio destino.

Em seu trabalho Ribeiro nos vai lembrando os vários estágios por que vão passando os grupos indígenas desde o avançado grau de mestiçagem até a destribalização ou desintegração social que enfraqueceu os diversos povos. Descreve como o acesso aos bens industrializados e a aproximação das sociedades não indígenas locais vai criando necessidades cada vez mais indispensáveis, obrigando-os a abandonarem antigos hábitos culturais fundamentais para a manutenção da unidade e do *éthos* de cada povo. Ribeiro (2004, p. 298) diz que

> a interação que se segue aos primeiros contatos entre índios e civilizados processa-se, de início, num nível simétrico, como relação entre iguais. (...) Paulatinamente essas relações vão assumindo as formas características de dominação. A rapidez da mudança depende (...) ainda das oportunidades oferecidas aos índios de preservar o *ethos* tribal, ou seja, a autoconfiança que lhes dá orgulho e alento para enfrentar outros povos.

Ribeiro reconhece o contato como nocivo aos povos indígenas por estarem em situação de fragilidade diante das constantes agressões que sofrem. Talvez por isso estes povos tenham aceitado – ainda que não resignadamente – serem vitimizados pela política indigenista do governo militar, cuja intenção principal era a integração ou assimilação de tais povos à comunhão nacional.

Nessa direção seguiu o famoso Plano de Integração Nacional (PIN), iniciado durante os anos 1970 para alavancar o "milagre brasileiro". Esse plano tinha como finalidade fazer o Brasil avançar nas regiões da Amazônia e absorver a mão de obra indígena numa tentativa de integração nacional. Além disso, a Funai passou a ser o agente governamental ideal para desenvolver projetos econômicos dentro das áreas indígenas.

E é por conta desse quadro avassalador para os indígenas brasileiros que apareceram as primeiras reações da sociedade civil organizada contra a política indigenista. Organizações não governamentais passaram a desenvolver projetos de economia alternativa para não permitir que a organização social dos povos atingidos pelos programas fosse totalmente afetada. Sobre essa época a antropóloga Betty Mindlin (1981, pp. 19-20) nos diz:

> Talvez não seja apenas uma coincidência o aparecimento quase simultâneo de uma série de projetos econômicos destinados a comunidades indígenas. É principalmente entre 1975 e 1977 que, nas mais variadas formas, se imaginam ou se implantam efetivamente pequenos programas de desenvolvimento econômico. Quer partam de antropólogos, alguns agindo quase que isoladamente e com poucos recursos, outros associados a entidades, quer oriundos da atuação da Igreja, são provavelmente a resposta julgada possível, na contingência política atual e no quadro da política indigenista, às condições dos índios em sua grande parte já não mais isolados e sim absorvidos pelo sistema capitalista.

Para os militantes da causa indígena esses projetos traziam em seu bojo a expectativa da autonomia política e econômica dos povos envolvidos. Acreditavam que aqueles projetos seriam uma resposta positiva à proposta de política protecionista oficial. Darcy Ribeiro denominava essa busca de protagonismo de autogoverno, no qual define que:

> A única forma de ação que se oferece como alternativa às varias modalidades da intervenção protecionista é a organização de institui-

ções indígenas de autogoverno. Por sua própria natureza, o planejamento e a implantação delas são incompatíveis com qualquer assessoramento externo paternalista, uma vez que a autonomia de comando deve começar pela definição dos mandos que se deseja instituir e obedecer. Apenas se pode admitir, neste campo, as ações destinadas a afastar obstáculos, tendo sempre presente, porém, que a liberação étnica, não podendo ser outorgada, deve ser obra dos próprios índios. É certo que o problema da conquista da independência e da instauração de mandos autônomos tem aspectos técnicos complexos – como o da viabilização de instituições coletivistas, de coordenação da vida comunitária dentro do corpo de sociedade de economia privatista – os quais por vezes exigem assessoramento (1977, p. 456 apud Mindlin, 1981).

De qualquer modo, foi a ingerência da sociedade civil que efetivamente passou a mobilizar as forças indígenas no sentido de sua organização. Em 1974, o Conselho Indigenista Missionário (CIMI) reuniu, pela primeira vez, um grupo de lideranças indígenas em assembleia realizada em Diamantina, Mato Grosso. No dizer de Roberto Cardoso de Oliveira (1988, p. 56):

> Embora o encontro de diferentes lideranças tribais se dê sob o patrocínio do Conselho Indigenista Missionário, órgão da Igreja Católica, ele ocorre fora do espaço dominado pelo Estado. As eventuais ingerências do CIMI na organização do temário e nas deliberações das lideranças seriam um fator secundário diante do fato principal: a criação de condições de surgimento de uma *política indígena*, isto é, dos índios, divergente da política oficial. Esse é um fato absolutamente novo e cujas repercussões no interior do mundo indígena e no espaço de suas relações com a sociedade nacional – o seu Estado – ainda estão por ser avaliadas. (...) Talvez um dos resultados mais imediatamente tangíveis dessas assembleias tenha sido a criação da União das Nações Indígenas, exclusivamente dirigida por índios e demonstrando crescente poder de mobilização.

Com este pensamento, Cardoso de Oliveira vem confirmar não apenas o que Darcy Ribeiro já defendia na década de 1960, mas reiterar a capacidade de sobrevivência dos povos indígenas e as ressignificações que esses povos deram ao contato.

Organizar o movimento indígena num momento político complexo a partir de uma compreensão limitada do sistema econômico e político da época, servindo-se da parceria de entidades de defesa dos direitos humanos, foi um passo importante para mostrar esta capacidade de renascer das cinzas num país que já os tinha dado como incorporados ao sistema capitalista.

Sobre o movimento indígena irei falar no capítulo dois. Ali tratarei dos momentos históricos de sua criação, os quais servirão de base para os depoimentos de seus fundadores.

Neste capítulo quis mostrar como o Estado brasileiro desenvolveu suas estratégias de extermínio dos povos indígenas e como eles souberam aprender com a história e "dar a volta por cima". É claro que a situação deles nos dias atuais ainda é delicada e nem tudo está resolvido, ainda que a Constituição Federal ofereça garantias nas quais possamos vislumbrar algum futuro para esses povos.

Capítulo 2
"Posso ser quem você é, sem deixar de ser o que sou": a gênese do Movimento Indígena brasileiro

2.1. "POSSO SER QUEM VOCÊ É, SEM DEIXAR DE SER O QUE SOU"

Caros parentes indígenas, escrevo para lhes contar como o Movimento Indígena nasceu e quais as ideias que circulavam naquele momento e que foram determinantes para o surgimento dessa ação que uniu, a seu modo, diferentes visões de realidade. É importante que se entenda que cada evento é ocasionado por uma série de fatores que às vezes interagem entre si. O somatório desses fatores é absorvido por atores sociais que percebem a oportunidade para tornarem alguns dos seus ideais realizáveis. A questão que está em jogo e a grande "sacada" de quem participou daquele precioso momento é que faz a diferença e mostra um senso de oportunidade fundamental.

Gilberto Velho (1994, p. 104) batiza essa capacidade de análise do momento de campo de possibilidade, porque, ao se verificar como os diferentes atores sociais atuam, o sujeito percebe que ali existe uma oportunidade de se fazer visto e ouvido. Então, ele se inventa enquanto sujeito e cria uma demanda que vai ser uma importante ponte a unir interesses semelhantes em torno dela. Para tal autor, esse *campo de possibilidade* é percebido quando a pessoa ou um grupo começa a descortinar o tempo futuro e passa a elaborar projetos para tornar esse tempo mais factível de realização.

Para o antropólogo Roberto Cardoso de Oliveira (1988, p. 19), o surgimento do movimento indígena "foi o fato mais importante que ocorreu nessas três últimas décadas" no Brasil. Disse isso no início de 1980, quando, de fato, o Movimento Indígena organizado estava em seu nascedouro e dava os primeiros passos para sua consolidação.

Segundo o mesmo autor, essa eclosão foi possível graças à retomada do uso político do conceito *índio* que as lideranças daquele momento passaram a fazer, inaugurando uma nova relação com a sociedade brasileira. Essa nova consciência da identidade étnica que Cardoso de Oliveira (1988, p. 17) chama de "visão holística do grupo enquanto unidade não segmentada em classe, gênero ou faixas etárias, tornando-a infensa e resistente a ideologias individualistas de toda espécie", faz com que o grupo reivindique para si o status de representante legítimo das diversas sociedades indígenas. Para aquilo que já estava estabelecido, semelhante decisão favoreceu o aparecimento de novos parceiros aliados à causa dos povos indígenas e aglutinou forças de coesão que, em última analise, determinou, de forma decisiva, acontecimentos políticos que mudaram as relações com o Brasil.

Silvia Caiuby Novaes (1993, p. 64), por sua vez, acredita que a adoção desse status trouxe consigo um elemento que pode ser interpretado como "fabricação da identidade étnica". Essa simulação, ainda segundo a antropóloga, assumiu uma forma de simulacro que parece ser um passo importante para todo um conjunto de sociedades ou grupos dentro de uma sociedade específica, que buscam, contraditoriamente, afirmar-se na sua diferença.

> O simulacro é a representação de si a partir do modelo cultural do dominador, é paradoxalmente a possibilidade destes sujeitos políticos atuarem no sentido de romperem a sujeição a que foram historicamente submetidos.

Para ficar mais claro, lembro que, até o final da década de 1950, o termo *índio* era desprezado pelos povos indígenas brasileiros. Esse desprezo era provocado pela visão distorcida que a sociedade brasileira tinha a respeito do "índio". Para ela, os povos originários eram um estorvo ao desenvolvimento do país, que ficava parado por conta da presença indígena em seu território. Os trabalhos antropológicos haviam revelado que nossa gente tinha um sistema cultural bastante complexo, mas isso não era levado em consideração. A visão holística que nosso povo nutria e que lhe dava uma dimensão mais abrangente da realidade que o cercava não surtia efeito, e os agentes da colonização – Igreja ou funcionários leigos – ficavam, então, encarregados de colocar nossos povos "no caminho do progresso".

Naquela ocasião, cada comunidade ou cada povo procurava defender apenas seus interesses, não se dando conta de que outros povos e comunidades viviam situações semelhantes. Portanto, essa visão pan-indígena vem se manifestar com outra força, a partir da década de 1970. E foi aí que entrou o elemento a que nos referimos antes, o qual Caiuby Novaes chamou de simulacro. Em outras palavras, podemos dizer que os primeiros líderes perceberam que a apropriação de códigos impostos era de fundamental importância para afirmar a diferença e lutar pelos interesses, não mais de um único povo, mas de todos os povos indígenas brasileiros.

Essa apropriação criou um comprometimento valioso para que as lideranças da primeira hora pudessem fazer uma aliança com outros atores da sociedade civil organizada, pois estava assentada sobre a ideia de projeto, entendida por Gilberto Velho (1993, p. 101) – citando Alfred Schutz – como "conduta organizada para atingir finalidades específicas". Por outro lado, o mesmo autor ressalta que o projeto deve estar alicerçado numa memória coletiva que se vai articulando para dar luz à identidade do indivíduo. Nessa direção, podemos entender que os diferentes fragmentos de memória trazidos por cada uma das lideranças, a partir de sua experiência como indivíduo social em um povo específico, iriam elaborando uma identidade social que daria autenticidade ou representatividade à ação que se seguiria no campo da possibilidade.

Sei que vocês, parentes, me perguntarão: De onde vem, então, essa apropriação? Onde ela começou a ganhar força? Como estava organizada a sociedade civil para que aquelas lideranças sentissem que havia ali um campo de possibilidade?

Tudo começou em meados da década de 1970, quando as lideranças indígenas ultrapassaram as esferas de suas próprias comunidades originárias. Até então, estas comunidades estavam voltadas muito mais para suas próprias necessidades e dificuldades de sobrevivência, como já afirmei. Para isso, procuravam resolver suas demandas em nível local, sem se envolverem – até por não terem acesso ao cenário nacional – com os problemas e dificuldades dos povos que estavam além de suas fronteiras.

Quando esse novo movimento de participação começou a acontecer, principalmente pelo envolvimento de novas lideranças no processo histórico, constituiu-se um "sentimento de fraternidade indígena",[1] de solidariedade pelas condições de vida por que passavam outras tantas comunidades e sociedades.

Para que isso ocorresse, foi importante o resgate do termo *índio* pelos líderes. Este termo, não mais usado como categoria instituída pelo dominador europeu que procurou uniformizar para melhor controlar, passou a ser aglutinador dos interesses das lideranças. E passou a ser utilizado para expressar uma nova categoria de relações políticas.

Era a primeira vez que os povos indígenas podiam propor uma verdadeira política que tinha uma identidade própria, fazendo, inclusive, frente ao pensamento indigenista que predominava à época e que era baseado na incorporação do índio à sociedade nacional através das frentes de trabalho. Dentro dessa visão, os índios eram considerados um estorvo para o desenvolvimento do país, que vivia o *boom* dos projetos de colonização na região norte.

Nesse contexto, a eclosão do movimento deu surgimento a uma nova onda de reflexões e reivindicações sobre o poder constituído, que não passaram despercebidas pela sociedade civil organizada. Assim, a organização das primeiras lideranças e sua posterior participação nos fóruns de discussão foram decisivas, pois criaram situações novas dentro da sociedade brasileira e que ajudariam na sua caminhada histórica.

Esta visão que lhes apresento está alicerçada num esquema conceitual que vai ser, talvez de maneira inconsciente, incorporado pelo Movimento Indígena. Digo inconsciente porque não era de modo algum pensado pelos líderes do movimento, que não tinham, naquele momento, a preocupação em registrar suas ações. Ainda assim, viviam-no

---

[1] CARDOSO DE OLIVEIRA, Roberto. 1988, p. 18.

no cotidiano.[2] Trata-se de uma tríade conceitual elaborada por Gilberto Velho, um antropólogo preocupado em pensar a realidade urbana: memória, identidade e projeto. Essa tríade é, para efeito do que vamos abordar, o passado, o presente e o futuro. Afinal, o que estamos buscando compreender é justamente como o Movimento Indígena se organizou tendo diante de si o desafio de organizar a memória, manter a identidade em situação de conflito e ordenar um projeto que fosse funcional e livre das amarras do desenvolvimento capaz de desestruturar a vida social dos povos indígenas.

Memória

A memória, para o referido autor, é um importante componente nas sociedades que possuem um contexto holístico. Isso quer dizer que nossas sociedades indígenas são compostas por uma memória social que não divide a realidade em campos opostos para ser compreendida. Para nossa gente, a realidade é una, indivisível, e não regida por um desejo individualista ou preocupada com os anseios pessoais. São, portanto, povos que dão mais importância ao social e menos ao individual.

Essa memória é passada de geração a geração através dos fragmentos que a compõem e que são "colados" por uma concepção de educação que passa, necessariamente, pelo aprendizado social. Daí a importância dos ritos de iniciação que esses povos mantêm, pois eles são a fórmula encontrada para "atualizar" e juntar os fragmentos de memória através da identidade étnica que cada povo possui.

Isso é confirmado pelo depoimento de Ailton Krenak:[3]

Na nossa tradição, um menino bebe o conhecimento do seu povo nas práticas de convivência, nos cantos, nas narrativas. Os cantos narram a criação do mundo, sua fundação e seus eventos. Então, a criança está ali crescendo, aprendendo os cantos e ouvindo as narrativas. Quando ela cresce mais um pouquinho, quando já está aproximadamente com seis ou oito anos, aí então ela é separada para um processo de formação especial, orientado, em que os velhos, os guerreiros, vão

---
[2] Irei elaborar melhor esta concepção no capítulo três.
[3] KRENAK, Ailton. Entrevista concedida à revista *Teoria e Debate*, n. 07. Disponível em: <www.fpa.org.br>. Acesso em: 4 de julho de 2007.

iniciar esta criança na tradição. Então acontecem as cerimônias que compõem essa formação e os vários ritos, que incluem gestos e manifestações externas. (...) Os sinais internos, os sinais subjetivos, são a essência mesma daquele coletivo. Então, você passa a compartilhar o conhecimento, os compromissos e o sonho do seu povo.

Identidade

Aqui entra, então, o segundo elemento da tríade, que é a identidade. Para Gilberto Velho, a identidade é construída em relação de intersubjetividades e organizada como forma de concretizar e atualizar a memória social. Nesse sentido, ela não é uma "condição forjada", como defende Caiuby Novaes. É uma construção que acontece à medida que povos diferentes vão vivendo situações novas e percebem elementos comuns no seu modo de ser. Esse sentido de pertencimento a uma realidade maior, que é compartilhada com outros povos, já está dentro do *modus vivendis* de cada sujeito em particular e da coletividade em geral. Não é preciso assumir uma identidade, mas torná-la visível dentro do contexto social brasileiro.

A "descoberta" da identidade pan-indígena e o consequente emprego político do termo *índio* acontecem no exato momento em que os líderes indígenas se percebem – a si e aos demais – sujeitos de direitos. Ou seja, tomam consciência de que são pessoas e povos com direitos, capazes de se organizar e reivindicar benefícios sociais para si e para todos. Isso é, no esquema de Gilberto Velho por nós abordado, imprimir sentido a uma dinâmica que corre o risco de descontinuidade caso não seja expressa de forma clara e objetiva. O que é possível graças à identidade.

Ora, para que ter uma identidade? Por que assumi-la foi importante para a criação do Movimento Indígena?

Segundo Krenak, foi importante para tornar os povos indígenas conhecidos. Até o surgimento do Movimento Indígena, as pessoas tinham um olhar irreal sobre a existência de indígenas no território nacional. Havia uma política de assimilação que negava sua presença ou revelava uma incapacidade de autonomia para nossos povos. Diz ele:[4]

---
[4] Op. cit., p. 5.

> (...) se não existissem os brancos aqui, a UNI não existiria, e eu estaria lá na minha aldeia, com meu povo, com a minha tribo, caçando, guerreando, namorando. Mas, como os brancos existem, tive que trocar toda essa vida paradisíaca por uma vida chata de ficar aqui conversando com as pessoas, negociando politicamente, sendo transigente ou intransigente, sendo tolerante e, às vezes, sendo duro. Muitas poucas pessoas indígenas fazem isso, ou estão dispostas a pagar esse preço. Nesse sentido, foram positivos esses quase dez anos. A UNI iniciou a sua articulação mais permanente em 1979. Hoje o Brasil sabe que existe o povo indígena. Acho que vocês sabem que na década de 1960 e até o começo da década de 1970, mesmo as pessoas mais bem informadas do Brasil, se perguntassem a elas sobre índios, iam dizer: "Não, índio não. Não tem. Bem, talvez tenham um ou outro aí guardado em alguma reserva pelos irmãos Villas Boas". "Quem são os irmãos Villas Boas?, outro diria. "São heróis que têm lutado para guardar como relíquia alguns índios sobreviventes de 1500". Raoni trouxe para o povo brasileiro e para o mundo cheiro de índio, cara de índio, impressão sobre o índio, expectativa. Em alguns casos, irritação, ódio, carinho, solidariedade. Nós provocamos sentimentos nas pessoas quando mostramos que éramos gente de verdade. Provocamos os fazendeiros. Provocamos o Conselho de Segurança Nacional, que botou militares para nos vigiar mais de perto. Mas, em compensação, nós lembramos a milhares de pessoas que ainda estamos vivos e que queremos ser amigos dessas pessoas. E isso é solidariedade. É uma palavra que nós não conhecíamos, mas uma ideia que praticamos há milhares de anos.

Projeto

Este terceiro elemento de nossa tríade, caros amigos, nos faz lembrar da necessidade de termos um objetivo para onde devemos direcionar nossas ações mais efetivas. Quando juntamos os fragmentos da memória nisso que chamamos identidade, precisamos ter presente que necessitamos também de um projeto. Ailton Krenak nos lembra de novo que os velhos estão sempre a dizer que

> (...) você não pode se esquecer de onde você é e nem de onde você veio, porque assim você sabe quem você é e para onde vai (...) Isso não é só

importante para a pessoa do indivíduo, é importante para o coletivo, é importante para uma comunidade humana saber quem ela é, saber para onde ela está indo.[5]

Gilberto Velho também chama nossa atenção para o fato de que o projeto é a garantia de continuidade no tempo e no espaço. Ele é uma "conduta organizada para atingir finalidades específicas". Para tanto, ele não prescinde do indivíduo-sujeito, único capaz de fazer projetos na medida em "que busca – através de estabelecimento de objetivos e fins – a organização dos meios através dos quais poderão ser atingidos".

O projeto é, portanto, uma tentativa de salvaguardar a identidade que a memória articula em seus fragmentos. Sem um projeto, a identidade se deteriora e corre o risco de não conseguir compreender o processo histórico em que ela se desenrola. Assim, não haveria possibilidade alguma de o Movimento Indígena funcionar ou ter continuidade no tempo, caso seus líderes não tivessem um projeto, ainda que inconsistente, para dar-lhes alguma garantia.

É sobre esse esquema teórico e sua demonstração que assento minha ideia de que o Movimento Indígena alimentou, por tempo considerável, um projeto educativo que caminhava em duas direções: a da formação de quadros para a sua continuidade e a da formação da sociedade brasileira para a existência dos diferentes povos indígenas brasileiros. Para isso, no entanto, é mister apresentar também o caminho histórico que o movimento percorreu. Através disso poderemos comprovar que houve, de fato, uma continuidade de ação engendrada no seio da sociedade e que teve como resultado o surgimento de novas lideranças oriundas dessa mesma ação, o que torna o Movimento Indígena indispensável para compreendermos as transformações por que a sociedade brasileira passou.

2.2. ANOS 1970: SURGEM AS "ASSEMBLEIAS INDÍGENAS"

Para falarmos do nascimento do Movimento Indígena, é necessário fazer uma demarcação temporal para que possamos entender o momento histórico. Já falamos anteriormente que havia algumas teorias que colocavam esse movimento como um fato importante, mas precisamos

---

[5] Op. cit., p. 6.

fazer um recorte histórico para que não pensemos que vamos conseguir analisá-lo até os dias de hoje. Não é esta a intenção aqui. Iremos conversar apenas sobre três décadas, que abrangem os anos 1970, 1980 e 1990, já que é nossa intenção desde sempre fazer um balanço dos primeiros trinta anos do Movimento Indígena brasileiro.

E tudo começou em meados da década de 1970, quando as lideranças indígenas ultrapassaram as esferas de suas próprias comunidades originárias. Até então, essas comunidades estavam voltadas muito mais para suas próprias necessidades e dificuldades de sobrevivência. Para isso procuravam resolver suas demandas em nível local, sem se envolverem com os problemas e dificuldades dos povos que estavam além de suas fronteiras. Como lhes disse anteriormente, as sociedades indígenas não tinham muito acesso à realidade nacional.

Quando este novo movimento de participação foi acontecendo, principalmente pelo envolvimento de novas lideranças no processo histórico, constituiu-se um "sentimento de fraternidade indígena" (CARDOSO DE OLIVEIRA, 1988:18), de solidariedade pelas condições de vida por que passavam outras tantas comunidades e sociedades.

Para alguns pesquisadores dessa época histórica, foi muito importante o resgate do termo índio pelos líderes, conforme já salientei anteriormente. Este termo, que era utilizado como forma de empobrecer a experiência cultural indígena, acabou virando uma espécie de ícone que sustentava a luta indígena. Ele passou a ser usado para expressar uma nova categoria de relações políticas. Era a primeira vez que os povos indígenas podiam propor uma verdadeira política que tinha uma identidade própria, fazendo, inclusive, frente ao pensamento indigenista que predominava à época e que era baseado na incorporação do índio à sociedade nacional através das frentes de trabalho, da qual é exemplo o trabalho até então desenvolvido pela Funai, como o projeto da renda indígena, que tinha como finalidade gerar postos de trabalho e renda a partir do desenvolvimento da cultura agropastoril em terras indígenas. Dentro dessa visão, os índios eram considerados um estorvo para o desenvolvimento do país, que vivia o *boom* dos projetos de colonização na região norte.

Se os primeiros passos foram dados ainda na década de 1960, a organização começou a acontecer efetivamente no início de 1970, quando o Conselho Indigenista Missionário (CIMI), órgão ligado à Conferência Nacional dos Bispos do Brasil (CNBB), passou a atuar como idealizador e realizador de assembleias de chefes indígenas. Nelas eram reunidas lideranças de diferentes regiões do país, chegando a mobilizar os mais de 200 povos indígenas. A principal pauta naquelas discussões eram as questões voltadas para a defesa do território indígena, sempre considerado o mais importante instrumento para a manutenção da cultura tradicional. No entanto, a pauta não se prendia apenas em notícias ou reivindicações. Era propósito do Cimi que os indígenas presentes também tomassem consciência de seu papel histórico na transformação da sociedade.

As primeiras reuniões foram denominadas assembleias, sendo que a primeira delas aconteceu em 1974 e reuniu apenas 17 líderes, vindos de diferentes regiões brasileiras. Posteriormente estas reuniões foram as principais fontes da criação de uma consciência pan-indígena em que as lideranças começaram a ter uma atitude macrorregional com relação às demandas dos outros povos indígenas brasileiros. Elas também aguçaram o protagonismo indígena, fazendo esse povo abandonar uma atitude passiva ou defensiva e tornando-o mobilizador da consciência na defesa dos seus direitos. Essa tomada de consciência se dá de modo especial quando essas lideranças percebem que são sujeitos de direito dentro da sociedade anfitriã.

Segundo ainda Cardoso de Oliveira (1988, p. 22), essa nova atuação da Igreja, através do Cimi, ocorreu em consequência de uma mudança pela qual passou o Estado brasileiro no trato com as sociedades nativas. Essas mudanças ocorreram de fato com a criação do Serviço de Proteção ao Índio (SPI) em 1910, tendo à frente a doutrina positivista de Augusto Comte, defendida por Cândido Mariano Rondon. Para essa doutrina, os índios caminhariam gradual e naturalmente à civilização. Por essa razão caberia ao Estado brasileiro a proteção aos índios para que vivessem uma "passagem" tranquila ao estado evolutivo. Era necessário, portanto, um serviço que os protegesse e respeitasse esse processo. E foi com essa perspectiva que o SPI perdurou até 1966, quando foi extinto e deu lugar à Fundação Nacional do Índio (Funai), em 1967.

Ainda que extinto e acusado de corrupção administrativa, o SPI teve um papel importante na defesa dos direitos indígenas ao longo de sua existência. Nas palavras de Cardoso de Oliveira (1988, p. 22):

(...) amparado num dispositivo, o SPI desempenhou – com mais frequência que seus críticos poderiam imaginar e com menos eficiência que seus defensores gostariam de acreditar – indiscutível papel de defensor das terras indígenas e da integridade física de seus primitivos ocupantes. Se é verdade que o órgão perdeu-se em muitos erros, é verdade também que sem sua atuação, ainda que precária, os territórios indígenas de há muito teriam sido alienados em sua totalidade. Talvez o maior erro da política indigenista então aplicada foi a de ignorar tacitamente a possibilidade de diálogo entre o órgão federal e as lideranças indígenas locais. O indigenismo dessa época foi um longo e fastidioso monólogo: o saber do "homem branco" que, amparado ou não na antropologia, bastava-se a si mesmo.

2.3. ANOS 1980: A ORGANIZAÇÃO MACRO E A ORGANIZAÇÃO MICRO

Dessa forma e sob os auspícios do Cimi, o Movimento Indígena brasileiro foi tomando forma e ganhando força, porque foi assumindo uma característica própria no momento mesmo em que as assembleias davam notoriedade à ação da Igreja Católica a favor dos povos indígenas. Cumpre dizer que a voz da Igreja sempre se fez ecoar como um dos principais oponentes ao regime de exceção, ainda que tendo de conviver internamente com as contradições decorrentes do fato de abrigar também defensores do regime militar. Por sua vez, os próprios líderes passaram a tomar a frente da organização dessas assembleias, o que vai gerar, em 1980, a criação da União das Nações Indígenas (UNIND), primeiramente, e depois a União das Nações Indígenas (UNI). Esses primeiros líderes eram provenientes de diferentes povos das mais variadas regiões do Brasil.

No dizer de Cardoso de Oliveira (1988, p. 36):

O espaço criado pelo Cimi através das assembleias estava destinado a propiciar um debate que resultaria inevitavelmente na conscientização das lideranças indígenas sobre a necessidade de uma entidade de caráter permanente e dirigida por eles próprios, capaz de proporcionar um novo espaço de negociação com o Governo, particularmente com a Funai. Foi criada, assim a "União das Nações Indígenas", em junho de 1980, durante um encontro de líderes indígenas realizado na cidade de Campo Grande, no Mato Grosso do Sul, sendo discutida na décima quarta Assembleia reunida em Brasília nos últimos dias do mesmo mês, e discutida a seguir em Manaus, por ocasião da visita do Papa João Paulo II àquela cidade, ao término de sua visita ao Brasil. Contando em sua presidência com um líder Terena, com grande experiência de convívio com a sociedade nacional (com parte dessa convivência obtida na vida militar), a UNIND começa a articular as lideranças mais representativas daqueles grupos indígenas que se vieram destacando como os mais aguerridos na defesa de seus direitos, tais como os Xavante, os Guarani, os Saterê-Maué, os Tukano, os Kaingang e os próprios Terena, entre outros.

Uma das primeiras ações que esse grupo nascente fez foi a de manter diálogo com as lideranças regionais, locais e com o Estado, para tornar visível sua existência e para mostrar que era possível construir uma aliança permanente entre os povos para a luta por seus direitos.

Em busca dessa aliança, os primeiros líderes concentraram-se nos grandes centros urbanos como Brasília e São Paulo. Isso é muito sintomático, pois se tratava de manter constante vigilância sobre os rumos que a política nacional iria tomar (como ocorria com a sede de Brasília da UNI), ao mesmo tempo que se buscava apoio da sociedade civil (como no caso da sede de São Paulo). Com essa mobilização estratégica, o movimento influenciou a criação de novas entidades de apoio como o Centro de Trabalho Indigenista de São Paulo (CTI), a Comissão Pró-Índio de São Paulo (CPI), o Núcleo de Direitos Indígenas (NDI), além de suscitar a participação dos segmentos mais politizados da sociedade: estudantes, artistas, cientistas, em particular a Sociedade Brasileira para o Progresso da Ciência (SBPC) e a Associação Brasileira de Antropologia (ABA).

Essa mobilização foi importante e perdurou durante muitos anos, mesmo que tenha criado uma crise no seio do indigenismo, crise esta que já se fazia sentir no início da década de 1970, quando a própria antropologia refletia sobre a consciência étnica crescente no seio das populações indígenas do continente e fazia ressoar uma nova relação dessa ciência com os tradicionais objetos da pesquisa. Isso fica latente no artigo escrito por dois antropólogos da época que afirmavam que "o indigenismo, pois, não é mais que a alienação ideológica da realidade indígena".[6] Bem mais à frente a mesma questão será levantada no momento em que o movimento indígena rompia com a aliança e procurava discutir a política indigenista tendo como pano de fundo a autonomia de suas ações. Foi em 1982, quando aconteceu uma assembleia indígena em que as lideranças levaram para dela participar o principal desafeto de toda a ação indigenista: o coronel Paulo Leal, na época presidente da Funai.

De qualquer modo, caros amigos, os anos 1980 foram muito fortes para o movimento indígena, pois representaram uma fase de afirmação de alianças com muitos segmentos da sociedade civil e com setores populares. Foi assim que surgiu toda uma rede de parcerias e alianças que fortaleceu a representatividade dos líderes envolvidos com o movimento nacional. Esta mobilização foi responsável pela aproximação entre indígenas e seringueiros que gerou a "Aliança dos Povos da Floresta". Por outro lado, a mobilização social gerada pelo movimento desagradou em muito o governo militar, que passou a perseguir e acusar os líderes de abrir as fronteiras aos estrangeiros. Era tudo, na verdade, uma tentativa de desestabilizar o movimento, acusando-o de ser uma ameaça à integridade nacional.

Como estratégia política para desviar a perseguição que o sistema impunha ao movimento, as lideranças passaram a incentivar a realização de reuniões ou assembleias regionais que garantissem alguns direitos fundamentais para as comunidades. Nesse sentido vale lembrar a realização da II Assembleia dos Povos Indígenas do alto Rio Negro, ocorrida em abril de 1987, e que foi um marco na luta política para todos os povos indígenas brasileiros. Isso seria sentido especialmente por ocasião da promulgação da Carta Magna brasileira, que trazia, pela primeira vez na história do Brasil, um tratamento diferenciado para a questão indígena, fruto de uma mobilização extraordinariamente criativa que envolveu uma grande parcela da população brasileira e cristalizou imagens que ainda hoje fazem parte do imaginário político do Brasil.

Com a aprovação da Constituição e do consequente reconhecimento da capacidade de organização das sociedades indígenas, o Movimento Indígena passou a adotar uma nova postura política ante as demandas

---

[6] BARTOLOMÉ, M.; ROBINSON, Scott. Indigenismo, dialética e consciência Étnica. In: *Antropologia e indigenismo na América Latina*. São Paulo: Cortez, 1981.

que surgiam. É como se houvesse uma "retirada estratégica" para dar surgimento às organizações regionais que passaram a questionar a representatividade dos líderes nacionais. Os argumentos utilizados mostravam um conflito de interesses que já não era mais possível ser respondido por uma representação nacional. As comunidades tinham seus interesses localizados e sabiam negociar diretamente com os poderes públicos locais. Esta nova realidade se refletiu na criação de organizações regionais que atendiam com maior agilidade os anseios da população. Numa avaliação apropriada para o momento histórico, Alcida Ramos (1997, p. 53) diz que

> o movimento indígena brasileiro é mais do que uma resposta meramente reativa às condições e estímulos externos. No processo de busca de sua vocação política, o movimento indígena brasileiro experimentou cursos originais de ação que de nenhuma maneira podem ser atribuídos ao envolvimento externo. Deve-se ter em mente que os povos indígenas têm longa experiência de andar alinhado em trilhos sinuosos. O que para o pensamento ocidental pode parecer desvios à toa, pode verdadeiramente representar o caminho mais curto entre dois pontos, proporcionando-nos lições inesperadas de produtividade.

2.4. ANOS 1990: RELAÇÕES INTERÉTNICAS EM MUDANÇA OU PROTAGONISMO INDÍGENA

Os anos 1990 foram marcados por um novo tipo de conduta dentro do movimento indígena. Havia uma disposição para fazerem acontecer as promessas que a constituição recém-aprovada fizera, principalmente aquela que garantia que o Governo iria demarcar todas as áreas indígenas num período de cinco anos, o que não aconteceria posteriormente.

Do ponto de vista da ação governamental, as políticas públicas indigenistas sofreram mudanças significativas, sendo tiradas da Funai uma série de atribuições. Além disso, algumas responsabilidades pela execução de serviços são divididos entre diferentes órgãos do Governo e organizações da sociedade civil.

Nesse período irão surgir instituições que prestarão serviços para o Governo na execução das políticas públicas, sendo algumas delas criadas por comunidades e grupos indígenas seguindo as regras gerais impostas pelo próprio Governo. Num primeiro momento isso criou graves dificuldades de organização e planejamento, e muitas comunidades e associações indígenas tiveram problemas com a prestação de contas dos recursos que lhes eram destinados. Diante dessa questão, eram muito comuns os comentários sobre a incapacidade gerencial dos povos indígenas, o que gerou uma nova demanda: a capacitação das lideranças indígenas para a administração de recursos públicos.

O que nos parece interessante, caros indígenas, é que a relação com o Estado brasileiro começaria a ter uma nova dinâmica, pois muitos jovens passaram a frequentar as escolas, a ter diploma universitário, a fazer cursos técnicos que lhes ofereceriam um olhar diferenciado sobre a sociedade brasileira e sobre a participação cidadã numa sociedade em transformação. A linguagem utilizada por estas novas gerações era baseada num ideário que passava pelo protagonismo indígena, ou seja, pela capacidade de dar respostas próprias e criativas às novas demandas sociais ou, como prefere Boaventura Santos, às "realidades emergentes".

O fato é que a década de 1990 tornou-se um momento importante na consolidação de projetos destinados ao atendimento das novas demandas geradas pela política do Estado brasileiro. Diversos projetos foram desenvolvidos ou propostos por comunidades, especialmente aqueles voltados à proteção dos territórios já demarcados ou em processo de demarcação; projetos de desenvolvimento sustentável; formação de professores bilíngues; implantação de projetos de radiofonia; realização de cursos de formação profissional destinados à capacitação e treinamento de pessoal indígena para assumir serviços e funções dentro de suas próprias organizações, entre outros.

Ao mesmo tempo, no entanto, que estas ações aconteciam em nível local e regional, havia as tentativas de articulações nacionais capazes de mobilizar as comunidades e associações para um entendimento sobre o cenário político nacional, com o intuito de ocupar os espaços políticos institucionais. O princípio que norteava esta estratégia era a necessidade de romper a barreira que ainda imperava e que mantinha os povos indígenas numa situação de tutelados, incapazes de gerenciar seu próprio destino.

Talvez a maior demonstração dessa mobilização tenha sido a "Marcha Indígena", que percorreu todo o Brasil e culminou com a realização da "Conferência Indígena", em Porto Seguro, no sul da Bahia, local da chegada dos europeus em 1500. Tais acontecimentos faziam parte de uma mobilização ainda maior que uniu os movimentos populares dentro do movimento "Brasil: 500 anos de Resistência Indígena, Negra e Popular – Brasil outros 500". Tudo isso fazia parte das manifestações em resistência às comemorações oficiais pelos 500 anos de "descobrimento" do Brasil, que, como certamente devem lembrar-se, acabou gerando conflitos entre os indígenas e as forças armadas, tornando este evento um fiasco estatal.

Como estava articulado o movimento indígena para esta grande conferência?

A participação indígena no "Movimento Brasil outros 500" se deu em dois momentos diferentes: 1) "Marcha Indígena" e 2) "Conferência dos Povos e Organizações Indígenas do Brasil".

A "Marcha Indígena" se constituía numa caravana que ia percorrendo o caminho inverso da ocupação europeia. Os organizadores conseguiram reunir 3.600 indígenas nesta jornada e em muitas cidades faziam reuniões e lançavam manifestos com o objetivo de sensibilizar a sociedade brasileira no sentido dos direitos, não apenas indígena, mas de todos os cidadãos.

Já a conferência foi o grande desfecho. Ela reuniu cerca de 6 mil indígenas na Aldeia Pataxó de Coroa Vermelha, entre os dias 18 e 21 de abril de 2000. Ali estavam representados 140 povos de todo o país.

O resultado disso tudo foi vivido por alguns de vocês, caros parentes. Houve uma verdadeira batalha que muito elucidou as relações que o Brasil dos anos 1990 ainda mantinha e, de certo modo ainda mantém, com os povos indígenas.

Frei Betto, em artigo publicado na *Revista Caros Amigos*, diz que "o que aconteceu em Porto Seguro, em abril de 2000, foi algo muito mais grave do que a imprensa fala. Não nos assumimos como nação brasileira, com as nossas raízes" (BETTO, 2000, p. 26). Esta opinião demonstra a virulência, o descaso e o autoritarismo de um Brasil que utiliza a força do poder, da exclusão e da negação do diálogo para impor um projeto nacional único, que ignora as raízes indígenas, negras e populares que fundam e que movem a sociedade brasileira.

SEGUNDA PARTE

"Somos aqueles por quem esperamos"

Capítulo 1
Somos aqueles
por quem esperamos

1.1. PRÓLOGO

Caros parentes, muito se tem escrito sobre o Movimento Indígena brasileiro. Ele já foi alvo de pesquisas e reflexões sérias que tratam de suas diferentes nuanças e atuações e que mostram como foi seu nascedouro e seu desenvolvimento.[1] *Grosso modo* todas estas pesquisas partem apenas da bibliografia gerada ao longo do processo histórico brasileiro e das diversas categorias teóricas que desejam abordar, sejam elas antropológicas, sociológicas, históricas, econômicas ou, em seu conjunto, sociais. Cada abordagem traz em seu bojo certos objetivos interpretativos que conduzem quem a desenvolveu a uma leitura parcial dos mecanismos geradores do próprio Movimento Indígena. Assim, questões como identidade, memória, sustentabilidade, autonomia, territorialidade, projeto etc., fazem parte de um conjunto de possibilidades de interpretação do fenômeno social. Tomado individualmente, cada item citado permite um gradiente possível para entender a complexidade da ação.

Não há nada de negativo na afirmação que teimo em fazer. Assim tem sido desenvolvida a ciência ocidental ao longo do tempo: a divisão em partes permitiria uma visão do todo e a compreensão do fenômeno. Afinal "somos todos fragmentos".

Até aqui, parentes, vim mostrando justamente como o Movimento Indígena brasileiro foi se constituindo em cima da urgência e da

---

[1] Conferir bibliografia no final desta tese.

necessidade de autoafirmação. Isso se deu através de uma ação pragmática em torno da conquista de direitos à terra, saúde, educação. Antes, no entanto, foi se compondo de forma gradual pelo envolvimento no movimento social, pela tomada de uma consciência pan-indígena e pela certeza de que os indígenas são sujeitos de direito dentro da sociedade brasileira.

No entanto, há uma questão que ainda não se levantou dentro das pesquisas realizadas: quem foram as pessoas que primeiro perceberam a necessidade de se posicionar dentro da sociedade envolvente? Quem foram as pessoas que, percebendo o campo de possibilidades,[2] desejaram englobar suas experiências pessoais para configurar um projeto novo e ambicioso para as sociedades indígenas? E como essa identidade e esse projeto poderiam estar a serviço de uma concepção de futuro dentro de sociedades que se caracterizam pela ausência de um pensamento que elabora o tempo futuro?

Vejam, parentes, que aqui mora uma questão fundamental para a compreensão deste livro. Este capítulo vai tratar de algumas personalidades que iniciaram o Movimento Indígena brasileiro. Essas pessoas tiveram que fazer um caminho oposto ao que era, até então, trilhado por nossas sociedades. Precisaram abrir mão do ser social em suas comunidades de base para se tornarem indivíduos socialmente significativos numa sociedade que privilegia a biografia. Isso significa dizer que elas priorizaram o todo – os povos indígenas –, ao invés de se contentarem com a parte – suas comunidades, seu papel social individual.

Gilberto Velho (2003, p. 100) diz a respeito:

> Nas sociedades onde predominam as ideologias individualistas, a noção de biografia é fundamental. A trajetória do indivíduo passa a ter um significado crucial como elemento não mais contido, mas constituidor da sociedade. É a progressiva ascensão do indivíduo psicológico, que passa a ser a medida de todas as coisas.

---

[2] Campo de possibilidades é como Gilberto Velho (2003) define a construção da identidade de sociedades holistas, como as indígenas, no bojo das sociedades complexas.

No entanto, parentes, o que se vai apresentar aqui não é como estes indivíduos se tornaram personalidades do movimento – pois isso seria ceder ao sistema opressor –, mas como alentaram criar uma utopia dentro da sociedade brasileira. Esta utopia seria a construção de uma sociedade capaz de absorver – sem querer assimilar – as diferenças representadas pela sociodiversidade indígena até então desconhecida do grande público brasileiro, que apenas a conhecia pelos olhos do colonizador.

Se no capítulo anterior vimos que o Movimento Indígena sofreu por vezes a ingerência da sociedade envolvente através do Estado, da Igreja ou das ONGs, este vai nos fazer perceber a teimosa resistência política de nossos povos através da fala histórica e atual desses líderes que

> encarnam, com suas vidas, uma memória ancestral, o processo tortuoso da construção da identidade, os enfrentamentos com o racismo e a discriminação, a tomada de consciência individual e a dimensão política e coletiva desse processo, a construção da crítica e da autonomia de ação e pensamento em relação aos efeitos de poder/saber produzida pelo dispositivo (CARNEIRO, 2004, pp. 150-51).

Por outro lado, é bom que percebamos que esses homens e mulheres não foram fruto do acaso. Essas pessoas trazem consigo o signo do sofrimento, do descaso, do infortúnio, do desprezo, da subjugação a que foram submetidas juntamente com seus povos. Foram vitimizadas pelo dispositivo do biopoder[3] e levadas a assumir uma postura crítica dentro da sociedade englobante e hierarquizante. Nesse contexto, elas atuam como testemunhas privilegiadas por terem sentido no próprio corpo o drama da integração forçada à sociedade brasileira, seja pela política de Estado, seja pela ação de instituições religiosas que atuavam em suas respectivas áreas.

O que as torna tão importantes no contexto desta obra é o fato de terem escapado do destino que lhes parecia comum: a negação da própria identidade étnica. Era isso que se esperava delas, ao serem

---

[3] A noção do biopoder emerge da reflexão foucaultiana no contexto da discussão sobre o poder sobre a vida e a morte. Focault buscará na teoria clássica da soberania as matrizes teóricas da problematização da vida na qual, segundo ele, "o direito da vida e de morte era um dos atributos fundamentais" (CARNEIRO, 2004, p.72).

submetidas ao processo de integração. Era isso que se esperava de todos os povos indígenas brasileiros, quando se propunham políticas de assimilação que contemplavam o "apagamento" da memória ancestral a favor de um projeto de "abrasileiramento". A atuação destas lideranças culminou com o questionamento sobre esses projetos de extermínio e mostrou ao Brasil e ao mundo a cara desconhecida dos povos indígenas, oferecendo-lhes a possibilidade de uma nova política de Estado.

O que me pareceu bastante significativo foi perceber que a trajetória individual de cada um desses indivíduos é muito parecida e que, por caminhos absolutamente pessoais, eles acabaram sendo portadores de uma consciência que se foi formando à medida que se encontravam e passavam a articular o movimento. Antes disso, traziam consigo a marca da tradição individualizada. Juntos, construíram uma consciência coletiva. Antes traziam a fragmentação. Juntos, construíram a memória coletiva. Saíram, portanto, de uma articulação de cunho individualista própria da sociedade englobante para uma mobilização capaz de dar maior visibilidade a todo o agrupamento indígena.

Vale lembrar aqui, meus parentes, que essas pessoas eram oriundas de diferentes realidades socioculturais. Embora todas tenham tido acesso aos programas de educação formal dentro de suas aldeias ou comunidades, trouxeram consigo processos de individuação compostos por rituais, cantos, danças que atuam como dispositivos de pertencimento à sua própria realidade social. Receberam também orientações de ordem temporal e atemporal responsáveis pela fundamentação de seu caráter social. Digo isso para afirmar que são homens e mulheres que, dentro dos padrões étnicos a que pertenciam, estavam absolutamente equipados para viverem sua própria individualidade. Estava contido em sua memória o saber de seus avós antigos, e deveriam ser obedientes inclusive a esse modelo social ao qual pertenciam por herança. Por outro lado, a carga colonizadora que receberam (educacional, religiosa, econômica) lhes ofereceu uma leitura da própria realidade que viviam e lhes fez insurgir contra aspectos ora de uma (sua cultura), ora de outra (da sociedade englobante). De certo modo, tiveram que ser "educados" e "des-educados" diversas vezes em suas trajetórias de vida.

Entre o passado e o futuro

> *O hoje é apenas um furo no futuro por onde o passado começa a jorrar. E eu aqui isolado onde nada é perdoado vejo o fim chamando o princípio para se encontrar.*
>
> (Raul Seixas e Marcelo Nova)

Não é de hoje que os indígenas são considerados um peso para a sociedade brasileira, conforme já expusemos antes. Grande parte do tratamento que historicamente se deu aos povos indígenas é consequência de um jogo de poder que desqualifica essas sociedades como capazes de comandar o próprio destino de forma autônoma. Claro que isso não é sem propósito e tem a ver em parte com o tipo de solução econômica que elas deram e dão para perpetuar sua existência no espaço geográfico que habitam e onde construíram para si uma compreensão da realidade que foge aos padrões científicos, econômicos e religiosos da sociedade ocidental. Essa incompreensão não é intelectual, mas nasceu como se fosse. Na verdade, opera como um dispositivo de poder que vai agregando novas tecnologias para criar uma relação de interdependência entre os indivíduos (in)devidamente classificados de acordo com seu pertencimento a um ou outro grupo social.[4] No caso dos indígenas, fica claro que pertencem a um grupo social que é seguramente – na visão ocidental – incapaz de contribuir para o bem-estar da sociedade nacional.

Faço esse preâmbulo para lhes dizer, caros indígenas, que é importante entender como está assentada a epistemologia do pensar de nossa gente. Por que isso é importante? Porque para entender as ações dos primeiros líderes é necessário compreender também sob que tipo de racionalidade estão baseadas. Assim, penso que, ao tomarem contato com os depoimentos e testemunhos que serão expostos mais adiante, será mais tranquilo perceber em que tipo de cenário estavam envolvidos e como se tornava difícil a convivência com diferentes formas de pensamentos.

---

[4] Para maior compreensão deste tópico, sugiro a leitura da tese de doutorado de Sueli Carneiro, defendida na Faculdade de Educação da Universidade de São Paulo, sob a orientação de Roseli Fischmann, em 2004.

Diversos autores[5] já se debruçaram sobre as questões que aqui levo em consideração para defender a originalidade do Movimento Indígena no contexto social brasileiro. Muitos já tentaram compreender as razões pelas quais o Movimento Indígena não "deu certo", e mesmo entre os indígenas é possível ouvir que há falta de unidade, falta de compromisso, falta de unanimidade em torno de nomes de abrangência nacional. É até comum classificarem tais dificuldades como incapacidade, falta de qualificação profissional, incompetência gerencial ou outros nomes mais modernos. No campo governamental alega-se que os indígenas não recebem responsabilidades gerenciais também por falta de capacidade administrativa ou porque os "índios não se entendem".

Embora não seja meu propósito aqui fazer a defesa de nenhum destes argumentos, gostaria de apresentar o que consegui inferir dos depoimentos/testemunhos dos líderes que entrevistei para este livro e que acabam sendo sintomáticos para perceber que, do ponto de vista da formação individual de cada um, há razões de sobra para dizer que o Movimento Indígena foi um empreendimento de grande sucesso.

Hanna Arendt (2002, p. 31) nos lembra que

o testamento, dizendo ao herdeiro o que será seu de direito, lega posses do passado para um futuro. Sem testamento ou, resolvendo a metáfora, sem tradição – que selecione, nomeie, que transmita e preserve, que indique onde se encontram os tesouros e qual o seu valor – parece não haver nenhuma continuidade consciente no tempo, e portanto, humanamente falando, nem passado nem futuro, mas tão somente a sempiterna mudança do mundo e o ciclo biológico das criaturas que nele vivem.

Embora a autora esteja citando um contexto da Revolução Francesa, ajuda-nos a pensar em como a história é recorrente se deslocarmos a questão para o nascedouro do Movimento Indígena, que foi organizado quando jovens oriundos de diferentes universos étnicos se encontraram para fundar um caminho absolutamente novo e para onde não poderiam trazer sua tradição – no sentido individual, por pertencerem a tradições diversas –, ainda que não fosse possível deixar de se reportar às próprias tradições, no seio das quais[6] foram forjados. Foi provavelmente neste

---
[5] Conferir bibliografia no final desta tese.
[6] Sobre este tópico, conferir Caiuby Novaes, 1993.

momento que compreenderam com maior intensidade que era preciso criar um modo novo de percepção daquele momento histórico e assumiram a identidade genérica de *índios*, na tentativa de dar maior unidade e fortalecer suas ações.

Grosso modo é possível afirmar que as sociedades indígenas são sociedades do presente. Toda a compreensão do mundo desenvolvida por elas passa pela urgência, pelo aqui e pelo agora. Homens e mulheres indígenas são educados para viverem tão somente o momento atual, e as crianças nunca são empurradas para "ser alguém quando crescerem", porque sabem que o futuro é um tempo que não existe. Vivem, assim, cada fase de suas vidas motivadas pela urgência do cotidiano, não aprendendo a poupar ou acumular para o dia seguinte. Seu sistema educativo é todo fundamentado na necessidade de viver o hoje, e a cada nova fase da vida (infância, adolescência, maturidade e velhice) revivem fortes momentos rituais que lhes lembram seu grau de pertencimento àquele povo.

Parte do conhecimento desenvolvido pelos povos indígenas ao longo de sua trajetória histórica tem a ver com a transmissão através das narrativas orais. Assim, cada indivíduo vai formando em si uma memória num processo que conhecemos como educação.

A educação indígena é muito concreta, mas, ao mesmo tempo, mágica. Ela se realiza em distintos espaços sociais que nos lembram sempre que não pode haver distinção entre o concreto dos afazeres e aprendizados e a mágica da própria existência que se "concretiza" pelos sonhos e pela busca da harmonia cotidiana. Isso, é claro, pode parecer contraditório à primeira vista, mas segue uma lógica bastante compreensível para nossos povos, pois não é uma negação dos diferentes modos de coexistência, como se tudo fosse uma coisa única, mas uma forma de a mente operacionalizar o que temos a pensar e viver.

Já disse em outro texto (MUNDURUKU, 2009, p. 17) que não é hábito de nossa gente fazer conjecturas filosóficas a respeito da vida. Segundo os princípios que regem nosso existir, a vida é feita para ser vivida com toda a intensidade que o momento oferece. Essa "filosofia" se baseia na ideia do presente como uma dádiva que recebemos de nossos ancestrais e na certeza de que somos "seres de passagem", portanto desejosos de viver o momento como ele se nos apresenta. Nessa visão está implícita uma noção de tempo alicerçada no passado memorial, mas nunca numa vazia ideia de futuro. O "futuro" é, pois, um tempo que não se *materializou*, não se tornou presente e, por isso, impensável para a lógica que rege nossa existência.

Claro está que pensar assim dentro de um mundo marcado pela especulação – esta sim uma visão utilitarista do tempo – nos leva a uma compreensão dos motivos que marcaram a relação do Ocidente com os povos originários. Foi uma relação impositiva regida pela violência tanto secular quanto religiosa. Ambos os olhares negavam humanidade aos povos indígenas. Não consentiam, assim, com a possibilidade de estes povos construírem uma cosmovisão baseada na unidade corpo/mente/espírito, pois isso jogava por terra a doutrina do poder cristão do rei e da Igreja. Daí a cruz ter sido trazida para ser carregada pelos originários da terra, e nunca pelos que a trouxeram; daí a espada que atravessou não apenas o corpo dos antepassados, mas também o seu espírito (GAMBINI, 2000, p. 57).

Ainda que ignorado, negado ou transformado pelos colonizadores – do corpo e da alma –, o saber que sempre alimentou nossas tradições se manteve fiel aos princípios fundadores. Isso desnorteou os invasores daquele momento histórico e continua desnorteando os de nosso tempo, os quais teimam em destruir as tradições originárias que permanecem resistindo, não sem muitas baixas, ao "canto da sereia" do capitalismo selvagem, cujo olhar frio se concentra na fragilidade humana, que é capaz de vender sua dignidade e ancestralidade em troca de conforto e bem-estar ilusórios.

Isso, parentes, é resistir. E esta resistência permanece viva até nossos dias. E se mantém especialmente através de uma prática regida por uma tríplice concepção que, se não é uma teoria elaborada pela academia ocidental – embora ela também já a tenha descrito, mas sem proveito real[7] –, o é pela experiência de vida, pela observação meticulosa dos fenômenos naturais e pela certeza de que "somos fios na teia": a educação do corpo, da mente e do espírito.

---

[7] Conferir as pesquisas de Shiva, 2000 e 2002; Clastres, 1990; Tassinari, 2003; Wagley, 1988; Silva (org.), 2002; Albert e Ramos, 2000.

Educação do corpo. Educação dos sentidos

O que aprendemos durante nossa vida na aldeia? Aprendemos, desde muito pequenos, que nosso corpo é sagrado. Por isso, temos obrigação de tratá-lo com carinho, para que ele cuide de nossas necessidades básicas. Aprendemos que nosso corpo tem ausências que precisam ser preenchidas com nossos sentidos. Aprender é, portanto, conhecer as coisas que podem preencher os vazios que moram em nosso corpo. É fazer uso dos sentidos, de todos eles.

É, portanto, necessário valorizar o próprio corpo e dar a ele condições para que possa cuidar da gente. Assim, é de extrema importância conviver com meu grupo de idade, por ser ele que me vai "guiar", dar um norte para as descobertas que meu corpo infantil precisa fazer. É nesta convivência que a criança indígena vai treinar a vida comunitária como uma necessidade ímpar para sua realização e compreensão do todo. Isso vai também lhe oferecer uma visão do seu entorno e fazer com que descubra que os sentidos, junto com os comportamentos que eles vão criando, representam a única segurança e garantia de sobrevivência contra os perigos que a floresta traz.

Ao descobrir estes vazios que o corpo possui, a criança indígena não vê com desprezo a necessidade de adquirir conhecimentos complementares. Ao contrário, ela percebe como é importante deleitar-se com eles, num processo de aprendizagem que passa pela leitura do entorno ambiental. Vai compreendendo, então, que o ambiente a ser observado vai deixando marcas que dão sentido ao seu ser criança e à sua própria vida. Entende, então, que o uso dos sentidos confere sentido às suas ações: ganha sentido a leitura das pegadas dos animais, do voo dos pássaros, dos sons do vento nas árvores, do criptar do fogo, das vozes da floresta em suas diferentes manifestações. Ela se conscientiza de que andar pela mata é mais que um passeio de distração ou diversão; que subir na árvore é mais que um exercício físico; que nadar no rio é mais que brincadeira; que produzir brinquedos é mais que um desejo de satisfação; que ficar horas confeccionando a cultura material de sua gente é mais que uma necessidade. A criança vai, aos poucos, entendendo que no seu corpo o sentido ganha vida. Suas ações são norteadas pela ausência que mora em seu corpo e que precisam ser completadas por aquilo que dá razão à sua existência.

Por isso ela tem que crescer. Cresce para dar espaço às outras ausências que se fazem presentes e que precisam ser preenchidas também. Agora, no entanto, não podem mais ser completadas apenas de modo informal. Será preciso formalizar e, se antes ela apenas imitava os mais velhos, agora vai precisar mostrar que seu corpo está amadurecido para o novo que pede passagem. É neste momento que a criança, já não mais tratada assim, vai viver conscientemente seus rituais de maioridade: é a forma encontrada pelo corpo para exigir o passo seguinte.

Não vou me ater às outras etapas do crescimento, pois não é este meu objetivo. Basta dizer que, até o momento em que um indígena se torna adulto – entre 13 e 15 anos –, seu corpo já está todo preenchido e saberá encontrar caminhos para sua sobrevivência física. Vai surgir, então, outro alimento que também foi sendo ministrado ao longo do mesmo processo, para que seu corpo não fosse seduzido pelo vazio da existência: a educação da mente.

Educação da mente. Educação para a vida

Se educar o corpo é fundamental para dar importância ao seu estar no mundo, a educação da mente é indispensável para dar sentido a este estar no mundo. Se no corpo o sentido ganha vida, é na educação da mente que o corpo o elabora.

Dizia ainda há pouco que na concepção do tempo indígena o presente é o único tempo real. O passado é memorial e o futuro uma especulação que quase não entra na esfera mental dos povos indígenas. Isso serve para refletir como isso se choca frontalmente com a concepção linear, histórica que o Ocidente desenvolveu. Para o indígena o tempo é circular, holístico, de modo que vez ou outra os acontecimentos se encontram sem, no entanto, se chocarem. O passado e o presente ganham dimensões semelhantes e se autorreforçam mutuamente. Por isso, o discurso indígena se apossa de elementos aparentemente distantes entre si, mas perfeitamente compreensíveis no contexto em que se encontram. É a *lógica da ressignificação* dos símbolos que permite às gentes indígenas *passearem* pelo passado utilizando instrumentos do presente, e vice-versa também. É o momento em que a memória se atualiza e absorve elementos novos, fazendo com que a cultura se autorressignifique e dê respostas às novas demandas.

Ora, a educação da mente para compreender esta concepção passa pela existência dos contadores de histórias. Quem são eles? São os que trazem para o presente o passado memorial. São aquelas pessoas, homens e mulheres, que assumiram o papel relevante de "manter o céu suspenso", conforme compreensão Guarani. São os que leem e releem o tempo tornando-o circular. São os responsáveis pela educação da mente.

Quase sempre são velhos que já sentiram a passagem do tempo pelos seus corpos. São os guardiões da memória. Para muitos dos povos originários, estes velhos são "as bibliotecas" em que estão guardadas a memória ancestral. Daí sua importância para a manutenção da vida e do sentido.

Lembro que, para o povo Munduruku, ter sorte na vida é morrer velho. E quer-se morrer velho. O motivo é simples: cabe a ele ou ela o privilégio de manter a memória viva através das histórias que carregam consigo, contadas, elas também, por outros antepassados, numa teia sem fim que se une ao princípio de tudo. Morrer velho é a garantia de que nosso povo não morrerá. Aos pais cabe a educação do corpo. Aos anciãos cabe a educação da mente e, consequentemente, do espírito.

É, pois, através do ato de ouvir histórias, contadas pelos guardiões da memória, que nossa gente educa sua mente, de modo que o indígena vive no corpo aquilo que sua mente elabora pela silenciosa e constante atenção aos símbolos que as histórias nos trazem. O corpo que vive o tempo presente alimenta-se, preenche seu vazio, através daquilo que a memória evoca do tempo imemorial. Não é, portanto, uma vida sem sentido, próxima ao reino animal, como queriam os colonizadores de antigamente. Pelo contrário, é uma vivência plena de significações que reverberam pelo corpo. Nossos povos são, portanto, leitores assíduos dos sentidos da existência. Educa-se, portanto, para a compreensão do mundo, tal qual ele nos foi presenteado pelos espíritos ancestrais. Educa-se para viver esta verdade que, para nossa gente, é plena e nos mostra o caminho do bem-estar, da alegria, da liberdade e do sentido.

Educação do espírito. Educação para sonhar

Outro aspecto relevante da vida indígena é o sonho. Ele faz parte da crença de que há mundos possíveis de serem encontrados. O sonho é a linguagem do universo para nos lembrar que somos parentes de todos os seres vivos que co-habitam conosco este planeta. Pelo aprendizado do sonho instalamos em nós uma espécie de *software* que atualiza a memória que nos torna pertencentes a uma coletividade universal e nos faz sair da prisão que o corpo nos impõe. Daí que entendemos como o saber de um povo é, ao mesmo tempo, local e universal mesmo que ele não tenha consciência disso. Ailton Krenak, em entrevista para a *Revista Tempo e Presença*, em 1989, dizia que

> (...) nos fundamentos da tradição não há a palavra vazia. Os fundamentos da tradição são como o esteio do Universo. A memória desses fundamentos não é uma coisa decifrável. É como a água do rio: você olha de um determinado ponto a água correndo; quando voltar na manhã seguinte, não verá a mesma água, mas o rio é o mesmo. Ele está ali. Você não distingue. Você só sabe que não é a mesma água porque vê que ela corre, mas é o mesmo rio. O que o meu tataravô e todos os nossos antigos puderam experimentar passa pelo sonho para a minha geração. Tenho o compromisso de manter o leito do sonho preservado para os meus netos. E os meus netos terão que fazer isso para as gerações futuras. Isso é a memória da criação do mundo. Então, não decifro sonhos. Eu recebo sonhos. O leito de um rio não decifra a água, ele recebe a água do rio.

Para muitos povos indígenas brasileiros existe uma crença no outro mundo. Este outro mundo é onde moram os espíritos criadores. Acredita-se também que todas as coisas estão vivas porque possuem uma alma, o que as torna nossas parentas e companheiras em nossa passagem pela vida. Esta compreensão faz com que eles ritualizem suas ações, especialmente quando elas têm relação com estes seres animados. Dessa forma, a derrubada de uma área para o plantio da roça é acompanhada de rituais que recordam que nada pode brotar, senão pela atuação dos ancestrais e pela gratidão que se dispensa a eles e aos seres que criaram.

O mesmo acontece em rituais de caça e pesca em que se envolvem os vivos e os encantados. O fato é que a crença no parentesco entre homens e outros seres vivos é uma mola propulsora eficaz, criando relações íntimas que não permitem que estes povos explorem além da necessidade o ambiente onde vivem.

O fio condutor dessa relação está no sonho. Meu avô dizia ser a linguagem que nos permitia falar com nós mesmos e com os seres interiores. Dizia que não dormimos para descansar, mas para sonhar e conhecer os desejos deles. Para ele, o sonho era nossa garantia da verdade. Para mim, o sonho sempre será o *locus* onde as histórias ganham realidade.

Resumindo: o corpo é o lugar onde reverberam os saberes da mente (intelectual) e os saberes do espírito (emocional). Educar é, portanto, preparar o corpo para sentir, apreender e sonhar. Pode ser também para sonhar, apreender e sentir. Ou ainda, apreender, sentir e sonhar. Não importa. É um mesmo movimento. É o movimento da *Circularidade*, do Encontro, do Sentido.

Testemunhas em si, testemunhas para si

As personalidades que aqui estarão arroladas como testemunhas de um momento histórico importante são também as herdeiras de uma tradição que se atualizou a partir das ações que empreenderam. Talvez elas nunca tivessem tomado consciência de que estavam ocupando um espaço temporal e que forçosamente teriam que se posicionar entre o passado e o futuro (tradição e modernidade) para rever o papel histórico dos povos indígenas dentro da sociedade brasileira. Arendt (2003, p. 40) diz que:

> Este pequeno espaço intemporal no âmago mesmo do tempo, ao contrário do mundo e da cultura em que nascemos, não pode ser herdado e recebido do passado, mas apenas indicado; cada nova geração, e na verdade cada novo ser humano, inserindo-se entre um passado infinito e um futuro infinito, deve descobri-lo e, laboriosamente, pavimentá-lo de novo.

O desafio, portanto, que eles tinham não era pequeno. Estavam começando um movimento novo que culminaria – sem que soubessem –

numa releitura da própria tradição ancestral a que pertenciam enquanto indivíduos focados em si mesmos.

O trabalho que desenvolvi com estes líderes foi com a intenção de escutar seus pensamentos. Não queria desenvolver um texto em que o olhar sobre os acontecimentos fosse apenas movido pelas experiências descritas em trabalhos de antropólogos ou historiadores que costumam fazer uma leitura da realidade baseada nos fatos históricos. Tampouco desejava simplesmente transformá-los em fontes primárias de pesquisa. Eu tencionei olhar para eles como autoridades do saber, independente se suas memórias pessoais estivessem afetadas pelos eventos que vivenciaram. Eu queria mesmo saber como eles se posicionavam diante do movimento que iniciaram e onde estavam as razões que lhes moviam.

Como todos tiveram passagem pela escola formal – foi um dos critérios de escolha dos entrevistados –, eu os via como vítimas do processo colonial e de seus processos de violação identitária, da subalternização a que foram submetidos, da desvalorização cultural engendrada nas suas comunidades através das políticas indigenistas de extermínio, assimilação ou incorporação à sociedade nacional. Ao mesmo tempo, percebia-os como "testemunhas insurgentes de todo esse processo de sujeição e morte" (CARNEIRO, 2004, p. 153). Por força desse dinamismo – vítima/resistência –, achei por bem tratá-los com o respeito dado às testemunhas.

O que é uma testemunha, parentes? É um narrador privilegiado de fatos que viveu ou presenciou. Beatriz Sarlo (2005, pp. 24-25) lembra que

> a narração da experiência está unida ao corpo e à voz, uma presença real do sujeito na cena do passado. Não há testemunho sem experiência, mas tampouco há experiência sem narração; a linguagem liberta o aspecto mudo da experiência, redime-a de seu imediatismo ou de seu esquecimento e a transforma no comunicável, isto é, no comum.

Na sua crítica ao testemunho, a autora argentina lembra o importante papel da narrativa do sujeito para que a história possa ser recontada a partir dos que viveram os fatos narrados, sem perder de vista que o distanciamento do narrador também pode constituir um falso testemunho sobre os acontecimentos. Por outro lado, na perspectiva de

Marcio Seligmann-Silva, o testemunho precisa ser subjetivado a partir das vítimas. Para este autor, há duas abordagens principais do conceito de testemunho nas tradições alemãs e latino-americanas. No caso da alemã, as vítimas estão sob o impacto causado à memória pela Segunda Guerra Mundial, bem como do caos que se instalou na Europa, graças às ações das tropas nazistas. E no caso da América Latina, as vítimas estão fortemente influenciadas pelas ditaduras militares, pelas lutas sociais pela terra, pela conquista dos direitos de cidadania. Como se verá, este é o caso dos testemunhos que serão aqui apresentados e que Seligmann-Silva chama de *testis*: "um terceiro que seria citado diante de um tribunal para dar sua versão dos 'fatos'", no lugar dos que não sobreviveram. Sueli Carneiro (CARNEIRO, 2004, p. 154), que também usou este autor como referência para sua tese, lembra que

> essa última, *testis*, é a forma predominante na tradição latino-americano para Seligmann-Silva, em que se destaca o ser coletivo da testemunha com ênfase nos aspectos ora de "dar conta da exemplaridade do 'herói' e de se conquistar a voz para o "subalterno".

Como afirmado anteriormente, no caso dos nossos entrevistados/testemunhas há uma identificação com o modelo apresentado por Seligmann-Silva para o caso das duas tradições. Afinal, sobre cada um dos que se manifestam como líderes recai o fato de serem sobreviventes das diferentes políticas de extermínio a que foram submetidos seus ancestrais e de, por conta delas, viverem em seus corpos e em suas memórias os conflitos históricos para os quais têm que dar uma pronta resposta. Em se tratando de pessoas que passaram pelo crivo da "civilização", serão cobradas por sua perda de identidade ou pelo "abandono" de suas culturas de base. Estarão, portanto, na contraditória posição de

> arautos e artífices de uma luta de emancipação e prisioneiros das correlações de forças contraditórias que recortam os espaços de militância e os poderes hegemônicos e, portanto, dominados pela racialidade hegemônica. São sujeitos e objetos de um processo civilizatório que tem como uma de suas marcas fundamentais a racialidade como fator de distinção individual e coletiva. E é entrecruzando esse "lugares" que eles aqui falam (CARNEIRO, 2004, p. 155).

1.2. POR QUE ESSES?

Os parentes indígenas podem perguntar: Por que esses? Por que não outros? A escolha dos nomes se deu pelo fato de ainda serem personalidades de peso dentro do atual Movimento Indígena brasileiro. Alguns deles fazem parte do movimento desde seu início, e o meu interesse era justamente compreender como esta articulação aconteceu e quais os principais objetivos que estavam imbricados no nascedouro do Movimento Indígena. Portanto, foi um critério para esta escolha a permanência na militância. Outros critérios se basearam na formação inicial (ou trajetória escolar), na influência religiosa, na produção escrita e, claro, no acesso pessoal a eles.

Inicialmente houve um grande desafio a ser vencido para chegar a cada um dos entrevistados: a agenda. Como cada um se articula em diferentes estados brasileiros, era sempre muito complicado conseguir fazer acontecer de fato a conversa. Muito pior ainda seria tentar reuni-los todos num mesmo espaço, como a princípio havia desejado, para colocar em prática a metodologia do grupo focal (e que apresentei durante a qualificação como algo factível). De fato, isso aconteceu, e acabei optando por me deslocar a fim de acompanhar cada um deles em diferentes espaços de militância ou na expectativa de que pudessem participar de alguns eventos que organizava. Talvez, em função dessa mobilidade, as entrevistas tenham ficado um pouco desfocadas ou seguido caminhos diferentes para cada um deles. Algumas ficaram mais longas que outras, devido à disponibilidade de tempo de cada entrevistado.

O primeiro passo seguido após a entrevista foi a sua transcrição para que pudesse retornar a eles, a fim de revisá-la ou mesmo editá-la, se assim o entendessem fazê-lo. Note-se que, por se tratarem de militantes de um movimento de caráter nacional, seria de bom tom que ficassem absolutamente à vontade com aquilo que sairia escrito a seu respeito. Num segundo momento, após essas revisões, ficamos livres para apresentar seus depoimentos aqui nesta obra.

Vale lembrar que as entrevistas-depoimentos apresentadas adiante seguem uma ordem alfabética, não querendo significar que foi dada maior ou menor importância a um ou outro entrevistado/depoente. Trata-se apenas de um critério deste pesquisador que, ao falar de cada um em particular, apresentará o processo seguido pelas conversas. Foi também uma opção, para dar maior fluidez ao texto, apenas demarcar os tópicos da conversa, preferindo não apresentar a pergunta por inteiro. Por esse motivo, a seguir, exibo o roteiro com todas as questões abordadas integralmente para o conhecimento dos interessados.

Questões das entrevistas

1. De forma bem sucinta, gostaria de pedir que se apresente.
2. Fale sobre o seu processo educativo. Como você teve acesso à educação, como isso aconteceu em sua vida?
3. Houve participação de alguma instituição religiosa?
4. Como e quando você ingressou no Movimento Indígena? Foi convidado, ou soube do que estava ocorrendo e se apresentou? Isso foi espontâneo, ou fruto de algum evento especial?
5. Por que ingressou no Movimento Indígena?
6. Quais os valores que lhe pareceram estar presentes no Movimento Indígena naquele momento?
7. Quais eram seus principais receios naquele momento? Que tipo de preocupação tinha, que lhe pareceu que o Movimento Indígena poderia atender? Que necessidades buscava atender ao entrar no Movimento Indígena? Qual era seu posicionamento com relação a esses mesmos aspectos: receios, preocupações, necessidades?
8. Tem recordação de qual era sua visão de futuro naquele primeiro momento? A seu ver, quais eram os objetivos de longo prazo do Movimento Indígena?
9. Como avalia a atuação dos "parceiros" dos indígenas no início do movimento e nos dias de hoje?
10. Que avaliação faz hoje daquele momento inicial?
11. Agora, peço que explique, de forma bem completa, como vê os desdobramentos do primeiro período do Movimento Indígena de que estamos falando, ou seja, desse que vai da segunda me-

tade dos anos 1970 à promulgação da Constituição Federal de 1988, em especial no sentido de haver um "caráter educativo" no movimento, para os mais jovens e para a sociedade brasileira como um todo?

12. O que considera positivo na sua atuação dentro do Movimento Indígena?
13. Essa atuação ajudou o Brasil a pensar o que sobre si mesmo?
14. Gostaria de acrescentar algo que considera importante e que não foi perguntado?

Alerto, ainda, que optei em deixar integralmente a primeira entrevista, em razão de ser a única respondida por e-mail. Isso se deu por conta da dificuldade que tive em entrevistar Ailton Krenak pessoalmente.

São eles: Ailton Lacerda Krenak (Krenak/MG),[8] Álvaro Sampaio Fernandes (Tukano/AM),[9] Carlos Estevão Taukane (Kura-Bakairi/MT),[10] Darlene Yaminalo Taukane (Kura-Bakairi/MT), Eliane Lima dos Santos (Potiguara/RJ),[11] Manoel Fernandes Moura (Tukano/AM), Mariano Marcos Terena (Terena/MS).[12]

Ailton Lacerda Krenak

Ailton é do povo Krenak e reside atualmente no estado de Minas Gerais, de onde é originário. É um líder conhecido e reconhecido nacional e internacionalmente por seu comprometimento com as lutas dos povos

---

[8] O povo Krenak está presente nos estados de Minas Gerais e São Paulo. Sua população é formada por 204 indivíduos (Funasa, 2006).
[9] O povo Tukano está presente no estado do Amazonas e na Colômbia. Sua população era formada, em 2005, por 6.241 pessoas, segundo dados da Federação das Organizações Indígenas do Rio Negro (FOIRN). Sua língua é o tukano.
[10] O povo Kura-Bakairi está localizado no estado do Mato Grosso. Em 1999, somava uma população de 950 pessoas. São falantes da língua Bakairi, da família karib (TAUKANE, 1999).
[11] O povo Potiguara vive nos estados do Ceará e Paraíba. Segundo dados da Funasa, em 2006 perfazia um total de 11.424 pessoas (<www.socioambiental>. Acesso em: 25 de fevereiro de 2010).
[12] O povo Terena está presente nos estados do Mato Grosso, Mato Grosso do Sul e São Paulo, perfazendo um total de 24.776 pessoas, em 2009. São falantes da língua terena, do tronco aruak (<www.socioambiental>. Acesso em: 25 de fevereiro de 2010).

indígenas desde a década de 1980, quando passou a ser o coordenador e principal articulador da União das Nações Indígenas (UNI). Sob sua coordenação, o Movimento Indígena sofreu grandes mudanças, sobretudo no que se refere ao incentivo à criação de entidades de apoios, parcerias com universidades, criação da Aliança dos Povos da Floresta e participações em fóruns internacionais, além de angariar apoios no meio artístico para levar a efeito o que a UNI se propunha enquanto entidade.

Aos 17 anos Ailton migrou com sua família para o Paraná onde se alfabetizou e seguiu a profissão de jornalista e produtor gráfico. Falando de si, diz em entrevista para a *Revista Tempo e Presença* em 1989:

> Eu sou Ailton Krenak. Sou filho de uma pequena tribo originária da região do Vale do Rio Doce. Nosso território tradicional se estende do litoral do Espírito Santo até entrar um pouco no sertão de Minas. Neste século XX, nós tivemos uma reserva delimitada pelo Governo brasileiro. Os vários grupos do povo Krenak foram presos nessa reserva em 1922. Eu nasci em 1953; então, já sou filho da geração dos Krenak do cativeiro. Os Krenak livres viveram até 1922.

Na década de 1980, Ailton era considerado uma das personalidades mais influentes do Brasil, especialmente por ter protagonizado um gesto simbólico que ficou bastante marcado no imaginário do movimento social. Durante a Assembleia Constituinte, discursou para o plenário do Congresso Nacional e, no decorrer de sua fala, foi pintando o rosto de negro com tinta de jenipapo, em sinal de luto pelos encaminhamentos negativos aos direitos indígenas que estavam sendo feitos. Seu gesto foi determinante para novas tomadas de posição da bancada pró-índio e culminou com a aprovação do capítulo 231 da Constituição Federal, demarcando um novo tratamento da política indigenista nacional.

Ailton Krenak é uma liderança indígena reconhecida dentro e fora do Brasil. Fundador do Núcleo de Cultura Indígena, participou intensamente de todo o processo de elaboração do texto constitucional de 1988. Criou e dirigiu o Centro de Pesquisa Indígena e o Núcleo de Direitos Indígenas. Esteve à frente da Embaixada dos Povos da Floresta, no centro cultural, em São Paulo, que reuniu povos indígenas e extrativistas da Amazônia para divulgar a cultura e o conhecimento dos povos tradicionais do Brasil. Recebeu, por sua luta em defesa dos povos indígenas, os prêmios de

Direitos Humanos Lettelier-Moffit e Homem e Sociedade, da Fundação Onassis. Hoje, atua como assessor para assuntos indígenas do governo do estado de Minas Gerais.

Ailton tem uma memória extraordinária dos fatos históricos que viveu. Fala com muita clareza e convicção dos temas que defende e – como bom mineiro – gosta de contar histórias de sua atuação dentro do movimento indígena. Minha convivência com ele – que data do início dos anos 1990 – tem sido sempre motivo de grande aprendizado.

Para minha tristeza, não conseguimos encontrar-nos para gravar sua entrevista-depoimento. Ainda assim, ele se dispôs a responder às questões propostas via e-mail. Isso muito me alegrou porque sempre achei que seria deixada uma grande lacuna, caso ele não estivesse aqui presente.

Ailton continua sendo uma referência para todos os que militam no movimento indígena. Seu pensamento claro, objetivo e pontual mostra o amadurecimento de suas ideias e seu compromisso com o futuro dos povos indígenas. Certamente o que ele nos apresenta aqui servirá para animar aqueles que desejam aprofundar-se no pensamento deste que foi – e ainda é – um dos maiores e mais profundos pensadores indígenas da atualidade.

Com vocês, parentes, a entrevista por e-mail com Ailton Krenak.

Quem é Ailton Krenak?

Sou Ailton Krenak, tenho 56 anos, e atualmente sou o coordenador executivo da Rede Povo da Floresta, uma atualização da Aliança dos Povos da Floresta que ajudei a formar na década de 1980, com Chico Mendes, Osmarino Amâncio, Cipassé Xavante, Davi Yanomami e muitos outros índios e seringueiros. Estou também há dois mandatos consecutivos atuando como assessor para assuntos indígenas do governo de Minas Gerais – local em que vivo e também onde se localiza a Reserva Indígena Krenak, no vale do Rio Doce.

Fale sobre o seu processo educativo. Como você teve acesso à educação, como isso aconteceu em sua vida?

Sou autodidata. Formação acidental, descontinuada, leitura demais, interesse por tudo na base. Fiz cursos oportunistas nesse meio-tempo, com a conclusão do primeiro e do segundo grau em supletivos de 3 anos.

Prestei vestibular na USP, aos 26 anos, para Ciências Sociais, e mudei para Artes Gráficas, no SENAI, no mesmo ano. Foi aí que passei a ter uma profissão. Sou jornalista na função de diagramador, artista gráfico...

Houve a participação de alguma instituição religiosa?

Nada disso, passei longe de formação religiosa...

Como e quando você ingressou no Movimento Indígena? Foi convidado, ou soube do que estava ocorrendo e se apresentou? Isso foi espontâneo, ou fruto de algum evento especial?

Minha geração, vivendo em São Paulo, no final dos anos 1960, com movimento sindical, luta armada, guerrilha e tudo mais, era o estopim. Bastava ter atenção para ver em que frente você atuava, e eu não tinha dúvida: a luta pela terra indígena e contra a emancipação dos índios era minha bandeira natural. Comecei organizando o primeiro Movimento Indígena fora dos currais da Funai, Igreja, essas coisas... guerrilha, junto com Álvaro Tukano, Mário Juruna, Celestino Xavante, Samado Pataxó, Nelson Xangrê Kaingang... os Guarani do litoral paulista...

Por que ingressou no Movimento Indígena?

Não ingressei... Eu ajudei a inventar uma coisa que não existia. Antes de 1960 não havia Movimento Indígena... pode pesquisar a literatura toda. Antes só teve Ajuricaba,[13] rebeliões... Movimento Indígena é coisa de 1960 para cá...

Quais os valores que lhe pareceram estar presentes no Movimento Indígena naquele momento?

Sobreviver à ditadura militar, genocídio, aniquilação total das famílias indígenas, racismo e preconceito bruto: índio bom é índio morto! Este era o lema nacional da ditadura e dos brancos fazendeiros: o Brasil inteiro é um Mato Grosso!... que ainda quer matar os Guarani e Kaiowá. O movimento surgia da vontade de sobreviver ao genocídio programado, com data para acabar com os índios preconizada pelos ministros do Governo, em discursos públicos... E os irmãos Villas-Boas ainda afirmando que só havia índios no Xingu. Os outros estavam emancipados...

---

[13] Revolta no séc. XVII.

Quais seus principais receios naquele momento? Que tipo de preocupação tinha que lhe pareceu que o Movimento Indígena poderia atender? Que necessidades buscava atender, ao entrar no Movimento Indígena? Qual era seu posicionamento em termos desses mesmos aspectos: receios, preocupações, necessidades?

Gente como eu, Álvaro Tukano, Lino Miranha, Idjarrurri Karajá, Celestino Xavante, Nelson Xangrê, Paulinho Borôro, Domingos Veríssimo Terena, Daniel Kabixi, estávamos fazendo revolta indígena contra o controle do Governo, do Estado, influenciados pelo momento nacional de contestação da ditadura, sem lenço e sem documento, contra a ordem, derrubando cercas, empatando obras públicas, enfrentando bandidos armados, e nos armando também. Só no final da década de 1980 é que começamos a criar alguma institucionalização, com escritório, endereço. Isso a gente ainda não tinha, era clandestino...

Tem recordação de qual era sua visão de futuro naquele primeiro momento? A seu ver, quais eram os objetivos a longo prazo do Movimento Indígena?

Naquela época o futuro era, no máximo, o ano seguinte...

Como você avalia a atuação dos "parceiros" dos indígenas no início do movimento e nos dias de hoje?

Hoje existe essa coisa de parceiros, mas naquele tempo o que havia eram as convergências políticas, como ocorre hoje na Bolívia. No futuro, ou seja, no ano seguinte a gente poderia estar formando o governo junto com os sem-terra ou lutando contra eles em algum lugar...

Que avaliação você faz daquele momento inicial?

Foi muito verdadeiro tudo o que fizemos. Era espontâneo, sem previsões de futuro. Nem sabíamos se todos viveriam para contar a história, e, aliás, muitos já morreram, e não foi de velhice...

Peço que explique, de forma bem completa, como vê os desdobramentos do primeiro período do Movimento Indígena de que estamos falando, ou seja, desse que vai da segunda metade dos anos 1970 à promulgação da Constituição Federal de 1988, em especial no sentido de haver um "caráter educativo" no movimento, para os mais jovens e para a sociedade brasileira como um todo?

Não vejo como dar um caráter educativo aos fatos e eventos que deram sentido a nossa luta, numa década cheia de protagonismos como foi aquela de 1970 a 1980, a não ser que possam ter interesse por conhecer essa fase da nossa história brasileira. Pois não se trata de história indígena, mas da sociedade brasileira se libertando da ditadura, com todas as outras consequências que isso representou para a sociedade como um todo: democracia, direitos humanos, justiça social, participação cidadã. Tudo isso foi criação desse período. Saímos da ditadura bruta, sem direito nenhum, para a invenção da democracia, com ampla participação dos povos todos: índios, negros, amarelos, azuis, cor-de-rosa, vermelhos... isso é uma coisa estonteante... Como passar isso para quem não viveu? Talvez fazendo literatura...

O que considera positivo na sua atuação dentro do Movimento Indígena?

Ter sobrevivido e estar compartilhando com minha família, que já está na terceira geração, as visões e ideias que aprendi com muitos de meus amigos e companheiros vivos; ainda fazendo coisas com as novas gerações, como você, Daniel, como os jovens das dezenas de aldeias onde estamos implantando os Pontos de Cultura Indígena, fazendo sonhos...

Essa atuação fez o Brasil pensar o que sobre si mesmo?

Tudo isto que falei: descobrimos outros brazis (sic) dentro do Brasil com a cara feia da ditadura; outras caras diversas, coloridas de urucum e jenipapo, mas também de Olodum, giz, verde e amarelo manga...

Gostaria de acrescentar algo que considera importante e que não foi perguntado?

Humm, vou pensar...

Álvaro Sampaio Fernandes[14]

Álvaro é membro do povo Tukano, que habita no estado do Amazonas, na região do Alto Rio Negro, também conhecida como cabeça de cachorro. É considerado um líder natural entre os seus, e sua trajetória

---

[14] Entrevista realizada em Manaus, em 25 de agosto de 2008.

de vida o coloca como importante referência nos debates em torno dessa região amazônica. Foi e é um observador privilegiado das transformações por que passam os diversos movimentos políticos organizados pelas sociedades indígenas de sua região.

Dele diz Mércio Gomes, ex-presidente da Funai:

> Álvaro Fernandes Sampaio, conhecido de todos por Álvaro Tukano, é um dos cinco maiores intelectuais indígenas da atualidade. Com Marcos Terena, Daniel Cabixi, Ailton Krenak e Mário Juruna, forma o quinteto mestre do Movimento Indígena brasileiro, que começou em fins da década de 1970, mais precisamente em 1978, quando o governo do presidente Figueiredo anunciou o projeto de emancipação dos índios (...). Álvaro Tukano permanece um intelectual indígena respeitável, em busca de uma solução para a situação indígena brasileira. Morando em Brasília, com um cargo de assessoramento na Funai, ele vive num estado permanente de alerta e de expectativa. Sofre por tudo que está vendo acontecer e mais ainda porque sente que o movimento indígena está indo por um caminho que ele gostaria que não fosse.[15]

Álvaro tem formação completa até o ensino médio. Sonhou ser médico, padre e professor, mas acabou desistindo de qualquer formação superior, quando se deparou criticamente com a situação em que viviam os "parentes" indígenas, tanto de sua região quanto dos diversos estados brasileiros. Seguindo seus próprios instintos, resolveu trilhar o caminho do arauto e passou a viajar Brasil afora para conhecer a realidade nacional e organizar os "índios" para a proteção de seus direitos fundamentais. Por conta dessa tomada de consciência pan-indígena, tornou-se um ferrenho crítico da ação missionária – salesiana – em terra indígena, a qual considera nociva para sua gente rionegrina.

Nessa caminhada foi um dos responsáveis pela criação da União das Nações Indígenas (UNI), em 1982; da Coordenação das Organizações Indígenas da Amazônia Brasileira (COIAB), em 1989; da Coordenadora de las Organizaciones Indígenas de La Cuenca Amazonica (Coica), em 1984; da Federação das Organizações Indígenas do Rio Negro (FOIRN), em 1984, além de ter atuado em diferentes fóruns de debates no Brasil

---

[15] Citação retirada do blog: <http//:www.merciogomes.blogspot>. Acesso em: 15 de dezembro de 2009.

e no exterior. Foi, juntamente com Marcos Terena, Ailton Krenak, e outros, o articulador das ações do Movimento Indígena brasileiro que culminaram com a aprovação do artigo 231 da Constituição Federal, que apresenta um novo status no tratamento dos povos indígenas.

Vale lembrar ainda que Álvaro é também articulador político dentro dos quadros partidários do Partido dos Trabalhadores (PT), do qual foi um dos membros fundadores, tendo saído, inclusive, como candidato a cargo legislativo em 1987.

Tukano tem sido um gigante na luta pelos direitos dos povos indígenas. É uma pessoa contundente, tenaz, incansável, e com extrema competência crítica da sua atuação política e social, bem como da própria atuação do Movimento Indígena em sua trajetória histórica. Também pesa a seu favor o fato de ter registrado – talvez seja o único a tê-lo feito com tanta paciência – todas as suas articulações políticas, viagens, reuniões, embates e debates. Seu acervo pessoal das atas de reunião, bem como sua memória notável de eventos vividos, representa um importante acervo para a compreensão dos primeiros caminhos do Movimento Indígena brasileiro.

A entrevista realizada com Álvaro aconteceu em Manaus, em agosto de 2008, quando a cidade realizava, pela primeira vez, o Festival Literário da Floresta (Flifloresta). Na ocasião, todo o evento havia sido preparado para debater com os indígenas os caminhos da literatura. Álvaro, apesar de nada ter publicado em livro, era um dos mais cogitados pensadores presentes ao evento, por conta de sua trajetória político-literária dentro do estado do Amazonas. A entrevista a seguir mostra como Tukano pensa sua atuação e a atuação de seus companheiros indígenas e, ainda, como avalia a forma como o Movimento Indígena foi precursor de uma nova onda de consciência cívica dentro da sociedade brasileira. É uma entrevista instigante, que nos mostra como esse líder ainda hoje é capaz de provocar amores e ódios em seus interlocutores.

Com os senhores, caros parentes, a figura marcante de Álvaro Fernandes Sampaio.

Apresentação pessoal.

Sou do povo Yé'pâ Masa, nossa autodenominação. Os missionários e outros nos colocaram como Tukano, mas isso é apelido. O meu nome de cerimônia é Doéthiro. Esse foi o primeiro homem que surgiu na nossa humanidade; então eu sou de uma cultura em que geralmente os primogênitos levam esse nome de cerimônia, e nossa responsabilidade é a de zelar pelo povo de nossa região, deste mundo.

Hoje sou mais conhecido como Álvaro Tukano. Álvaro porque no Amazonas teve um senador muito famoso que ajudou os salesianos a conseguirem – junto ao governo federal, que ficava lá no Rio de Janeiro, na era do Presidente Getúlio Vargas – muito dinheiro. Assim, ele tinha muito prestígio para buscar o dinheiro para construir as missões. Foi em homenagem a esse senador que me colocaram Álvaro, nome de registro. Mas meu nome de cerimônia é Doéthiro. Estou capacitado para resistir como Doéthiro.

Processo educativo.

Os nossos antepassados tinham um processo de educação primitiva. Aprendi com meu avô, ouvindo aquelas histórias antigas que não foram escritas. Ouvi meu pai contar as dificuldades que ele tinha para escrever a nossa língua. E meu avô sempre dizia: "Nós perdemos muita coisa, porque nosso povo não sabia escrever". Então, meu pai foi um dos primeiros alunos que estudou no colégio dos missionários salesianos, em Pari Cachoeira, e depois ele participou de várias reuniões regionais naquele mundo que era Rio Tiquié. Na minha aldeia, meu avô foi o chefe, sendo sucedido pelo meu pai, Casimiro Lôbo Sampaio, Akito, no ano de 1963.

Em fevereiro de 1963, meu pai me colocou no internato de Pari Cachoeira para que eu estudasse melhor. Somente assim, no futuro, eu poderia ajudar a defender os interesses coletivos do meu povo. Então, estudei de 1963 a 1966 em Pari Cachoeira; de 1967 a 1972, em São Gabriel da Cachoeira e, também, cursei o segundo grau em São Gabriel mesmo. Depois, fui para o Centro de Estudos de Ciências Humanas (CENESCH)[16] a fim de cursar a Faculdade de Filosofia. Não tive apoio, não conhecia nada de costumes urbanos, e acabei voltando para a minha comunidade sem completar o curso acadêmico; atuei como professor primário em Pari Cachoeira, na paróquia onde nasci, em 3 de novembro de 1953. Depois fui dar aula em Taracuá, que é outro distrito. E então percebi que o acesso à educação era muito limitado, pois, nesses lugares

---

[16] O CENESCH é mantido pela Cúria diocesana do Amazonas e tinha como objetivo a formação de seminaristas e catequistas paroquiais.

onde passei, apenas repeti o que os missionários ditavam para educar e/ ou "amansar" os índios. E daí começou a desconfiança, a nossa revolta, porque não estávamos educando os nossos jovens para manter as nossas tradições. Eu não estava ensinando aos meus alunos o que meu avô queria, o que meu pai queria e o que meu povo queria. Isso se tornou então uma questão de briga, por motivos ideológicos católicos e cristãos.

À ocasião, comecei a defender os curandeiros que resolviam os problemas de saúde nas comunidades, ao contrário daqueles pregadores de Bíblia. Temos sido desobedientes falando de nossos assuntos de cerimônia, e fomos treinados para ser desobedientes e a não seguir a regra dos missionários. Eu aprendi a ler e escrever no colégio para defender o que nós queríamos nas aldeias.

Atuação missionária no Alto Rio Negro.

A grande insatisfação que os salesianos têm hoje é que eles não conseguiram dominar os nossos povos. Nenhum missionário católico conseguiu dominar o nosso povo porque sempre temos as nossas diferenças. E nós somos críticos aos salesianos porque eles nos separaram de nossos pais. As meninas ficaram num canto e os homens no outro. Essa foi a história do internato em todas as missões salesianas. E a gente não conseguiu crescer junto aos nossos pais, como acontecia antes da vinda dos missionários. Mesmo assim, cantando ou rezando latim na missa, foi importante a gente descobrir que era necessário aprender essas regras de fora. O que os missionários fizeram de bom foi introduzir o ensino, alfabetizando os índios, e nós utilizamos isso para manifestar nossos pensamentos, que foram escritos pelos nossos líderes, a fim de defender os territórios tradicionais, as riquezas da biodiversidade, os princípios morais e éticos de nossos antepassados, a nossa verdadeira história, para continuarmos distintos, diferentes e com línguas próprias. Esses conhecimentos adquiridos é que nos facilitam uma ação pontual para dizermos que somos diferentes. Então, os missionários sem querer salvaram a gente, as nações e/ou povos indígenas diferentes que chegaram por aqui, antes dos colonizadores. Por isso, nós somos diferentes, temos línguas e religiões próprias.

O Movimento Indígena brasileiro.

Antes da chegada do branco, nós já tínhamos o Movimento Indígena. Respeitávamos os povos vizinhos, tínhamos a nossa história, fazíamos as festas, defendíamos nosso território. Isso foi muito bom. Mas, com a chegada do branco, mudaram os nossos costumes. Por não ter sido capacitado a conviver com o meio ambiente, ele passou a devastar, fazendo tudo ao contrário. Começou a haver confrontos, a acontecer muitas guerras.

Essas histórias que ouvi quando pequeno, até hoje nós contamos, para que todos saibam como foi dura a colonização. Depois que fiz o primeiro e o segundo grau em São Gabriel, eu tinha vontade de ser um grande médico. Estudei em São Gabriel, mas ali não havia condição para desenvolver uma vida acadêmica, por isso, em 1977, fui para São Luís/MA me preparar para fazer o vestibular e conseguir uma das vagas na Faculdade de Medicina. Quando cheguei lá, vi os Guajajara afrontando os católicos, os fazendeiros, a Polícia Federal, e mesmo a Funai, e sendo expulsos pelos fazendeiros por estarem demarcando a terra indígena. Foi lá que descobri que havia índios. Aqueles eram parentes meus que brigavam há mais tempo do que eu. Enquanto eles resistiam, aqui no Rio Negro muita gente estava mais para "confessar" seus pecados no sábado ou carregar uma fita azul, no caso de ser mulher, para imitar a vida de Santa Maria Mazzarello na hora de comungar. Os homens tinham que imitar Domingos Sávio. Enquanto isso os meus irmãos Guajajara dormiam no chão. A Funai os tratava de maneira inferior, controlando-os numa casa na Rua do Sol, em São Luís/MA. A partir daí, achei que o bom para mim seria não estudar. Tive que abandonar meus estudos para começar a pensar direito. Eu voltei aqui para Manaus, em 1980, para conversar com meus parentes e organizar o Movimento Indígena. Foi assim que começamos a criticar de maneira mais contundente os salesianos e também os militares da Força Aérea Brasileira (FAB), por causa de alto índice de destribalização. Filhos importantes de nossas comunidades foram levados a Belém para servir na FAB, na Marinha; eles nunca mais retornaram a suas comunidades, ficando por lá até hoje. Outros ficaram aqui em Manaus. As mulheres sofreram mais, porque elas sempre foram desprotegidas e se perderam em meio ao silêncio imposto pelo sistema capitalista. O silêncio imposto através de rezas deixava muitas de nossas parentas caladas e sempre sofrendo os preconceitos. Muitas delas nunca puderam dizer "não" ao sistema de destribalização. E foi essa a briga que comprei, a defesa de minhas parentas. Alguns alunos foram expulsos das missões salesianas por causa de besteiras. Outros vieram a Manaus para trabalhar com os padres e militares. Outros, ainda, vieram de barco para Manaus, e muitos deles morreram. E alguns foram para a Colômbia e Venezuela. A civilização que veio para cristianizar os índios pareceu um raio, fazendo com que se dispersassem os filhos mais importantes, que sempre foram responsáveis por organizar os povos tradicionais. Foi essa a briga que aconteceu. Foi uma briga de Estado Indígena, não reconhecida pelo estado não indígena.

Companheiros de jornada.

Bem, aqui, no Rio Negro quem criticava essa situação era o Luís Gomes Lana, que é um Dessana e meu primo. Como era mais velho, ele sempre participava das diretorias, das organizações regionais, na década de 1970. O meu pai fora crítico ferrenho à religião dos padres na região. Então, essa briga era regional. E, quando voltei de São Luís/MA, eu tinha uma visão diferente, que também ajudou a descobrirmos que o Brasil vivia em plena ditadura militar. Era necessária a nossa participação para opor e dizer que o Estado brasileiro continuava massacrando os índios. Foi um período muito cruel para o Waimiri-Atroari, quando a imprensa começou a divulgar as atrocidades que aconteciam com as populações indígenas. Foi uma época muito pesada para os indígenas de modo geral, principalmente os da Amazônia, quando o Banco Mundial financiou as aberturas das Estradas Perimetral Norte, Transamazônica. Tudo isso, então, nos motivou a discutir. O Luís Lana tem sido o exemplo mais lúcido de defesa das tradições indígenas. Outros líderes expressivos fizeram o mesmo. Mas ninguém me ajudou, porque era difícil defender a identidade indígena diante do padre ou diante de qualquer mestiço, aqui na área. Falar de índio era assunto proibido.

Lideranças nacionais.

O momento mais importante foi que, também dentro da própria Igreja Católica, começaram a haver rupturas internas. Principalmente entre jesuítas e salesianos, não havia diálogo. Os jesuítas têm uma ação diferente; os salesianos, no Rio Negro, estavam mais afinados para abraçar a ditadura. Mas quem abriu a mente foi o Cimi, que teve como um dos fundadores o padre Antonio Scolaro, que já morreu, e, inclusive, o padre Casimiro Beksta, lituano, que hoje deve viver aqui (em Manaus). Os dois missionários tinham medo de falar do Cimi abertamente, porque Dom Miguel Alagna era anticomunista. Os militares combatiam os comunistas. Assim, foram essas pessoas que começaram a articular por aqui. O Cimi passou, então, a trazer índios do interior do estado do Amazonas, principalmente os Saterê-Mawê e Ticuna; depois vieram também os Macuxi, lá de Roraima; veio a turma de Tumucumaque, os Tyriós. Então, essa ajuda da CNBB-CIMI foi muito eficiente para politizar os nossos parentes. Nós somos o produto dessa ação do Cimi, por parte da Igreja Católica e, posteriormente, por parte da Igreja Luterana do Brasil. Tivemos influências enormes de escritores ligados à Associação Brasileira de Antropologia (ABA) e participamos de encontros nacionais da SBPC que davam maiores informações a respeito do nosso movimento. Além do mais, tanto a imprensa nacional quanto a internacional contribuíram muito para que pudéssemos revelar os nossos sentimentos à opinião pública. Isso foi muito positivo e duro e, por isso, somos gratos a todos esses aliados.

Valores presentes no movimento.

O Estado acha o índio fechado, limitado, sujeito às normas legais. O índio, de modo geral, é tratado de forma genérica. Em nossos encontros defendemos valores culturais próprios, valores tradicionais; esses valores são invisíveis até hoje para o Estado. Por exemplo, quem dirige o Brasil hoje tem muita dificuldade ainda para tratar da questão indígena, porque somos diferentes povos e nações. O que nos animou muito foi a nossa maneira de juntar esses líderes, falar sobre as nossas línguas ou falar em nossas línguas para outros ouvirem e saberem como somos. Isso foi importante para mostrar as nossas identidades, a diversidade cultural do Brasil.

Receios, medos, necessidades.

Em 1980 a visão política sobre o território tradicional só era defendida pelo pessoal de Pari Cachoeira, meu distrito. Lembro-me de que, à época, o nosso pessoal consumia bastante coca, *ipadu*, se pintava, tomava muito *caxiri*, tocava nossos instrumentos musicais. Quando o padre fazia a festa dele, nós fazíamos a nossa. Esse tipo de reação pouco acontecia em Iauaretê e Taracuá e, menos ainda, em São Gabriel. O Estado investiu duro na educação para atender às mulheres. Na década de 1960, em Santa Isabel do Rio Negro, já havia o segundo grau para mulheres, mas não para homens. Então, nós perdemos muito espaço político nas aldeias, porque a mulher que ia estudar em Manaus, Belém, no Rio de Janeiro ou São Paulo, quando voltava à aldeia não queria mais casar com o índio da região, porque ele era analfabeto. Essa foi uma grande derrota para nós, um verdadeiro choque cultural e, por isso, analisamos a questão e sentimos a necessidade de organizar os nossos povos. O índio da minha região não queria mais ser índio e nem mesmo defender a demarcação da terra. E dizia: "Eu sou brasileiro, já temos nosso limite territorial, não precisamos de mais nada". Enquanto os outros mais afetados pela civilização, principalmente os do Centro-Oeste, como os Bororo, Xavante, os Krikati, brigavam com os fazendeiros, com a Polícia Federal e, também, com os dirigentes da Funai que favoreciam os fazendeiros e políticos que grilavam as terras.

Aqui, no Rio Negro, o pessoal estava mais preparado para ser católico não praticante. Essa foi a grande diferença. Eu tive muito medo de que meus parentes ficassem fora do Movimento Indígena. Apesar de não existir analfabetismo no Rio Negro, nós éramos mais despolitizados, e aqueles índios que estavam brigando contra os grandes fazendeiros e pequenos, mesmo no Centro-Oeste, eram mais politizados. Então, tinha que haver o diálogo entre os líderes. Alguém tinha que intermediar, levar as lideranças do Rio Negro para visitar outros povos ou trazer as de fora para mostrar como é que estava a situação do índio brasileiro e, em conjunto, defender a demarcação das terras indígenas. Estudamos a legislação/Estatuto do Índio e vimos que as terras indígenas eram coletivas e que a Funai tinha o dever constitucional de tratar bem o índio. À época, percebemos que certos funcionários da Funai sempre discriminavam os índios que fossem contrários às opiniões deles. Esse era o meu temor.

Visão de futuro, objetivos a longo prazo.

À época havia muita dificuldade para demarcar as terras indígenas. Muitos líderes importantes foram assassinados. Por exemplo, o Angelo Kretã, Kaingang/PR, em janeiro de 1980; no ano seguinte, o Marçal Guarani foi assassinado no Mato Grosso do Sul; outras lideranças Pankararé, no Rio São Francisco, também foram assassinadas. Esse tipo de morte era inevitável porque sabíamos que era difícil fazer valer as leis que protegem os índios. A nossa visão de longo prazo é que teríamos que nos unir mais.

Era essa a visão que eu tinha: como defender os índios do país através das organizações. Foi aí que surgiu a necessidade de criarmos a União das Nações Indígenas (UNI), para organizar os nossos povos e levar a discussão política a nível nacional. Fizemos isso e as entidades de apoio à causa indígena ficaram do nosso lado; outras pessoas importantes e simples também nos apoiaram. Foi uma coisa inesperada, positiva. Depois, tivemos o processo afirmativo com a fundação de mais organizações indígenas no país, e hoje está aí a situação: muitos líderes falando tranquilamente, sem medo, sem receios de enfrentar a realidade. O que, para nós, é uma grande vitória. Hoje temos facilidade de escrever nossas línguas, assumir nossa identidade, e os que se afastaram de suas raízes procuram estudá-las. Eu acho que conquistamos nossos objetivos.

Parceiros e aliados.

A Igreja Católica no Rio Negro era uma parceira, mas acabou se tornando inimiga política, por perseguir nossos líderes religiosos, tomando nossos instrumentos sagrados para fazer negócios com museus nacionais e internacionais. Outros parceiros nos chamaram para grandes reuniões, a fim de discutir problemas sociais, e isso foi muito bom de um modo geral. Por exemplo, não nos podemos esquecer da comissão Pró-índio de São Paulo, que foi um importante porta-voz junto às sociedades brasileira e internacional; da Associação Nacional de Ação Indigenista (ANAI)[17] de Porto Alegre, do Rio de Janeiro, de Salvador, que foram grandes companheiros atuantes. Também o Centro Ecumênico de Documentação e Informação (CEDI),[18] hoje ISA, teve grande importância. Depois, surgiram outros organismos.

Agora, o crítico hoje é que, apesar da experiência que a gente acumulou durante esses – mais de trinta anos de Movimento Indígena –, ainda não obtivemos os resultados esperados. O Movimento Indígena tem seus frutos em cada época: temos lideranças que não precisam de alguém para amamentá-las ou levá-las de braços dados para organismos nacionais e internacionais, como se fossem crianças.

O Movimento Indígena precisa ser dirigido por líderes sérios e comprometidos com a causa. Os índios preparados e/ou instruídos nas universidades devem assumir os órgãos de Governo que tratem de nossos assuntos.

---

[17] A ANAI é uma ONG criada, na década de 1980, por antropólogos e simpatizantes da causa indígena. Estava organizada de forma regional.
[18] Posteriormente tornou-se o Instituto Socioambiental (ISA).

Critico quando vejo algumas pessoas de ONGs interferindo e manipulando o Movimento Indígena, forçando os índios que aspiram à autonomia para serem opositores. Quando não há dirigente indígena autêntico, que domina os conhecimentos tradicionais, esse movimento se perde. Acontece um jogo de burro, cada um por si. Não está havendo simplicidade e respeito mútuo de líderes. Não há facilidade para superar problemas simples. Temos que defender as tradições dos povos indígenas, dirigir e prestar conta dos gastos com transparência. As organizações parceiras e governamentais não devem falar pelos índios.

Avaliação pessoal de ontem e de hoje.

O movimento é movimento. Talvez tenhamos feito movimentos diferentes antigamente. Hoje o movimento está nivelando ao que o sistema requer. Antigamente, não tínhamos aviões para voar e chegar no outro dia a certo local. Éramos, inclusive, impedidos de embarcar no avião, porque quem mandava era o padre. Hoje, quem manda é a grana, é o correio eletrônico. Então, acho que o Movimento Indígena está forte e é capaz de continuar a revolução e, somente assim, as leis que tratam de nossos direitos serão praticadas. Os povos indígenas expressam grande compromisso de educação tradicional. O movimento cresceu e está de parabéns. Quanto mais índios souberem escrever, mais estaremos salvando a cultura de nossos povos.

Papel educativo do movimento.

A Funai demonstrou que o Estado não tem tanta seriedade para educar nossos filhos. Em muitos lugares, ele tem sido omisso à educação indígena, à proteção de modo geral. Temos que ter líderes fortes que reclamem e defendam os direitos dos povos indígenas. A Funai, sem dúvida, tem prestado grandes serviços às nações indígenas. Tivemos grandes indigenistas dentro da Funai. Tivemos cidadãos-funcionários que defenderam a nossa causa. Outros cidadãos levaram a questão indígena para as universidades, para as escolas primárias e secundárias.

Na Europa e nos Estados Unidos a questão indígena tem importância política significativa, porque os povos indígenas são os guardiões das florestas. Não nos podemos esquecer da Constituição Federal de 1988, que foi fruto de grandes movimentos que fizemos. Lembro-me de dois encontros que fizemos em 1984 e 1985. À época, eu era dirigente da

UNI e foi muito bom somarmos força política com todas as ONGs que apoiavam a causa indígena. Foi muito bom conhecer e ter apoio político do deputado federal Ulysses Guimarães – que era deputado pelo MDB de São Paulo –, do senador Severo Gomes – que era do mesmo partido, também de São Paulo –, do senador Roman Tito-MG, do senador Tancredo Neves/MG, que foram expoentes políticos no sentido de ouvir no Congresso Nacional a questão indígena. Tivemos que ter essa conversa com eles. A Constituição de 1988 marca, então, uma nova dimensão para os índios, a qual foi construída pela União das Nações Indígenas como um todo: Ailton Alves Lacerda do Povo Krenak-MG, o grande guerreiro Marcos Terena, Terena do Mato Grosso do Sul e outros companheiros.

O nobre companheiro Manoel Moura tem sido uma pessoa importante na mobilização dos índios da Amazônia, e nossa ação tinha por objetivo educar também nossos filhos, para deixar algo em que eles pudessem participar. Aí está a Funai, dando oportunidade para os índios estudarem nas universidades.

No caso de Roraima são mais de 400 índios bolsistas; na Barra dos Bugres, em Mato Grosso, há também um grande número de estudantes universitários. Muitos índios nunca conseguiram bolsa de estudo, aliás, uma grande maioria. Não devemos ter medo, não. Vamos lutar, sonhar coisas grandes, porque temos lideranças novas. As lideranças tradicionais autênticas têm os centros culturais, têm seu calendário escolar. O nosso movimento tem que buscar o fundo especial para que essa literatura indígena tenha verba para produzir material didático, melhorar a estrutura de comunicação. Eu acho que é isso que estamos precisando de verdade. Existiam mais de 400 organizações indígenas coordenadas pela UNI. Hoje elas se dissolveram automaticamente, porque muitas terras foram demarcadas. Outros líderes não sabiam dirigir burocraticamente suas organizações; algumas simplesmente se dissolveram. Enfim, os índios estão aprendendo bastante. Eles não estão mais tão esquecidos nos cenários nacional e internacional. Estão crescendo.

Avaliação da própria atuação.

Se eu pudesse voltar a viver no mundo da forma como era antigamente, eu voltaria. Considero importante dizer que não retiro nenhuma das críticas duras que fiz à Igreja e ao Estado. Gostaria que outros assim pensassem também. Não retiro. Não damos trégua. A nossa luta não tem trégua. Vamos viver defendendo o que é nosso: a natureza. Ouvir, dialogar com respeito com os adversários que não conhecem as nossas tradições e histórias da humanidade.

Carlos Estevão Taukane[19]

Esta entrevista com Estevão Carlos Taukane aconteceu em Cuiabá. Foi uma conversa que não chegou a durar uma hora, em razão de compromissos que ele tinha na universidade, mas certamente ela trouxe uma boa contribuição.

Taukane é muito claro em suas ideias e apresenta um repertório intelectual bastante sofisticado. Aos 52 anos, ele é um dos remanescentes do primeiro grupo de estudantes que chegou a Brasília, no final da década de 1970, e que foi fundador do nascente Movimento Indígena brasileiro, a União das Nações Indígenas.

Nesta entrevista, realizada especialmente para este livro, Taukane apresenta sua visão acerca do Movimento Indígena, sua peculiar concepção de futuro, além de suas expectativas quanto à continuidade da luta indígena.

Apresentação pessoal.

Sou Estevão Carlos Taukane, mais conhecido por Taukane, um ser humano de coração aberto, indígena da etnia Bakairi (com autodenominação Kura, Kurado, Kuradomodo), comunicativo, lutador incansável e um guerreiro tradicional do Movimento Indígena aqui em nosso país, nas aldeias do Mato Grosso, e muitas vezes até mesmo fora do país. Participei várias vezes de debates acerca de política indigenista oficial e não oficial em países interamericanos como Panamá, Argentina, Peru, Estados Unidos e, também, em alguns países da Europa, como a França e a Bélgica, levando a questão indígena para o centro de discussões e do pensamento filosófico do mundo ocidental, falando sobre a existência de povos indígenas, apesar de mais de 500 anos de colonização, e da importância de manter preservadas suas diferenças culturais.

---

[19] Entrevista realizada em Cuiabá, em 13 de agosto de 2009.

Minha vida sempre esteve circunscrita de forma intermitente no espaço e tempo compreendido entre a aldeia Pakuera (local de origem), em Mato Grosso (tendo Cuiabá como referência), e Brasília-DF, onde conheci outros colegas indígenas de várias etnias e, também, onde mais atuei. Foi aí também que participei de um concurso público para entrar na Funai. Ocupei várias funções como assessor de presidentes, fui chefe de gabinete do órgão, na gestão dos irmãos sertanistas conhecidos por Villas-Boas e do saudoso indigenista Apoena Meirelles.

Ao vir para o Mato Grosso, meu estado natal, assumi a coordenadoria de assuntos indígenas no governo Carlos Bezerra (PMDB-MT), em meados da década de 1980, e fui ainda o primeiro coordenador a estruturar, efetivamente, essa coordenação, hoje transformada em superintendência indígena estadual. Sob a esfera do Movimento Indígena, participei de articulações e de algumas concepções de grandes momentos do movimento, sendo o primeiro deles a criação da UNI. Um movimento estritamente político e de caráter estudantil, que teve início em Brasília e se estendeu a outros estados do Brasil.

Nesse período, apesar de nossa inexperiência, tudo indica que existia mais união ou comunhão de idealismo-construtivismo e efetividade com relação a diferentes colegas, entre eles Ailton Krenak, Marcos Terena, Mário Juruna, que, na verdade era um líder Xavante, tendo sido o primeiro índio brasileiro a galgar o posto de deputado federal.

Recentemente fui representante da Coordenação das Organizações Indígenas da Amazônia Brasileira (COIAB), em Brasília, uma das importantes organizações regionais do nosso país; participei também da criação da Coica, uma das maiores referências de organização indígena, que envolve nove países da bacia amazônica continental, em Iquitos, no Peru, como representante da UNI-Brasil. Atualmente, encontro-me aqui em Cuiabá atuando na reorganização do Movimento Indígena matogrossense, com o propósito de fortalecimento institucional da Federação dos Povos e Organizações Indígenas de Mato Grosso (FEPOIMT). Esta é a nossa proposta de retomar as rédeas do movimento, objetivando promover dinâmica própria e devolver o comando da FEPOIMT aos povos indígenas do Estado, com autonomia e livre de manipulação política por parte de terceiros que, desde os primeiros contatos com os nossos povos, mantiveram controle da situação sobre o nosso direito de ir e vir e de escolher.

Processo educativo.

Com 14 anos de idade saí da minha aldeia tradicional pela primeira vez – nesse período, já existia escola, na aldeia Pakuera, desde a época de Marechal Rondon – e fui um dos alunos da escolinha escolhido a participar do exame de admissão para estudar na escola agrícola Gustavo Dutra, hoje CEFET (Centro Federal de Educação Tecnológica), de São Vicente/MT.

Assim, quero compartilhar minha trajetória: ao concluir os estudos nessa escola agrícola, fui agraciado com bolsa de estudos pelos padres jesuítas, com a interveniência do missionário católico João Bosco Penido Burnier, para estudar em Nova Friburgo, estado do Rio de Janeiro. Também contei com o apoio de linguistas e antropólogos americanos, em Brasília, onde tive a alegria de participar de um concurso vestibular e obter aprovação em Comunicação Social no Centro Unificado de Brasília (UNICEUB).

Desta feita, sou também um comunicador social indígena. Gosto de trabalhar com locução para serviços de som, rádio e TV, tendo sido um dos apresentadores do *Programa de Índio* na TV Cultura, projeto este concebido, ao que tudo indica, pelos indigenistas do Centro de Trabalho Indigenista, com a Universidade Federal do Mato Grosso, se não estou enganado. E hoje sou acadêmico do curso de Filosofia na Universidade Federal do Mato Grosso, com vistas a que possa ter condições de colocar no papel toda essa história, não só da minha caminhada, mas também da interlocução cultural, da mitologia, da psicologia, da antropologia, em suma, da filosofia do nosso povo, numa extensão mais ampliada, uma vez que tenho certeza de que toda essa parafernália de experiências e conhecimentos tem de ser escrita de algum modo e compartilhada com a população não indígena do Brasil ou das Américas como um todo. É pretensão demais? Eis a questão.

Bolsa dos jesuítas – influência da instituição religiosa.

A ocorrência de influência religiosa em meu currículo é inegável, mas também, devo acrescentar, muito cedo recebi educação informal sobre os mitos e heróis culturais de criação do meu povo, os Kuradomodo, já que desde criança vivi em um ambiente – a casa de meus pais era uma espécie de hospedagem para visitantes – onde havia trânsito intermitente de missionários católicos e protestantes. E isto fez diferença em minha formação e na educação de minhas irmãs. Além de famílias tradicionais, filhos e netos de grandes líderes do passado, meus pais sempre mantiveram suas lideranças, diria, sob controle ou em dia. A forma de acolher, conversar e ter respeito pelas pessoas, estrangeiras ou da própria comunidade, já fazia parte do dia a dia da gente. De sorte que meus pais tiveram oportunidade de intercambiar informações, conhecimentos e orientações, tanto de missionários católicos jesuítas quanto de evangélicos protestantes, assim como de linguistas e antropólogos americanos que conosco estiveram na aldeia.

Nesse âmbito, acabamos conhecendo um padre jesuíta, que se tornou um amigo, através do qual ganhei bolsa de estudos para estudar no colégio Anchieta, em Friburgo-RJ. Nenhum dos padres, entretanto, nos obrigava a assumir sua religiosidade. E assim, tenho fé, acabamos saindo ilesos da obrigação, no sentido de ser um potencial padre ou um futuro religioso. E se fosse esse o caso, não teria tido problema algum, porque o que estava em jogo era minha e nossa formação integral no ensino--aprendizagem, para que tivéssemos condições de ajudar o nosso povo da melhor forma possível. Nesse sentido, o religioso católico enfatizava que estaria ajudando o povo indígena ao propiciar-lhe educação formal e escolar para que pudesse adquirir o processo de autonomia, de gerenciamento do destino próprio.

Esse padre, o João Bosco, foi estupidamente assassinado pelos soldados da Polícia Militar do Mato Grosso, quando se encontrava em companhia de outro religioso, o bispo de Araguaia, Dom Pedro Casaldáliga.

Com base em nossa cultura, decidimos homenagear o padre assassinado dando-lhe o nome Bakairi de Sapynague, que é muito tradicional. Ele foi mais um amigo que tive fora da aldeia. De tal maneira que não passei por nenhum processo de proselitismo para adotar a sua religiosidade, mas tenho influência educacional adquirida, com viés tanto da religião católica quanto da protestante.

Como a Igreja chegou até nós? Como a Igreja influenciou a formação, a conscientização, até mesmo o caráter de índios que têm a minha idade? Há 50 anos, onde não podiam chegar agentes do Estado, onde não chegavam os funcionários do Serviço de Proteção ao Índio ou a Funai, eram os missionários católicos e protestantes evangélicos que se faziam presentes nas aldeias, além de garimpeiros e outros aventureiros.

Sou dessa época, mas não professo nenhuma nem outra religião cristã, ainda que pesquise e até mesmo admire a filosofia cristã. Quero trabalhar levantando a nossa religiosidade, a espiritualidade indígena. Resumindo, sou um verdadeiro missionário ecumênico que luta para que as religiões dos negros, dos povos indígenas e de outros povos excluídos, cujas manifestações foram adormecidas, venham à tona e se manifestem com toda a força! É por essa religiosidade que luto!

Ingresso no Movimento Indígena.

Acho que minha inserção ou chegada no Movimento Indígena aconteceu de uma forma muito espontânea. Ninguém falou: "Olha, vocês têm que se reunir, têm que lutar etc.". Encontrei-me, um dia, com o meu mestre jesuíta, padre João Bosco, e com meus pais, no tempo em que ainda era estudante, e falei das dificuldades de me adaptar com o clima frio de Nova Friburgo, no Rio. Então, decidimos, em conjunto, que eu iria estudar em Brasília, para concluir o curso de segundo grau. Nesse período, em Brasília, numa casa conhecida por Casa do Ceará, encontrei um grupo de companheiros indígenas que eram também estudantes ali. Acredito, piamente, que a partir desse momento é que o Movimento Indígena começou a surgir, porque ali era um verdadeiro ponto de encontro, onde chegavam índios de várias partes do país.

Foi ao estabelecer contato com os meus companheiros e irmãos Marcos e Carlos Terena, Mário Juruna, Ailton Krenak, Satu Kanela, enfim, com as lideranças que estavam presentes, por alguma razão, ali na capital federal, que se começou a refletir sobre a possibilidade de iniciar essa caminhada chamada Movimento Indígena. Aquele, para mim, foi um momento especial. Já que estive ali, vi, conheci e me inseri no movimento e estou aí até hoje!

O que levou ao Movimento Indígena?

O que me levou a ingressar no Movimento Indígena ou o que levei para ele? Não importa, mas entendo claramente hoje que, sem dúvida, foi a perspectiva de que o próprio índio um dia poderia comandar seu destino, que ele poderia ir se autodefinindo com autonomia, e que essa autonomia viesse acompanhada de uma forma elaborada e própria do modo de ser.

E, por sua vez, que esse modo de ser não adviesse de uma influência externa, isto é, de fora para dentro, mas, ao contrário, de dentro para fora, quem sabe, uma vez que tínhamos percebido que nós, os índios, enquanto membros de outros povos, portanto, diferenciados da sociedade nacional, teríamos que lutar para garantir e manter nossas diversidades culturais, esse era o ponto focal. Para mim, só iríamos conseguir isso através da educação formal, de conscientização educativa, política. Sempre tive isso bem claro, e é essa filosofia que estou vivenciando, nos últimos tempos, muito otimista, aliás, como forma de os povos indígenas assegurarem sua autodeterminação.

Era esse o mesmo sentimento presente no primeiro grupo? Que valores estavam presentes naquele primeiro grupo?

O sentimento predominante, como quase sempre acontece entre os jovens, é o de viver, se divertir e participar do jogo de futebol, ser um jogador famoso, um artista admirado, esse sonho que perpassa a ideia de um jovem. Ser alguém importante. Por outro lado, devo destacar que, apesar do jogo e do time de futebol, nós construímos essa conscientização política para o Movimento Indígena, a partir das discussões, das necessidades e, até mesmo, das ameaças que pairavam sobre o nosso grupo, por parte do regime militar que tomava conta da Funai, já que, por isso, éramos vistos como rebeldes, subversivos, comunistas. Corríamos o risco de ser deportados a qualquer momento para as nossas aldeias. Esta situação não se concretizou de fato porque tínhamos estabelecido efetiva simpatia e contato com a imprensa local, e esta se interessou pelo nosso caso, já que nós, estudantes indígenas, também representávamos para o regime vigente uma ameaça real contra a integridade e soberania do Brasil.

Foi a partir daí que a gente começou a se rebelar com mais força e a buscar nossos direitos na condição de cidadãos indígenas. Firmamos um forte pacto indígena de não se acovardar diante de eventuais ameaças, e foi assim, tenho certeza, que conquistamos nosso espaço político e abrimos caminho para o estabelecimento e a discussão do Movimento Indígena. Além do mais, com a chegada do líder Xavante, Mário Juruna, ao cenário nacional, as coisas começaram a crescer, a tomar corpo, e os índios de todo o Brasil passaram a acompanhar e a perceber que existia esse movimento de renovação, revitalização, ressurgimento e fortalecimento da diversidade cultural entre os povos indígenas e, também, que havia companheiros indígenas ali na frente, na liderança.

Acho que tudo isso contribuiu com efetividade para o renascer e o desabrochar do movimento. É por aí. Também não foi tão ingênuo assim. Não foi algo que começou de maneira atabalhoada. Declaro que, se é verdade que existe o Grande Espírito do Universo, Nosso Deus, o Kuamoty, tenho bons motivos para crer que ele conduziu os primeiros líderes indígenas que estavam ali a se encontrarem, espontaneamente, no local por ele marcado. Acho que a gente tem que ser um pouco místico nessa hora, acreditar na providência divina. Fomos conduzidos por uma Força Superior, com certeza!

Receios. Medos. Sentimentos do momento. A que o MI queria responder naquele momento?

Acho que a questão principal era o fato de sermos vistos como uma espécie de seres que deveriam continuar eternamente tutelados pelo Estado, logo, incapazes de esboçar qualquer reação consequente e perspicaz. Então, a gente queria mostrar, em contrapartida, que não era nada disso. Mostrar de forma competente e transparente, já que o nosso grupo era composto de pessoas capacitadas, competentes, e qualquer um do grupo poderia falar por nós. Mas, muitas vezes, devido às pressões e ameaças de sermos levados de volta às aldeias, ficávamos de mãos atadas, dependendo de lugar para dormir, de comida.

Chegamos a sentir medo, mas não a ponto de nos acovardar, diria assim, porque a ameaça era muito real. Mas, como tínhamos a imprensa do nosso lado, começamos a falar, a colocar para fora o que sentíamos e a dar entrevistas sobre nossos direitos, como estudantes indígenas, e a dizer que não íamos sair. Inclusive o Idjarruri Karajá (já falecido), eu mesmo e o Marcos Terena, fomos falar diretamente com o Ministro do Interior, Mário Andreazza, e a imprensa nos acompanhando. Comunicamos ao ministro que não iríamos deixar Brasília, que tínhamos decidido continuar a lutar pelos nossos direitos de permanência e que o que estavam fazendo conosco não era justo e iríamos resistir. Eu achei que aquele era o momento de retomada da autonomia indígena, falar diretamente com o chefe branco em seu gabinete e diante do nosso grupo, com um pequeno número de estudantes, mas muito coesos, decididos, autênticos guerreiros. Foi um verdadeiro grito de independência que retumbou na esplanada dos ministérios. A partir daquele momento nosso movimento se firmou. E ele está aí para melhorarmos, pois nem tudo está pronto e acabado. Apesar dos medos e receios iniciais que nos perseguiam como um pesadelo. Mas tudo não passou de um belo susto!

Qual a visão de futuro?

Já havia perspectiva de futuro a partir daí. O Marcos Terena era um dos nossos líderes principais. Ele já tinha experiência nesse período. Além de participar da mesma religiosidade e frequentar a mesma pajelança, fazíamos nossas orações dominicais em conjunto. E com isso tínhamos uma expectativa muito boa, no sentido de que nós do grupo inicial poderíamos ser líderes agora, coisa que naquela época era uma expectativa futura. Já éramos o futuro no presente. Então, já vislumbrávamos uma perspectiva de que havia um potencial e um futuro a construir. O que iríamos fazer? Não iríamos admitir mais que pessoas estranhas ao nosso modo cultural de ser, representações religiosas ou de Estados nacionais voltassem a falar por nós. Iríamos trabalhar no sentido de reorganizar um futuro comum para os povos indígenas no Brasil.

Hoje é o futuro de ontem. Continua atuando. Que avaliação faz?

Acho que em boa parte o futuro de ontem já se realizou. Em alguns momentos, o futuro já está aí; o pontapé inicial foi dado: mais de 50%; mas, por outro lado, existe esse espaço de 40%, 10% ainda, que a gente precisa alcançar, que a gente precisa retomar, para completar o que falta.

Estou satisfeito, mas tenho consciência de que posso fazer mais. Porque hoje reconheço que era muito inexperiente naquela época, mas, apesar de tudo, construímos muita coisa. Hoje, os povos indígenas no Brasil são reconhecidos. Naquela época havia muito preconceito contra a gente, isto é, contra o índio. Tudo era camuflado no que concerne ao povo ou aos povos indígenas, apesar de a história oficial registrar e até enfatizar, incansavelmente, que éramos, tal como hoje considerados, um dos importantes elementos formadores da nacionalidade brasileira. Mas não passava disso. E a presença indígena neste país continental não tinha tanta visibilidade como hoje. Falar de índio, do Movimento Indígena atualmente, tem certa aura de respeitabilidade. A gente ainda não tem a visibilidade que gostaria, mas a sociedade brasileira já convive e, de certo modo, admira o povo indígena. E sabe que existem os descendentes desses povos originários, o que muito me deixa satisfeito, dando-me motivos para continuar prevendo um sonho bom para os nossos povos.

Parceiros.

Acho que tanto no passado como no presente essa avaliação de parceria e de aliança é, não só positiva, como oportuna. No início eles foram importantes, dando suporte, estrutura logística, disponibilizando coisas nesse sentido, porque a gente não podia falar do Movimento Indígena nos espaços públicos federais, estaduais, municipais e nas organizações parceiras. Foram fundamentais nesse momento de ajudar a divulgar, dar assessoria aos nossos projetos. A Igreja, por exemplo, ao menos boa parte da Igreja Católica, teve um papel essencial e continua tendo.

Só que agora vejo que essas parcerias precisam ser revistas, para que possam ser mais bem utilizadas, sobretudo, no setor de assessoramento técnico, atuando na articulação de recursos para projetos específicos, como o de saúde e de educação escolar indígena, em lugares onde seus membros dominam e têm tradição de grandes educadores e formadores de agentes de transformação social, já que se trata de uma organização que está presente em todo o planeta, tanto no mundo oriental quanto ocidental. E devem continuar dando apoio.

Hoje, contudo, não há mais a necessidade de eles estarem militando à frente do Movimento Indígena, já que nós, os pensadores e líderes indígenas, aprendemos a fazer essa interlocução com o mundo branco, tanto aqui quanto lá fora do Brasil, e eles sabem disso. Quem somos nós a querer ensinar o vigário a rezar o padre-nosso! A gente não tem condições de descartar o apoio de parceiros históricos, mesmo porque a sociedade atual e moderna caminha de braços dados, fraternalmente, se este for um entendimento pactuado. No entanto, hoje podemos contar com lideranças qualificadas do ponto de vista cultural, social e, até mesmo, filosófico, as quais podem estar direcionando o Movimento Indígena brasileiro politicamente.

Caráter educativo do Movimento Indígena.

Para a juventude indígena, em alguns momentos ele foi altamente positivo. Muitos jovens que estão despontando no movimento atual se inspiraram no modelo de atuação dessas lideranças que iniciaram o movimento. Nas aldeias que tenho visitado, ouço jovens que me procuram e dizem: "Nós nos inspiramos em vocês", "Vocês foram muito importantes para nós", ou, ainda, "Queremos ser como vocês", em alusão aos pioneiros Mário Juruna, Marcos Terena e outros.

Agora, para auxiliar a esclarecer o ponto de vista do não indígena, afirmo que não conseguimos atingir a nossa meta, ou seja, dar o nosso recado sobre a importância da questão do Movimento Indígena. E o que precisamos é ser mais incisivos na defesa e no fortalecimento dessa questão como organização social própria, porque a sociedade brasileira vai ser educada, parceira e aliada, à medida que tivermos competência para colocar nossas questões culturais acima de questões político-partidárias e de nossas religiosidades. É necessário tocar de forma cristalina o ponto onde estão realmente assentadas nossas diferenças. Pois ainda existe muita confusão em relação a casos corriqueiros como, por exemplo, quando e em que situação os parentes podem ter mais de uma mulher e se nós, como indígenas, fazemos amor igual ao homem branco. São coisas pequenas, mas que ainda têm um sentido pouco educativo, e para as quais precisamos dar respostas adequadas, porque não contribuem para elevar o nível de diálogo com a sociedade brasileira, da qual fazemos parte.

Avaliação pessoal.

O movimento foi importante naquele momento e continua sendo na atualidade, mas, ao recordarmos o passado, devemos ressaltar que durante aquele movimento inicial, apesar das dificuldades e barreiras existentes, nós, humildes estudantes indígenas, soubemos construir pontes, elos, estabelecer parcerias, levantar bandeiras do Movimento Indígena nos quatro cantos do Brasil e conquistar novos recursos humanos, ou seja, diferentes parentes indígenas. E continuamos conhecendo mais gente com vontade de se envolver com o nosso movimento.

Na minha visão, isto é positivo. Vejo-me como se estivesse saindo triunfante de uma missão especial. Mesmo sem ganhar dinheiro participo do movimento, e ele tem que ser encarado dessa forma, já que se trata de uma missão vocacional em que pretendo terminar os meus dias. É uma missão de vida, além de uma causa, sobremodo importante.

Sou otimista, embora haja algumas coisas que me entristecem no âmbito do movimento de hoje. Observo indígenas e descendentes que tiveram a oportunidade de concluir o ensino superior, com o advento desse espaço político chamado Movimento Indígena, faltarem com respeito, tentarem constantemente excluir parentes do mesmo sangue, além de discutirem e desconsiderarem a importância de líderes tradicionais que foram o suporte e a estrutura no momento primordial. Mas não adianta querer excluir tais lideranças dos nossos debates, porque o próprio Movimento Indígena é um processo depurativo e sábio, e certamente saberá lidar com essa distorção. Enfim, devo afirmar categoricamente que foi bom para nós todos o que aconteceu com o surgir do chamado Movimento Indígena.

Sua atuação.

Vejo, com essa pergunta, a exigência de uma grande responsabilidade para respondê-la, porque tenho consciência de que venho sendo importante para o Brasil indígena. Destaco aqui algo que aconteceu logo no início do Movimento Indígena, em Brasília. Esse fato diz respeito à tentativa de cassação do mandato do deputado Mário Juruna pelos militares, durante o governo do general Figueiredo. Eu mesmo e o parente da velha guarda, Marcos Terena, fomos interceder por Juruna, junto ao general Leitão de Abreu, então chefe do gabinete da Casa Civil da Presidência da República, para pedir que não fizesse isso com o nosso parente. Nosso pedido foi atendido, salvamos o mandato do nosso primeiro deputado, e a imprensa se encarregou de mostrar essa notícia para todo o Brasil, em entrevista gravada com o Marcos Terena, já que a polêmica havia terminado com final feliz. Acho que aquela iniciativa de dois guerreiros, um do povo Kurado-Bakairi e outro do povo Terena, foi muito importante para a história do nosso movimento.

Então, sou da opinião de que nesse sentido também fomos importantes para o Movimento Indígena do nosso país e continuamos sendo, mas precisamos ser mais bem utilizados pelas novas gerações de líderes que aí estão. Nós temos experiência, temos informações a partilhar, e estamos sempre prontos a ajudar no sentido de que o movimento se consolide de fato e de direito.

Que mensagem daria aos jovens?

Que continuem acreditando no sonho de ser um povo diferenciado, forte e rico em cultura; estudem, trabalhem e acreditem que também temos proposições importantes para melhorar um mundo que precisa ter mais humanidade, e o motivo principal está consubstanciado no respeito que dedicamos à mãe natureza, à mãe terra e a tudo que nela existe, para que todos, indígenas e não indígenas, tenham o direito a uma vida sustentável e saudável no planeta.

Então, a juventude tem que pautar sua conduta, seu comportamento, em valores arraigados nos elementos que têm por base os valores indígenas tradicionais. Essa é a nossa grande diferença: gostar de ser não apenas um povo diferente, mas, principalmente, gostar de ser povo indígena. Não se iludir por demais com as promessas do mundo da tecnologia, o mundo não indígena, porque isso tudo foi criado em função do pensamento do homem e não de Deus. Claro que há coisas positivas. Estou chamando a atenção de nossos jovens para que direcionem sua luta, mas não no sentido de ser igual ao estilo de vida do homem branco. Isso não. Minha proposição é a de que eles podem ter um nível de conhecimento igual ao de um não indígena, mas que jamais devem desejar ser igual a um. Eis a questão. Esta mensagem é para que os jovens indígenas nunca se esqueçam de aprimorar os valores de sua alma indígena.

Darlene Yaminalo Taukane[20]

Darlene Taukane é de uma geração posterior ao início do Movimento Indígena. Mesmo sua atuação dentro do movimento acontece depois, num momento em que a articulação já havia ocorrido e os direitos indígenas já estavam garantidos na Constituição brasileira aprovada anteriormente.

Ainda assim Darlene passou a ser um referencial muito importante dentro do movimento e da sociedade por ter sido a primeira mulher indígena a conseguir concluir o mestrado em Educação pela Universidade Estadual de Mato Grosso (UNEMAT), mostrando como essa região foi importante para o crescimento das políticas públicas para os povos indígenas. Por essa razão, ela se encontra contemplada aqui, pois se envolveu de tal maneira com o Movimento Indígena que passou a se confundir com o grupo fundador.

Iremos notar que Darlene tem uma visão muito clara e crítica sobre sua atuação pessoal, bem como sobre a dos demais integrantes do

---

[20] Entrevista realizada no Rio de Janeiro, em 19 de junho de 2009.

movimento, não se colocando como vítima da história, mas como alguém que, tomando consciência de sua etnicidade, passou a atuar em linha reta para que seus irmãos indígenas pudessem ter todas as condições de viver, dentro da sociedade brasileira, como cidadãos completos.

Darlene é do povo Kura-Bakairi, que vive no estado do Mato Grosso. É funcionária pública federal, atuando pela Funai desde a década de 1980. Já esteve em diversos estados brasileiros como professora convidada nos cursos de magistério indígena, e também representou o Brasil indígena em eventos internacionais. É praticante de tiro ao alvo e participa de torneios em diversas partes do país.

Nossa conversa aconteceu no Rio de Janeiro, durante o VI Encontro de Escritores e Artistas Indígenas, evento realizado anualmente no contexto do Salão FNLIJ de livros para crianças e jovens.

Eis a fala lúcida de Darlene Yaminalo Taukane.

Apresentação pessoal.

Meu nome é Darlene Yaminalo Taukane. Nasci em 20 de dezembro de 1960 na aldeia Pakuera, no município de Paranatinga-MT. Sou professora, e tenho mestrado em Educação. Sou da etnia Kura Bakairi.

Formação escolar.

Meu processo de formação escolar teve início em minha própria aldeia. Comecei a fazer, na própria aldeia, o ensino fundamental do I ao IV. Para dar prosseguimento aos meus estudos, fui estudar num internato da ordem das Irmãs Franciscanas, em São Lourenço de Fátima; depois fui morar em Rondonópolis, tendo aí estudando no colégio Sagrado Coração de Jesus, e daí fui morar e estudar em Cuiabá, na capital de Mato Grosso.

Em Cuiabá terminei o curso de magistério, fiz a faculdade e, também, a especialização na área de Antropologia e, depois, o mestrado na área de Educação Escolar Indígena. Essa foi a minha batalha e caminhada para a obtenção da minha formação escolar. Revendo os caminhos percorridos, quero dizer que foram longos anos de idas e vindas para a aldeia.

Mas é importante dizer também que me mantive financeiramente e paguei a minha universidade – estudei numa universidade privada – por ter sido, graças a Deus, contratada pela Funai, em 1985; desde essa época sou funcionária pública, e graças à essa contratação pude me manter na cidade e viver dignamente.

Estudou por obrigação ou por curiosidade? Teve influência religiosa?

Acho que estudei mais por obrigação do que por curiosidade. Para você entender essa obrigatoriedade, quero explicar e dar como exemplo a minha própria experiência de vida escolar. Comecei a frequentar a escola aos seis anos de idade, o que era considerado cedo para a realidade de uma aldeia nessa época – década de 1960.

Esse fato se deu porque todos os meus irmãos iam para escola e, então, me interessei logo cedo pelo estudo. Comecei a ser alfabetizada aos seis anos e levei dez anos para terminar o ensino fundamental de I a IV. Levei todo esse tempo porque os professores não indígenas não paravam em nossa aldeia, e éramos totalmente dependentes de pessoas de fora para nos dar aulas. Portanto, nossos ensinamentos eram sempre interrompidos. E hoje, felizmente, isso não acontece mais, pois todos os professores são indígenas.

Essa falta de compromisso da parte dos não indígenas fez com que eu começasse a sonhar em ser professora da minha aldeia. Foi assim que surgiu o interesse de estudar fora da aldeia. Mas também sofri influência de pessoas de fora. Lembro bem que, quando a equipe volante de saúde da Funai ia para nossa aldeia, eu me oferecia para fazer as fichas de consulta das pessoas da minha comunidade. Gostava de fazer isso. E o fazia com a maior alegria.

Certo dia o médico que atendia o meu povo falou assim: "Poxa, você deveria continuar seu estudo, pois é muito prestativa". E eu fazia as fichas dos exames e consultas porque sabia escrever corretamente o nome das pessoas. Os nomes indígenas geralmente são estranhos para quem não tem costume de ouvi-los, então eu que fazia esse trabalho. A partir daí, comecei a perceber que eu tinha esse potencial. Como incentivo, alguém me disse também: "Ah, você tem uma letra bonita, pode ser professora". Assim, passei a ver, a enxergar essa possibilidade. Então, fui em busca de conseguir uma bolsa de estudos fora da minha aldeia.

Na época a Funai só tinha concessão de bolsa de estudo para os meninos. Em relação às meninas, as experiências anteriores não eram muito boas, porque elas desistiam, engravidavam ou casavam durante o percurso de seus estudos e, por isso, a Funai tinha problemas para dar essas bolsas às meninas. Foi isso que me disseram na época.

Mas nem por isso ficamos de braços cruzados: eu e minha família passamos a batalhar pela bolsa de estudo para as mulheres. E só havia lugar no colégio de freiras, sob regime de internato. Foram dois anos de espera para a concessão e autorização dessa bolsa por parte da Funai.

Dentro do estado do Mato Grosso, a Funai fez uma pesquisa para saber quais escolas de freiras receberiam meninas indígenas, porque esses colégios eram destinados à formação das freiras, o que não era o meu caso. Meu interesse era só pelo estudo. Eu não tinha nenhuma vocação para freira, e isso estava bem claro.

E assim, na década de 1970, nós – eu e mais quatro meninas – fomos para um colégio internato. As meninas da minha turma desistiram logo, pois não aguentaram a disciplina do colégio. Ficávamos confinadas. Assim, só eu permaneci. Mas depois houve outra remessa de meninas indígenas que vieram estudar, e sei que algumas delas chegaram a se formar. Uma fez Pedagogia, outra Magistério, e trabalham com suas comunidades.

Não tive nenhuma influência religiosa. Apenas dentro da aldeia. A influência maior foi sempre dada pelos meus pais. Mas depois de ter estudado no colégio das religiosas muitas marcas ficaram na minha vida. Meu comportamento, em termos de disciplinas, onde há regras eu as cumpro normalmente sem problemas. A minha irmã mais nova sempre fala que o corte do meu cabelo curto é herança das freiras... Quem sabe isso também influenciou na minha vida.

A consciência indígena sempre esteve presente? Sempre se achou uma indígena?

Sempre. Sempre minha família se pautou nisso. Sempre fez questão de que conhecêssemos a nossa história desde criança: quem somos, quais nossos laços familiares, os parentes, tanto próximos como distantes. Porque dentro da nossa sociedade o controle social dos grupos consanguíneos se dá através dos casamentos entre parentes distantes. Precisamos saber quais são nossas atividades enquanto mulher e enquanto homem. Minha família sempre fez questão de ensinar-nos que somos indígenas Kura-

Bakairi, e tínhamos que conhecer desde criança toda a cultura do nosso povo.

Mas posso afirmar que tive mais consciência de quem eu era quando saí da aldeia e me dei conta de que era diferente, que tinha uma cultura diferente, e isso se deu quando entrei no internato. Tanto a escola como as freiras começaram a exigir que eu cantasse músicas na minha língua, que falasse de mim, da minha cultura, além de outras curiosidades que tinham a meu respeito. Então, tive que me refazer: perguntar-me quem eu era, me compor, me conscientizar de que era diferente das outras meninas do colégio e colocar em prática todos os ensinamentos que recebera lá na minha aldeia. Foi assim que comecei a me conscientizar. E toda vez que cantava e dançava, eu percebia que reforçava a minha imagem e a minha identidade indígena perante os outros.

Quando estamos vivendo dentro da nossa sociedade não há essa preocupação, não há essa cobrança indevida, vamos dizer assim. Estamos todos ali, todo mundo é igual, compartilhamos os mesmos sentimentos e a mesma cultura. Ao sairmos, começamos a pensar diferente e, por ética, temos que falar sobre o que conhecemos, e não inventar coisas que não fazem parte da nossa cultura.

Por exemplo, um canto. Eu tenho que saber os cantos que posso cantar em determinados lugares e os que não podem. Existem cantos reservados somente aos homens e, também, cantos sagrados que só podem ser entoados nos ritos cerimoniais. Tem tudo isso. Então, precisei começar a me preocupar com a minha formação nesse sentido também, ou seja, com relação à minha cultura.

Em que momento sua consciência de pertencer a um povo lhe deu uma visão maior e a fez olhar para o movimento indígena e participar dele?

Foi na década de 1990, quando eu já estava na universidade. Fui convidada a participar da Eco-92 no Rio de Janeiro, e comecei a enxergar o movimento e a ver os povos indígenas mais de perto. Eu sabia da existência de povos que viviam distantes, mas conhecia apenas os povos da região mato-grossense.

A partir de então, passei a ter consciência do papel dos povos indígenas na organização dos eventos culturais: naquele momento, comecei a perceber a importância dos povos indígenas. Comecei a ter mais contato direto, conversar com as pessoas e, também, com as lideranças, que conhecíamos só de nome. Então, passei a ser militante também, a me interessar, a ir atrás dos encontros, a observar, olhar. Não gostava de falar, era muito tímida no começo. Quando convidada a falar, eu quase nunca queria, pois tremia. Não me sentia preparada. Foi aí que comecei a me engajar no movimento, juntamente com minha família, que também participou da Eco-92 com os cantos e com as pinturas corporais, que usamos para divulgar a nossa cultura.

Quem a levou?

Quem me levou ao movimento indígena? Fui convidada por uma comissão organizadora, formada pelos indígenas para a Eco-92. Acredito que o presidente dessa comissão era o Marcos Terena. O convite foi feito através da Funai, e ela indicou algumas pessoas. Como já estava engajada no estado do Mato Grosso, dava palestras, fazia parte do teatro da universidade onde estudava, as pessoas me reconheciam como uma indígena atuante. Na época do evento da Eco-92, a Funai disse que havia cinquenta vagas para a região de Mato Grosso. Então, acompanhei o pessoal de ônibus até aqui no Rio de Janeiro. (Entrevista dada no Rio de Janeiro, em 2009.)

Depois disso se engajou no Movimento Indígena a nível nacional ou regional?

Eu e mais alguns companheiros indígenas em Mato Grosso já éramos engajados, e fazíamos o nosso movimento regionalmente, mas, a partir do evento da Eco-92, comecei a atuar mais a nível nacional. As pessoas me conheceram da mesma forma que conheceram os outros companheiros. Assim, passei a ser convidada como colaboradora e palestrante e, a partir daí, tornei-me atuante também a nível nacional.

Qual avaliação faz de sua atuação e da atuação do Movimento Indígena?

Faço primeiro a avaliação da minha própria atuação, de como estou inserida nesse movimento. Eu cresci muito participando do movimento. Eu testemunhei muito. Aprendi muito com outros companheiros, principalmente com relação à reivindicação e demarcação das terras indígenas no Brasil. Acho que foi assim. Comecei a ter respeito pelas pessoas. Comecei a admirar as pessoas, porque, por mais que sejamos povos originários dessa terra, ter uma terra hoje em dia no Brasil requer muita luta, muito vai e vem a Brasília e a outras instâncias do Governo. Hoje sinto que estou mais preparada, que amadureci. É claro que preciso melhorar em outras frentes, e já atuei em várias delas dentro da Funai, ocupando diferentes cargos. Eu me sinto preparada hoje, me sinto contemplada com a educação do movimento. Ela também formou os meus conceitos, a minha estrutura política, como me vejo hoje, bem como meu lado crítico de ver e enxergar o povo indígena de uma maneira geral.

A avaliação que faço é assim: o movimento indígena avançou muito nos estados brasileiros, e regionalmente há muitas organizações indígenas juridicamente instituídas e atuantes, cada uma cumprindo o seu papel. O que não temos ainda a nível nacional é uma instituição indígena forte, do mesmo porte da própria Funai, do ISA, do Cimi e de outras ONGs que existem por aí. Isso acontece porque nossos povos estão em diferentes lugares, em diferentes regiões, têm diferentes culturas, e precisaríamos ainda ter, não diria unidade, porque a unidade é burra, mas teríamos que ter diretrizes para nossas políticas como povos indígenas, para nossa atuação de forma mais organizada, e não da forma fragmentada como vem ocorrendo atualmente. Não conhecemos o trabalho do outro, o que de fato se faz no mundo indígena brasileiro. Temos apenas notícias, apenas informação dos povos de uma maneira geral. Acho que o Movimento Indígena deveria realizar um fórum para debates, para encontros, um fórum que fortalecesse os povos indígenas enquanto movimento social.

Então, vejo assim, precisamos de instâncias nossas, digo, dos povos indígenas, para nos unir, divergir, debater e, principalmente, para nos fortalecer. Poderíamos ter um congresso ou uma assembleia geral todos os anos para rever os nossos próprios conceitos enquanto povos indígenas. Eu não sei que nome poderíamos dar a isso, mas acho que é necessário termos um momento de encontro, digo, de todos os povos indígenas. O encontro do Brasil, do povo indígena brasileiro.

Valeu a pena?

Para mim valeu e continuará valendo sempre. Em todos os encontros que vou conheço pessoas, e reconheço a importância e as peculiaridades de cada uma. Então, vejo que para mim está no sangue o desejo de lutar e fazer parte do movimento. Eu gosto de participar sempre, sempre que puder é claro. Primeiro a gente tem que gostar do que está fazendo. E eu gosto. E espero também estar contribuindo com o Movimento Indígena. Sou grata pelas pessoas que acreditam em mim, que conhecem meu trabalho. Para mim sempre estará valendo, pois não estou simplesmente no movimento: eu sou e faço parte do Movimento Indígena, é assim que eu me reconheço.

Como vê os desdobramentos do Movimento Indígena? Como vê o caráter educativo do Movimento Indígena para os jovens e para a sociedade como um todo?

Eu não tenho condição de enxergar de uma maneira geral os desdobramentos do Movimento Indígena no Brasil e, por isso, vou falar de uma experiência particular: a experiência da promoção do movimento, de forma educativa, do meu povo Kurâ Bakairi.

Na década de 1970 houve um projeto de emancipação. Pela herança do SPI, o meu povo já estava num processo de aculturação, conforme estabelecia esse projeto. Esse projeto de emancipação, como diz o próprio nome, emanciparia os povos em estágio de anos e anos de contato com a cultura da sociedade nacional. Isso significava que emanciparia povos que não falavam mais o seu idioma, que não praticavam mais as suas culturas, e até aqueles que mesmo habitando em aldeias viviam como não indígenas.

Esses indígenas, segundo o projeto, não precisavam mais da assistência da Funai. Mas a Funai continuaria dando proteção tanto a índios em estágio de pouco contato com a sociedade quanto aos que ainda tinham bastante contato. Quando ficamos sabendo dessa notícia, dada pelo chefe do posto da Funai em uma reunião no pátio da nossa aldeia, ficamos perplexos. Como assim? Como reagir contra esse projeto? Então, começamos a acordar e a ver como o Governo enxergava os povos indígenas. O povo Bakairi começou a acordar e perceber como o branco nos via. Pois não nos enxergávamos de acordo com os critérios da emancipação. Na época ficamos horrorizados, estranhamos muito essa postura do Governo.

Não entendíamos como um branco podia imaginar isso: que nós não tínhamos mais cultura, que não tínhamos mais traços indígenas, e assim por diante. Então, a partir daí, eu lembro que nós, enquanto povo Bakairi, começamos a nos informar mais e lutar pelos nossos direitos.

A primeira atitude das lideranças foi pintar seus corpos, levar cocares e armas, como arco e flechas, e rumar para Cuiabá, para obter mais informações a respeito do projeto de emancipação. Nessa época o povo Bakairi vivia muito fechado, as lideranças quase não saíam para as cidades e, por isso, tínhamos poucas informações sobre o que acontecia com os povos indígenas no Brasil. Quando as lideranças retornaram à aldeia, contaram que muitos povos indígenas e muitas organizações não governamentais haviam se manifestado contra o tal projeto.

Foi a partir desse projeto que começamos a nos organizar internamente. Dentro da minha sociedade existem muitos donos: dono do canto, dono dos rituais, dono da caça e da pesca. Começamos a valorizar mais a nossa cultura. Então, acho que todo esse movimento, inclusive o fato de os nossos líderes irem à cidade, para encontros, assembleias, fez com que se começasse a ouvir a reivindicação de outros povos.

Percebo que houve uma mudança muito grande no meu povo depois desse e de outros movimentos que surgiram a partir do projeto de emancipação. Até a retomada de uma terra, que ficou de fora da demarcação da década de 1960, representou uma conquista para o meu povo.

Antigamente nos agrupávamos num único local. Depois, passamos a ocupar pontos estratégicos dos limites da nossa terra. Então, começamos a defender a nossa terra e a trazer coisas para dentro da aldeia, como implementação de saúde, de escola, e hoje temos o ensino médio na nossa aldeia, por exemplo. Atualmente existem doze aldeias, mas na época do SPI, em razão de estarmos agrupados num só local, perdemos muita terra.

Como relação ao processo educativo, tenho certeza de que a luta de nossas lideranças serve sempre de espelho para os mais jovens, porque é através desse exemplo que eles vão aprender a lutar e defender seus interesses. Procuro fazer isso desde jovem, pois fui uma das pessoas que esteve no Museu do Índio, no Rio de Janeiro, para resgatar todas as fotografias de meus antepassados e, também, documentos de terras, para podermos provar que aquele território que estávamos reivindicando era nosso, era dos nossos antepassados. Então, o Movimento Indígena teve a sua repercussão positiva, como aconteceu no nosso caso.

Atuação como líder. Primeira mestra em Educação no Brasil. O que representou isso tudo na formação da sua identidade?

Para mim representou responsabilidade. A minha formação acadêmica me trouxe muitas coisas boas, como reconhecimento dos povos indígenas e, principalmente, dos não indígenas. Dei início e vi que a partir daí muitas portas se abriram. Sou convidada para dar palestras, fazer conferências. Isso me deu condições de participar do Movimento Indígena com mais qualidade, o que fez com que surgissem oportunidades para viajar, lecionar, bem como para atuar como professora indígena nos cursos de formação de professores indígenas no Brasil. Portanto, já estive em São Paulo, no Amazonas, na Bahia, em Minas Gerais, Londres (Inglaterra), São Jose (Costa Rica), Quito (Equador). O mestrado me deu essa possibilidade. Abriu caminhos e oportunidades para conhecer outras realidades.

Atualmente há muitos mestres e doutorandos, formados e em formação, e isso é muito bom para nós, povos indígenas, pois significa que teremos muitas pessoas com boas qualificações para atuarem no Movimento Indígena. Acho que é essa a referência que podemos e devemos ter como indígenas. Basta ter boa vontade e a gente chega lá, atinge os nossos objetivos.

Você é pessimista?

Depende de como e/ou da situação em que me encontro. Sempre procuro ser positiva, acredito no que eu quero, vou atrás, luto pelos meus sonhos. Tenho muitos sonhos, mas é preciso ir aos poucos. Cada coisa no seu tempo. Não tenho a ilusão de que basta apenas sonhar, é preciso ir à luta para concretizar os ideais. Acredito muito nisso. Acredito em mim, acredito nas pessoas, acredito que acontecerão muitas coisas boas para os povos indígenas, das quais irei participar e presenciar ainda nessa vida.

Como é sua visão de futuro para os povos indígenas?

Sinceramente gostaria de ter uma bola de cristal para prever com precisão o futuro dos povos indígenas. Mas sou otimista em relação ao nosso futuro. Faço parte de uma geração de luta, de amor à vida, pela qual meus antepassados lutaram, sobrevivendo para que eu pudesse estar aqui falando do futuro. Penso que, se chegamos e merecemos estar aqui, é porque os nossos antecedentes lutaram muito para que pudéssemos encontrar a natureza em equilíbrio e harmonia.

Os povos indígenas, falando de uma maneira geral, sempre tiveram um legado muito belo: a filosofia de viver de forma simples, equilibrada, sempre respeitando todos os seres que há na natureza. E a nós, seus descendentes, foi dada a missão de dar continuidade a isso, de cuidar das nossas terras, que hoje, depois de quinhentos e tantos anos, estão fragmentadas, sendo denominadas aldeias. São dessas aldeias que temos que cuidar, porque é nelas que acontecem grandes transformações, é nelas que podemos ter a visão de um conjunto de mudanças dessa sociedade. São nessas aldeias que podemos sonhar e ter uma visão de futuro para o nosso povo.

Aqui quero elencar algumas previsões de como vejo o futuro dos povos indígenas. É claro que vou falar com base na minha própria experiência: somos e seremos uma geração altamente dependente da cultura dos não indígenas, e isso não tem volta; dependentes desde os elementos culturais mais simples até os mais sofisticados.

A nossa interação está e estará cada vez mais se intensificando com os não indígenas e com os próprios indígenas; nossa geração está entrando em contato com pessoas de fora das aldeias, e por isso haverá muitos casamentos interétnicos. Isso é bom, pois significa que não representamos um "papel em branco" durante o processo de nossas vidas, fomos interagindo, conhecendo e amando; o amor não tem limites nem fronteiras.

Mas, por outro lado, que línguas essas pessoas estarão falando? Que culturas e políticas estarão adotando para o futuro de suas gerações? Se essas pessoas não tiverem consciência de quem são, que línguas seus filhos vão falar? Se escolherem a língua portuguesa, que tem sido a primeira opção, muitas línguas e culturas podem e irão desaparecer, infelizmente! Isso não significa que deixarão de ser indígenas, claro que não. Mas muitas referências de como ser e estar indígena estarão comprometidas.

Mas afirmo também que daqui para a frente a tendência entre os povos é ter mais gente politizada, mais gente conscientizada e politicamente correta na condução dos povos, porque, com o acesso à educação escolar nas aldeias, teremos pessoas com níveis de escolarização de igual para igual, na mesma proporção de conhecimento e saber que os não indígenas.

Espero sinceramente que não percamos a nossa essência e o nosso fio condutor, tecido pelos nossos ancestrais, principalmente no que diz respeito ao amor ao ser humano e à natureza.

Como percebe a visão de futuro dos líderes indígenas?

Daniel, sinceramente, é a primeira vez que estou diante de uma pergunta com perspectiva de futuro para os povos indígenas. E você me faz pensar sobre o assunto. Mas sinceramente não vejo nem percebo os líderes preocupados com a visão do futuro. Sempre que tenho a oportunidade de participar de encontros, conferências e outros eventos que dizem respeito aos povos indígenas, os assuntos debatidos são sempre sobre problemas pontuais, como demarcação de terras, mineração e exploração de recursos minerais em terras indígenas, educação e saúde. Os assuntos discutidos e debatidos são sempre sobre os problemas que os povos indígenas enfrentam, e nunca sobre a perspectiva de futuro dos povos indígenas. Então, nessa minha visão simplista, não vejo os líderes indígenas levantando a bandeira de luta por melhoria da qualidade de vida, por políticas educacionais, saúde e meio ambiente para os povos indígenas. Posso estar enganada, mas não consigo materializar o Movimento Indígena como um movimento social. Aliás, você nos faz pensar que, ao invés do Movimento Indígena, temos é que ser índios em movimento, o que acho muito bom e positivo.

Acha que havia essa mesma visão na década de 1970 e 1980?

Digamos que 1970 e 1980 foram décadas de aparição dos povos indígenas no cenário nacional. Depois de décadas e décadas de anonimato, de invisibilidade e da própria ignorância da existência dos povos indígenas no Brasil, por parte da sociedade não indígena, veio à tona, se tornou notório ao respeitável público brasileiro a existência dos povos indígenas ressurgidos, vamos dizer assim. Nessa época tínhamos o pensamento de que éramos transitórios, de que desapareceríamos ao longo do processo da nossa interação com a sociedade nacional, de que a nossa espécie seria extinta. Houve também o projeto de emancipação do índio: para aquele índio que não tinha mais cara de índio, seria dada a alforria.

E como bandeira de luta da aparição dos povos indígenas no cenário nacional existiram personagens ilustres que deram grandes contribuições, como: Mário Juruna, primeiro e único índio a ser deputado federal; o trabalho dos irmãos Villas-Boas na defesa e demarcação do Parque do Xingu; o deputado Ulisses Guimarães, presidente da Assembleia Nacional Constituinte de 1988, e o Movimento dos Estudantes Indígenas, em Brasília.

A partir dessas décadas se intensificaram a presença de povos indígenas em Brasília reivindicando o reconhecimento de demarcações de suas terras e, também, buscando atender a outros interesses de suas comunidades. E o Movimento Indígena era assunto nacional. Passados alguns anos, os povos indígenas eram mencionados mais quando era preciso depor o presidente da Funai, e os noticiários sempre faziam menção a fortes tendências de violência, o que é muito ruim para a imagem do povo indígena.

Em 2006, participei da Conferência Nacional dos Povos Indígenas, em Brasília, e os temas da conferência se pautaram nos moldes tradicionais que conhecemos: terra, saúde, educação. Durante a conferência, não se falou de nada que dissesse respeito a uma visão de futuro por parte dos indígenas, como falei anteriormente – os problemas foram discutidos e elencados, e só ficou nisso mesmo. Os movimentos indígenas acontecem em todo o território nacional, e há muitas ONGs tanto dos não indígenas como dos próprios indígenas que organizam e movimentam os povos. O que falta é que a organização indígena a nível nacional nos fortaleça e faça com que nos movimentemos como ponto de cultura e como ponto de fóruns de discussão sobre os nossos destinos.

Acha que esta visão ajudou ou atrapalhou o desenvolvimento do Movimento Indígena?

Naquele momento de idas e vindas de/e para Brasília-DF, as lideranças indígenas tiveram muitas conquistas... Nas suas lutas elas tiveram seus méritos. Mas, como a maioria ia atrás de lutas individuais e pontuais, não houve tempo de se organizarem e se fortalecerem enquanto movimento nacional, por isso o Movimento Indígena nacional não foi para a frente; o Movimento Indígena ficou isolado em cada uma das regiões, onde povos se encontram inseridos como estudantes, como funcionários públicos, como profissionais da área de saúde. E há indígenas que exercem outras atividades.

Acredito que esse tipo de luta e de visão das lideranças não atrapalhou o Movimento Indígena. O que precisamos de agora em diante é autoavaliar a condução das políticas indígenas no Brasil, para termos uma visão geral e ampla dos avanços, das conquistas e do que faremos daqui para a frente, a fim de que, com os olhos dos antepassados, possamos visualizar o nosso futuro, sem preconceito com relação a nós mesmos.

Eliane Lima dos Santos[21]

Eliane Potiguara é uma guerreira forjada na luta. Nascida e criada no Rio de Janeiro, foi, e ainda é, uma das mais aguerridas participantes do Movimento Indígena desde seu início, muito embora não tenha tomado parte da fundação da União das Nações Indígenas (UNI), na qual se incorporou depois.

Esta potiguara carioca, com raízes nordestinas, fez o caminho inverso de seus antepassados: nascida na cidade, mas educada conforme a tradição de seu povo, Eliane reencontrou-se consigo mesma ao retornar às suas origens e ao ser aceita como filha do povo Potiguara.

Graduada em Letras pela Universidade Federal do Rio de Janeiro, Potiguara é poeta, escritora, mãe e avó (como ela mesma costuma se apresentar). Entrou para o Movimento Indígena ainda na década de 1980, seguindo as pegadas de Marcos Terena, Álvaro Tukano e Ailton Krenak, que a lançaram no universo indígena. No entanto, como ela nos fará ver, sua participação é anterior ao próprio movimento, tendo sido pioneira no debate do tema.

Potiguara já foi indicada para receber o prêmio Nobel da Paz, por fazer parte de um grupo de mulheres que atua no mundo todo buscando o desenvolvimento da paz e da tolerância entre os povos. Recebeu diversos prêmios por lutar em prol dos povos indígenas e se destacou por sua atuação como feminista e indígena dentro do movimento social brasileiro. Também foi a primeira mulher indígena do Brasil a participar de reuniões internacionais e de fóruns da ONU, para dar origem à Declaração Universal dos Direitos dos Povos Indígenas, recentemente aprovada.

---

[21] Entrevista realizada em Cuiabá, em 9 de outubro de 2009.

Talvez Eliane seja pioneira também na arte de fazer literatura entre os indígenas. É dela a primeira cartilha voltada para a formação da consciência crítica de seus parentes, editada na década de 1980. Dela também foi a iniciativa de criar o Grumin (Grupo Mulheres Indígenas), que levantou a bandeira do debate sobre gênero, educação e formação das mulheres indígenas.

Eliane Potiguara – como é conhecida dentro e fora do Movimento Indígena – continua atuando de forma ímpar dentro da sociedade brasileira: escreveu um livro sobre suas memórias, onde narra a saga de sua família de origem e sua própria luta em favor dos povos indígenas, alimenta blogs na internet, mantém um site sempre atualizado, coordena grupos de discussão na rede, fez a edição e publicação do primeiro livro eletrônico escrito por indígenas, participa ativamente de debates sobre os diversos temas afins ao movimento. Além disso, é conselheira de ONGs indígenas em diferentes cantos do Brasil e, ainda, arranja tempo para dedicar-se ao seu trabalho como assessora parlamentar na Câmara Municipal do Rio de Janeiro, onde é funcionária concursada. Neste ano de 2012, Eliane aposentou-se de seu cargo como funcionária pública dedicando-se aos estudos.

Nossa conversa foi a que maior duração teve, por conta da espontaneidade de própria Eliane, que procurava sempre responder com a maior profundidade possível, descrevendo, com base nas suas memórias, os acontecimentos dos quais participou. Em alguns momentos se emocionou ao lembrar de fatos pessoais, incompreensões dentro de sua própria comunidade ou entre os indígenas do movimento. Também não teve receio em falar de coisas que ela acredita ser um entrave ou dos avanços do Movimento Indígena na atualidade.

Seu discurso gira em torno da presença do sagrado em sua vida, e busca sempre ver o melhor em cada pessoa.

Com vocês, parentes, a contundente fala de Eliane Potiguara.

Quem é Eliane Potiguara?

Eu me chamo Eliane Potiguara e tenho 59 anos. Sou uma pessoa muito preocupada com a evolução da humanidade em primeiro lugar, sempre buscando o caminho do respeito pelo outro e o autorrespeito.

Gosto de ser identificada sempre como indígena, que é a força maior que tenho na minha família, que é minha identidade enquanto povo indígena, povo Potiguara. Sou escritora e professora. Formei-me em Letras – literatura e português – e Educação, e estou almejando o mestrado de desenvolvimento comunitário.

Nasci em 29 de setembro de 1950. Apesar de a nossa identidade estar ligada com todo um mito ligado ao nosso estilo de vida, em função da colonização potiguara, o povo ali foi colonizado pela Igreja Católica e, justamente, o protetor dos potiguara, o São Miguel Arcanjo, é comemorado no dia 29 de setembro. Nasci nesse dia, e tenho essa característica não indígena, essa característica colonizadora, que venho trazendo ao longo da minha vida. Também considero importante essa outra faceta da minha vida.

Processo educativo.

Não posso dizer que tudo na minha vida começou comigo. Tudo teve início com minha família. Sou de uma família muito pobre, extremamente pobre, uma família indígena que passou pelo processo de colonização do algodão na Paraíba, no início do século XX, e que, por essa razão, teve seus direitos humanos violados e sofreu migração. E sou o resultado disso aí, dessa história toda de vida, de luta de um povo, de uma família potiguara que se afastou literalmente de suas terras e conseguiu sobreviver.

Então, se estou viva hoje, é graças ao deslocamento compulsório dessa família. Estou viva graças a essa família pobre que, como todos sabem, viveu literalmente nas ruas. E o processo social, local no Rio de Janeiro, que acolheu pessoas que vieram fugidas da Europa por conta da Segunda Guerra Mundial, é que deu uma esperança a essa família, esperança de desenvolvimento econômico. Eram pessoas pobres como carvoeiros e bananeiros. Minha avó, então, se tornou uma grande comerciante de bananas, e só consegui estudar por conta desse recurso. Ela dizia que não queria que eu tivesse a mesma vida que suas filhas, seus filhos, suas irmãs, seus pais. Queria que a neta dela se formasse como professora.

Passei por todo o processo educativo, sendo que o primário fiz em casa. Depois, fui à escola, e minha família me apoiou para fazer a escola normal. Em seguida, passei num concurso público, fiz curso superior. Vivi todo um processo mesmo, e gostava de estudar. Para mim o estudo era uma veia, um canal que me colocava em outra dimensão, não aquela que eu vivenciava na minha casa pobre, tendo contato com ratazanas, baratas, vivendo em condições subumanas no gueto indígena. Minha casa tinha um cômodo, e a situação era de extrema pobreza. Éramos excluídos da sociedade. E foi aí que começou tudo.

Influência religiosa.

Não, não tive nenhuma influência, apesar de anos depois minha mãe ter entrado e ficado até o final da vida na grande fraternidade branca, que é a fraternidade Rosa Cruz do Brasil. Mas não tenho nenhuma influência dessa fraternidade, porque o ingresso nela aconteceu anos depois. E também não recebi nenhuma outra educação religiosa, como do catolicismo, do protestantismo. Nada. Tive mais influência filosófica.

Entrada no movimento.

Primeiramente, acho que fiz parte do Movimento Indígena desde que nasci. Era de uma família combatente, guerreira, que escapou da morte, fugiu, teve seu líder assassinado, ou seja, de uma família que tentou sobreviver. Em segundo lugar, tive muita influência da minha avó, que era uma guerreira muito combativa e que, apesar de analfabeta, tinha bastante consciência de sua condição de mulher, pobre, nordestina. Eu ouvi sempre a voz guerreira dessa mulher. Então, considero-me uma pessoa que viveu o Movimento Indígena já dentro de casa e que teve como parâmetro essa visão.

Depois, conheci o cantor Taiguara, que foi uma grande personalidade artística e política no país e que me ajudou muito: ele foi o pai dos meus filhos e me deu um incentivo muito grande na parte política, enquanto minha avó me proporcionava toda uma essência de vida. E foi justamente com o apoio dele – ele me ajudou a pagar minhas passagens, meus cursos – que viajei, peguei ônibus e corri o mundo.

Nessa época não existia ainda o Movimento Indígena, ou um marco como, por exemplo, Mário Juruna. Depois, surgiu a União das Nações Indígenas (UNI), que foi outro marco. Antes disso tudo, eu já viajava pelo sul do Brasil, pelo Amazonas, já conhecia a problemática das mulheres indígenas, principalmente destas, que eram meu ponto focal, pois eu era neta, filha, sobrinha – a maioria da minha família é composta de mulher.

Fui procurar por opção e por incentivo de minhas tias-avós e, nesse processo, voltando para o Rio de Janeiro, militando, participando das reuniões que o Taiguara fazia dentro de casa com políticos, fui aprofundando mais minha relação, tentando achar onde estava a nata da situação, da questão indígena, e como seria possível trabalhar essa questão.

Tempos depois ouvi falar de Mário Juruna. Foi muito importante o momento em que o conheci, quando fazia campanha para deputado. Antes já tinha ouvido falar de Ailton Krenak, Álvaro Tukano, que foram pessoas que me deram um apoio muito grande. Minha mãe ficou encantadíssima ao conhecê-los e disse: "Minha filha, você está no caminho certo. Segue. É por aí mesmo".

E foi aí que comecei as minhas primeiras articulações com o tal do Movimento Indígena, que tinha sede em São Paulo. Eu pegava todos os meus filhos pelas mãos e ia para lá. Todo mundo achava um absurdo e dizia: "Lá vem essa mulher com um bando de filho atrás". Era muito engraçado isso tudo. Eu fazia muito sacrifício. Deixava o Taiguara, que ia em busca dos caminhos dele, e ia atrás dos meus.

Foi quando minha avó, bem, na verdade, minha avó já tinha vontade de que eu voltasse, buscasse o povo Potiguara. E foi com o apoio do Taiguara que voltei. Apesar de não ter nascido na área Potiguara, considerei uma volta, em razão de ter estado com a comunidade indígena e de ter recebido apoio de pessoas como, por exemplo, João Batista Faustino, que foi um grande cacique e um grande mentor político. Ele era vereador, tinha uma consciência muito grande de identidade indígena, território indígena, terra, demarcação.

O ano de 1979, quando a Tagira nasceu, representou um momento político muito importante. Ela foi batizada nas águas Potiguara. A criançada toda, os adolescentes, jovens e velhos, agarraram minha filha e não me entregaram mais a criança, que ficou circulando pela comunidade inteira e recebendo todo aquele carinho. Quer dizer, eu me senti em casa.

A partir daí, vendo as demandas dos Potiguara, fui articulando e conversando com o vereador, com o cacique, com as lideranças locais. Então, implementamos o primeiro encontro Potiguara de luta e resistência, que aconteceu entre 1988 e 1989. Nessa época, eu já estava acompanhando o Movimento Indígena, com Álvaro Tukano e Ailton Krenak, Mário Juruna, para observar a evolução das questões da constituinte. Participei das discussões em Brasília, de algumas reuniões que o Cimi promovia. Inclusive fui convidada pelo Cimi para ir a Dourados e fazer uma primeira reunião com as mulheres indígenas.

Era um movimento muito bom, com muitas emoções, mas não tínhamos formação de nada, nem de estratégia, de gestão.

Como adorava escrever, acabei criando um jornal. E esse jornal teve repercussão nacional. Afinal, uma mulher indígena montando um jornal cheio de denúncias sobre transgressão de direitos humanos dos indígenas, das mulheres e sobre violação de direitos de territorialidade, de terra, de demarcação, além de tratar de Polícia Federal, de conjuntura nacional. Falávamos de tudo nesse jornal, e havia sempre algum espaço para a literatura, essa literatura mais mágica, mais mítica. Então, tivemos que abrir canais, fincar o pé, para conseguir alguma coisa, e o jornal foi um bom caminho para conseguir isso.

Tive também coragem de lançar uma cartilha de conscientização política chamada "Terra mãe do índio". Ela não tinha beleza estrutural, mas trazia e traz um conteúdo político muito forte, que marcou época e formou mentes jovens dentro da própria comunidade Potiguara. Conheço esses jovens e hoje eles já são até pais de família. Eles disseram: "Olha, aquela cartilha 'A terra mãe do índio' fez minha cabeça".

Também outras lideranças nacionais falaram que tinham lido esta cartilha e que ela tinha aberto sua mente, como, por exemplo, a Fernanda Kaingang. Quer dizer, fomos trabalhando. Eu tinha igualmente apoio de muitas mulheres Potiguara, como a Maria de Fátima, a Vilma, Comadre. Havia muitas mulheres. Elas estavam muito motivadas com isso, pois era uma coisa nova, uma ideia nova. Quer dizer, a minha integração no Movimento Indígena foi com base nessa vertente.

A questão de gênero no país era algo que nem se comentava. Isso veio depois. Mas já discutíamos a questão da inserção de gênero, o papel da mulher na sociedade, na educação dos filhos, na formação da comunidade, na preservação da cultura indígena. Já vínhamos falando disso. Por quê? Porque era algo que acompanhávamos desde a época de nossas avós, de nossas tias. Elas não tiveram oportunidade de expressar opinião sobre essas preocupações, justamente porque havia uma repressão. Se nos tempos atuais a situação da mulher ainda fica aquém, imagine naquela época. Quer dizer, eu vinha com uma força vital muito importante, com uma formação visceral, de pele. Não era formação escolar, literária, mas era aquela do ouvir, da família. Então, acredito que minha base é familiar.

Essas mulheres me mostraram o caminho para ser feliz. Tenho uma formação muito bonita, muito guerreira, muito nobre, que muito me honra, muito me orgulha..

Valores presentes no Movimento Indígena.

Eu acredito muito – em primeiro lugar – nos valores morais da família, na relação entre pai, mãe, filhos. São valores étnicos.

Passamos por um momento muito importante de identidade nacional. No meio desse processo surgiu o movimento dos negros, dos sem-terra. Acho que fomos felizes por conseguirmos construir algo assim.

Somos todos iguais, mas por que temos que dizer que somos indígenas? Porque alguma coisa está nos sufocando. Por que o cigano precisa dizer que é cigano? Porque alguma coisa o está sufocando. Então, passamos por um processo de autoafirmação muito grande. E continuamos passando ainda, depois de todas estas décadas. Um dia isso não vai ser mais necessário. Vamos ser todos iguais.

Mas as pessoas só respeitam você quando você fala, se impõe. Então, os valores morais – não falo dessa moralidade cristã, falo de princípios, princípios de vida – foram muito importantes na formação desse primeiro momento histórico, político, filosófico.

Receios, medos. (Pensando por alguns segundos.)

Eu não tinha medo nenhum. Acho que minha... não sei se era uma irresponsabilidade. Hoje penso assim: há coisas que fiz que não faria hoje, como, por exemplo, enfrentar fazendeiros. Por exemplo, minha mãe, junto com meu irmão, fez parte do Caco (movimento estudantil) – minha mãe era praticamente analfabeta, mas ela cantava, tinha o poder da arte –, esteve articulada com esse movimento, no Rio de Janeiro, mas acabou sendo perseguida e teve que sair – embora não tenha sido presa. Mas penso no fato de a minha mãe, que não tinha cultura nenhuma – cultura formal –, que era praticamente iletrada, só possuía o primário, estar à frente do movimento de estudantes, junto com meu irmão, que estudava música na escola nacional de música... Quer dizer, éramos pessoas que não temíamos. Justamente pela nossa formação. Não tínhamos medo de nada.

Não consigo identificar nada agora, no momento dessa entrevista. Pode ser que até o final da entrevista eu diga alguma coisa, mas não tinha medo de nada. O que posso dizer é isso: eu não tinha medo mesmo. Estava de peito aberto para enfrentar qualquer coisa. Tanto que eu – minha rebelação foi tanta – passei por problemas políticos sérios na área Potiguara. Fui colocada numa lista de pessoas marcadas para morrer, que foi anunciada pela TV Globo – uma lista que incluía Caco Barcelos e aquele outro escritor do Mato Grosso. Quer dizer, eu não tinha medo. Estava de peito aberto para qualquer coisa.

Preocupações pessoais que motivavam a militância.

Viajei para o sul do Brasil – Santa Maria, Bagé, Santo Ângelo, Paraguai – e conheci muitas comunidades indígenas que estavam muito carentes, vivendo um desrespeito muito grande. Isso mexeu comigo justamente porque me identifiquei, me coloquei no lugar delas. Minha família também sofreu quando passou por esse processo de migração compulsória. Eu me vi naquele povo Guarani, vi minha família ali.

Então, assumi aquela luta, aquela defesa, como protetora nata. E foi importante para mim porque parecia que eu estava fazendo justiça ao que aconteceu com minha família. Porque não considero que tenha sido feita justiça com relação a minha família. Sei que isso vai acontecer, mas não sei quando.

Então, são essas historietas que motivaram essa evolução, esse caminhar dos direitos humanos dos povos indígenas. E nós, que fomos essas pessoas corajosas, é que demos os primeiros passos. Agora, está certo? Está errado? Não sabemos. Não sabemos nunca nada.

Visão de futuro.

Fui muito influenciada pela política do momento, vivi a política do momento, a ditadura militar, todo esse processo; o próprio Taiguara sofreu com este processo – ele era de origem Charrua, do Uruguai. Eu respirava política o tempo todo. Falava de justiça, igualdade social.

Estávamos passando por tempos difíceis, e tínhamos que caminhar em busca da igualdade. Vivíamos um movimento no planeta de luta pelos direitos humanos e contra o imperialismo. Era uma luta antiimperialista.

Minha visão de futuro nesse momento era a de queríamos igualdade social para todas as pessoas, desejávamos que todos fossem iguais. Essa era a mentalidade daquela época, mas isso precisava ser construído. Éramos muito românticos, tínhamos uma visão muito romântica das coisas. Pensávamos até em entrar em partido político, fazer revolução, fazer guerrilha. Mas não fiz nada disso. Essa parte de pegar em armas, não fiz. Mas hospedei em minha casa alguns guerrilheiros, pessoas inclusive de origem indígena.

De certa forma, a ideologia estava ali, e caminhávamos dentro desse processo político. Meu objetivo era saber o que todos queriam naquele momento. Todos aqueles apaixonados queriam justiça social.

A visão do Movimento Indígena.

Todos éramos influenciados por esse processo, e foi um momento político muito importante, porque estavam todos – os camponeses, a liga camponesa que existia na época, os trabalhadores rurais, o proletariado, os sindicatos, os professores – motivados por esse processo de conscientização nacional, de libertação nacional.

Vejo que o Movimento Indígena caminhou junto com esse processo nacional, que, na realidade, chegou a ser internacional. Claro que cada um teve uma válvula de escape, cada um teve seu momento, sua saída.

Conversei com muitas pessoas dos movimentos sociais, seja de Manaus, do interior de Goiás, e via que as mulheres indígenas, principalmente de Manaus, falavam e tinham o mesmo discurso que uma pessoa de um sindicato. Diziam que estavam sendo vilipendiadas nos seus direitos. Eram empregadas domésticas de militares, que abusavam sexualmente delas. Além disso, serviam de mão de obra escrava para essas pessoas, para essas famílias burguesas, em sua maior parte militares. Notávamos que havia uma grande insatisfação por parte do povo brasileiro com relação a esse processo de conquista de direitos humanos. E não existia exercício de direitos nenhum. As pessoas eram altamente violadas. Vivemos isso.

Avaliando os parceiros.

Tivemos vários parceiros importantes: CIMI (Conselho Indigenista Missionário), PT (Partido dos Trabalhadores), CPT (Comissão Pastoral da Terra), entre outros. Avalio que esses parceiros foram importantes num determinado momento histórico. Mas eles tinham ainda uma grande dificuldade de perceber que a questão indígena era diferente, que tínhamos a nossa terra, as nossas diferenças étnicas.

O indígena brasileiro nessa época era visto mais como um povo generalizado, e não se dava tanto valor ao processo étnico: etnia a, b ou c. Então, acho que tivemos um pouco de dificuldade para colocar esse processo de forma mais clara. E a educação indígena, seguida da literatura, teve um papel importante para definir com esses parceiros todos – de terra, sindical, agrário, partido político, de sociedade brasileira.

Fomos muito felizes em todas as dificuldades: falta de dinheiro, falta de apoio. Fomos muito felizes de fincar o pé e dizer "nós somos diferentes", nós não podemos caminhar com o movimento social como parceiros, pois temos nossas diferenças, e essas diferenças – lamento dizer –, apesar de todo o avanço político de nosso país, ainda não foram consagradas oficialmente pelo Governo brasileiro. Porque senão hoje teríamos até um departamento dentro do Seppir (Secretaria Especial de Políticas Públicas para a Igualdade Racial) que contemplasse os povos indígenas. Não temos algo assim para povos indígenas. Existe para a população negra, mas não para os povos indígenas ainda. Por quê? Não conseguimos ainda nos libertar desse processo paternalista, político, desse órgão institucional que é a Funai. Parece que está difícil, que ainda temos que travar alguns embates, enfrentar alguns desafios, para que, então, possamos ter essa autodeterminação.

Avaliação do Movimento Indígena. (Pensando por alguns momentos)

O Movimento Indígena também foi muito influenciado por facções. Vejo que houve muita gente, houve muitas instituições governamentais, acadêmicas, filosofias acadêmicas, ideologias, que fizeram parte desse início de movimento. Aos poucos ele tem adquirido um formato, e há de se construir um pensamento indígena brasileiro. Ainda não temos – eu que convivi com esse movimento desde o início, considero que ainda não temos nada disso. Precisamos trabalhar muito.

Quem sabe isso possa se dar através da literatura indígena: talvez seja essa até uma boa estratégia, pois a leitura chega àquela criança, àquele adolescente. Numa reunião de líderes políticos, por exemplo, as pessoas já têm seus pontos de vista.

Muitos podem pensar: "Poxa, o movimento teve muitas influências, mas não conseguiu criar um pensamento nacional indígena". Realmente, há muitas influências, há muito paternalismo.

Estamos em fase de construção do Movimento Indígena. Digo sempre que o Movimento Indígena ainda não é um movimento indígena. Ele está em fase de construção enquanto vários movimentos justamente para contemplar as diferenças étnicas (haja vista as 250 nações indígenas). Acredito ser muito difícil estabelecer um movimento nacional, o que temos são vários movimentos, inclusive a literatura indígena é um movimento. Somos nós, os indígenas, em movimento.

Caráter educativo do Movimento Indígena.

O Movimento Indígena era autoeducativo. Além de educar a si mesmo, ele tinha a finalidade de conscientizar. A palavra-chave era conscientização. Nos pequenos encontros que fazia, participava, sempre havia um momento de crescimento pessoal – tanto que tudo isso desembocou na necessidade de formular uma nova educação indígena no Brasil.

Vejo que hoje temos educação diferenciada, com professores indígenas, o corpo docente e o discente já são formados por indígenas. Atualmente as pessoas exigem isso. Necessitam, precisam, ocupam esse espaço. Aliás, não é nem exigir. Elas querem e, então, são protagonistas, entram para serem as protagonistas nesse processo de educação.

Acredito que todo esse processo de luta, de conscientização, isso tudo desembocou, especificamente falando, nessa nova educação indígena, e também na literatura que temos hoje, nessa necessidade que temos de escrever, nessa vontade de manifestar. Esse foi um momento novo muito bonito.

Não tenho arrependimento de nada do que vivi, e consigo ver as etapas, vislumbrá-las. Claro que fizemos muita coisa errada, pois não sabíamos nada, na época não existia ninguém para nos orientar. Era uma coisa de dentro, espontânea. Apesar de que isso era espontâneo no nosso coração, mas havia pessoas querendo abraçar nossa espontaneidade – eu não posso deixar de dizer isso –, tanto que muitas das tendências desse movimento têm um determinado perfil justamente por causa desse grupo que abraçava essa espontaneidade das pessoas indígenas. Nós éramos muito espontâneos realmente.

Avaliando sua própria participação.

Minha grande contribuição foi ser muito panfletária, ideológica, teimosa, sem medo. Determinada. Sentia-me assim, mesmo que às vezes tivesse que chorar, derramar lágrimas e sofrer. Mas havia uma força interior muito grande, algo muito forte dentro de mim, realmente algo muito forte que fugia a minha própria condição humana. Esse impulso, essa força interior, que chamo de guerreira, foi muito importante não só para mim, mas para várias pessoas do próprio movimento, as quais também sentiam isso.

Resultados de atuação.

Acredito que nós hoje temos uma educação diferenciada, temos um perfil de movimento, um perfil literário. De certa forma, demos um pontapé inicial nos panfletos que fazíamos, nos poemas-pôsteres que espalhávamos por aí: "Oração pela libertação da América Latina", "Atos de amor entre os povos", "O que faço com minha cara de índia"... Falo disso como realização pessoal.

A minha contribuição foi mesmo através da criação de polêmica. Sempre joguei uma gota de nitroglicerina nos debates e nos espaços e, então, deixava acontecer. Então, retirava-me e, depois, tinha que aguentar os ataques, porque eles vinham de qualquer forma, seja das pessoas que estavam acima de mim, seja das que estavam em volta. Mas sinto que consegui dar um pontapé inicial nessa discussão de gênero – não se falava em gênero antes disso.

Depois, as instituições internacionais só apoiavam projetos das organizações sociais indigenistas, só apoiavam projetos que tivessem um recorte de gênero. Mas fomos nós que começamos a discutir isso. Nem sabíamos o que era, mas já falávamos de gênero, da participação da mulher, da participação da criança, do velho, da viúva. Tínhamos a preocupação de que essas pessoas tivessem voz.

Na parte literária também me considero precursora por ter trazido os primeiros textos e lançado em território nacional, deixando ver o que acontecia.

Valeu a pena?

Valeu. Claro que valeu a pena. Estou aqui. Sou um ser humano feliz. Poderia ter ficado em casa, vendo televisão, cuidando da limpeza de casa – faço isso também –, mas não seria uma pessoa feliz. Se não tivesse tomado parte nesse exercício de direitos dos povos indígenas, não chegaria à conclusão de que dei uma pequena contribuição nesse processo, nessa construção.

Você é otimista?

Sou otimista... (Pensando alto.) Deixa eu ver se sou otimista... Na maioria das vezes sou otimista, apesar de às vezes ter alguns pensamentos negativos. Mas busco ser otimista, procuro pensar sempre positivamente sobre o planeta Terra. Às vezes fico triste. Entristeço-me pelas coisas, pela não capacidade de realização de determinadas coisas, mas também por não ter tido acesso, por não ter dado continuidade aos meus estudos, porque, na realidade queria ter sido antropóloga. Mas não consegui porque me casei, tive filhos e não pude estudar. Agora, com quase sessenta anos, estou fazendo mestrado e retomando um pouco dos estudos. Fiz as coisas ao longo da vida muito na base do romantismo, do espontaneísmo, da força de vontade, seguindo esse espírito de guerreira que vive dentro de mim, e que é influenciado por minha família. Sou otimista, sim, tenho uma postura otimista com relação ao planeta Terra. E ainda tenho muitas coisas para fazer, tenho muitas coisas a realizar aqui ainda.

Quero acrescentar que tive a grande alegria e felicidade de ter participado da elaboração da Declaração Universal dos Direitos Indígenas, em sete sessões seguidas em Genebra, e esta declaração está aí como uma conquista nossa na área jurídica; participei também da convenção 169, e me orgulho de ter feito parte dessa construção jurídica para o futuro dos povos indígenas do Brasil; orgulho-me de participar do movimento intelectual de construção de melhores condições de vida e de garantia de nossos conhecimentos ancestrais. O que são esses conhecimentos? Como vamos conservar isso? Como vamos trabalhar esses conhecimentos? Como vamos levar adiante? Orgulho-me de participar disso tudo.

Mensagem aos jovens.

Minha mensagem é a de que respeitem os mais velhos, porque os jovens são abusados, como eu era também. Eles precisam ser combativos, ser resistentes, mas também devem ouvir e respeitar um pouco mais as pessoas mais velhas. Acho que isso é algo que não está acontecendo, principalmente dentro do Movimento Indígena. E o pessoal precisa ficar atento a isso.

Manoel Fernandes Moura[22]

Manoel Fernandes Moura é uma figura muito conhecida no Movimento Indígena, seja por conta de seu jeito "moleque" de ser – apesar de seus quase sessenta anos –, seja porque traz consigo a força da oralidade, que manifesta também em seus escritos, manifestos, pregações, conferências, palestras, sermões etc.

Moura Tukano – como é mais conhecido – é oriundo do Alto Rio Negro, onde passou pelas agruras da educação religiosa salesiana, da qual é também um crítico contumaz, por acreditar que algumas ações religiosas foram bastante nocivas para seu povo.

Entre os diversos entrevistados, Moura foi o único que se autointitulou líder tradicional, de berço. Tem um discurso espiritual muito forte e não poupa ninguém em suas críticas contra a destribalização que foi orquestrada contra a gente indígena no Brasil, em especial em sua região de origem.

Apesar de sua contundência verbal, Moura é uma pessoa muito bem-humorada, que consegue rir ao refletir sobre os momentos de maiores tensões dentro do Movimento.

Nossa entrevista foi marcada por muita descontração, o que não significa menos seriedade, pois, em alguns momentos, ele se alterou enquanto pensava nas dificuldades por que passou – e ainda passa – ao decidir aderir ao Movimento Indígena nascente. Refletiu com profundidade os temas que lhes foram abordados, demonstrando um humanismo intenso e profundo.

---

[22] Entrevista realizada em Manaus, em 25 de agosto de 2008.

Moura é o que se poderia chamar de intelectual orgânico, na clássica definição de Gramsci,[23] por se tratar de um líder que tem opiniões firmes e claras sobre o processo histórico por que passou o Movimento Indígena e, também, por fazer uma análise bastante consistente dos desdobramentos da atuação de seus principais líderes. Essas considerações estarão presentes na fala que Moura nos faz refletindo sobre sua própria atuação como um dos articuladores do movimento desde sua concepção embrionária.

Depois de muitos anos de estudos interrompidos, ele resolveu voltar à universidade. Hoje frequenta o quinto período do curso de Geografia, na Universidade do Estado do Amazonas (UEA). Seu objetivo é poder desenvolver projetos no campo da defesa dos mananciais, dentro da Amazônia, tema que lhe interessou desde a mais tenra idade.

Ouvir Moura Tukano é, sem dúvida, um presente, pela lucidez com que pensa temas universais; pela simplicidade com que desdobra as razões que defende; pela sabedoria que emana de suas considerações; pela imersão espiritual que ele provoca; pelo humor com que se percebe partícipe nas transformações universais; pelo seu entusiasmo em defender as causas dos povos indígenas e pela coragem de dizer o que pensa.

O interessante na fala de Moura é que ele credita o surgimento do Movimento Indígena a uma força intrínseca que perpassava o coração de cada pessoa indígena que estava em sintonia com aquela importante demanda. Ele não diz que houve uma "fundação" do Movimento Indígena, e sim uma força que motivava cada pessoa a buscar o bem de seu povo. Ele cita a presença de Marçal Tupã'í, no Mato Grosso do Sul, de Marcos Terena, em Brasília, de Ailton Krenak, em Minas Gerais, de seu irmão Álvaro Tukano, em Manaus etc. A isso chama de "revolução do coração", "uma força natural compelindo para garantir a proteção de nosso povo".

Isso tudo está presente no texto adiante, para o deleite de todos os parentes indígenas.

---

[23] Segundo Gramsci – intelectual marxista italiano, membro do partido Comunista italiano –, o intelectual orgânico é aquele engajado em um grupo social, com o qual compartilha os problemas enfrentados pela sociedade e tenta interpretá-los, difundindo assim sua ideologia para que esta se torne cada vez mais hegemônica. GRAMSCI, A. *Introdução à filosofia da práxis*. Lisboa: Editora Antídoto, 1978.

Com vocês, caros indígenas, a fala apaixonada de Manoel Moura, Tukano.

Quem é Manoel Fernandes Moura?

Sou um líder tradicional do povo Tukano e descendente de líderes espirituais e sábios.

Nasci no noroeste Amazônico, no Rio Tiquié, bacia do Rio Negro, que fica na faixa de fronteira entre Brasil e Colômbia. Meu município é São Gabriel da Cachoeira, no estado do Amazonas. Até os dez anos vivi na Comunidade Maracajá, no Distrito de Pari Cachoeira. Perdi meu pai quando tinha apenas dois anos de idade. Infelizmente, não o conheci. Aos onze anos fui para o Internato Salesiano, onde comecei meu processo de educação escolar não indígena. Para minha sorte, eu tinha um irmão mais velho (Adão) que já conhecia o sistema do internato, e ele me aconselhava sobre como deveria me comportar lá: ser obediente com os superiores, padres, diáconos, clérigos, coadjutores, assistentes e diretores da escola.

No colégio havia muitos missionários, e alguns eram nervosos e gritavam com os alunos. Estranhei bastante aqueles gritos raivosos, com olhar indignado. Eles levantavam os braços, quase batendo nas crianças... Tudo aquilo para mim era uma estranha novidade, com a qual eu não sabia lidar.

No colégio interno havia alguns parentes de diversas etnias que conhecia de outras aldeias, como Álvaro Sampaio, Benedito, Domingos Brandão, Odilon Sarmento e muitos outros. Quando os superiores não vinham gritar perto da gente, era até bem divertido. Existiam também pessoas de outras etnias como Tuyuka, Desano, Miriti-tapuia, Barasano, Karapanã e Hupda.

Todos os alunos falavam bem a língua Tukano, e alguns falavam bem a sua língua materna também.

Os missionários eram de diferentes lugares da Europa. Vinham da Itália, Espanha, Inglaterra, Holanda, Alemanha, França, Portugal, e havia alguns brasileiros. Havia também o colégio das freiras, somente dirigido à educação e formação das meninas. Nenhum desses missionários falava ou entendia a língua Tukano. Por isso, ficavam nervosos e pensavam que os índios estavam pensando ou falando algo ruim sobre eles. Então, começaram a nos proibir rigorosamente de falar a língua nativa. Quem falasse Tukano não poderia merendar, jogar futebol e nem participar de outras diversões. Diziam que era língua do diabo, língua atrasada, que não servia para nada.

Em anos anteriores eles tinham acabado com as festas tradicionais indígenas, os ritos de iniciações e preparo dos jovens para serem guerreiros, caçadores e curadores. Os velhos sábios, pajés e outros morreram tristes, sem poderem repassar sua sabedoria para a nova geração. A nossa geração não recebeu mais poderes verdadeiros dos líderes espirituais, como deveria ser.

O sistema dentro do colégio interno era bem organizado, tinha planejamento diário na parede: às 5h: banho; 6h: missa; 7h: mingau salgado de farinha de mandioca (não conhecíamos o café). Após o café, havia meia hora de limpeza, para os alunos fazerem faxina nas salas de aulas, banheiros, pórticos, pátio e outras dependências do colégio, cada um com sua vassoura. Depois disso, cada aluno pegava sua caneta--tinteiro, um vidrinho de tinta azul, lápis, cadernos, livros de português e matemática, na sala de estudo, e, às 8h, em ponto, começava a aula normal. Havia um aluno escalado para ser responsável pelo horário: era o sineiro que, portando uma sineta, tocava na hora certa para ninguém se atrasar.

Minha alfabetização foi feita em língua portuguesa, e foi duro aprender essa língua estranha, ensinada na base de peia e gritos.

Às 11h30 terminava a aula e íamos para o almoço. Em seguida, acontecia uma partida de futebol. Às 14h íamos estudar e fazer os deveres da aula; às 15h tomávamos a merenda (banana, ou mingau de fubá ou leite em pó, doação do Presidente Kennedy, dos EUA); às 16h limpávamos as plantações; às 17h tomávamos banho no rio; às 18h jantávamos e, logo em seguida, fazíamos um curto intervalo; das 19 às 20h40 estudávamos e fazíamos nossos deveres de aula. Às 21h fazíamos a oração, ouvíamos o último sermão e íamos dormir, cada um na sua rede.

Após deitarmos, o superior ou assistente dizia: "Seja louvado nosso Senhor Jesus Cristo", e respondíamos: "Bendigamos ao Senhor". E assim fechávamos os olhos e dormíamos, pois a partir daí ninguém podia mais conversar. Se alguém "piasse" alguma palavra, poderia receber o castigo de ficar de pé a noite inteira, perto da rede do assistente ou do corredor.

Nunca recebi tal castigo, mas quem o recebeu nunca mais repetiu o "mal feito". Às vezes, quando alguém soltava um "pum", todos riam, ninguém conseguia controlar as risadas, então o castigo era geral. No dia seguinte, ficávamos sem recreio. São experiências vividas na minha adolescência, que não saem da minha mente, ficando registradas para o resto da vida.

Fiz toda a minha formação escolar inicial na Comunidade de Pari Cachoeira, e o começo do segundo grau, em São Gabriel da Cachoeira. E também servi o Exército, onde aprendi muitas coisas positivas e negativas. Positivas: novos hábitos de higiene, a ser organizado, pontual, a sempre estar atento e a fazer as coisas com agilidade. Negativas: palavrões, atitudes como humilhar e descaracterizar a imagem de outra pessoa.

Um dia um superior se aproximou e perguntou: "Você é índio?". Respondi: "Sim, sou do grupo Tukano". E me observando com firmeza e de forma preconceituosa, disse: "Olha, rapaz, entenda bem o que vou lhe falar, a partir de hoje você não é mais índio, você é brasileiro... Esqueça de ser índio, eu não quero mais ouvir a história de índio".

Fiz diversos cursos de capacitação, mas não tive oportunidade de fazer graduação por conta do meu envolvimento com o Movimento Indígena. Na época havia cursos e universidades, mas era difícil ter muita abertura e oportunidade para os índios ou para outras pessoas economicamente menos favorecidas.

No final de abril de 1979, em Manaus, fui à direção da I Delegacia Regional da Fundação Nacional do Índio (FUNAI), com o objetivo de solicitar uma bolsa para cursar e me capacitar em Administração de Empresa. Meu pensamento era ser empresário e controlar a nossa economia dentro da comunidade. Nessa época, quem estava na direção da delegacia da Funai era um japonês denominado Kazuto Kavamoto. Fui pedir uma bolsa de estudos. Ele me olhou com um olhar meio esquisito e disse: "Moura, você não é mais índio. Já domina muito bem a língua portuguesa, usa relógio, e está muito bem trajado. Ajudamos somente o índio verdadeiro". Assim, fiquei muito triste, e não tinha onde conseguir apoio. Teria muitas coisas para continuar a relatar.

Depois de muito tempo, soube que minha mãe faleceu e nunca mais retornei para a comunidade.

Em 1997, mudei-me para Tabatinga, onde concluí o segundo grau, que havia interrompido por vários motivos. Hoje faço o quinto período em Geografia, na Universidade do Estado do Amazonas (UEA). Atualmente, continuo sendo integrante do movimento, de um movimento mais intenso, que mexe com o sofrimento dos povos da fronteira, além de colaborar com a literatura indígena. Também faço parte da filosofia *unificacionista*, cujo pensamento é procurar estar em harmonia com a natureza e com os irmãos do mundo inteiro, independente de qualquer cultura, valorizando profundamente cada origem e ensinamentos ancestrais. Trata-se de uma doutrina que me surpreendeu muito, porque é uma mistura da ousadia de Zulu com Martin Luther King, Jesus, Gandhi, Confúcio, Mandela, Ajuricaba e outros sábios indígenas e não indígenas que ainda se encontram no anonimato, por causa da mídia conivente com a classe dominante. É incrível o unificacionismo. Versa sobre a força interior de quem consegue observar o mundo e arregaçar as mangas para tirar o outro da ignorância que anestesia, que aprisiona, e despertá-lo para se reerguer forte para o Grande Espírito e para a Mãe Terra.

Valores presentes nos princípios do Movimento Indígena.

Quando levantamos a bandeira de luta, desejávamos conseguir objetivos maiores para os parentes indígenas evoluírem, saírem do isolamento e se colocarem no sistema do conhecimento, altruísmo, expansão e entendimento. Víamos com os nossos próprios olhos que as nossas comunidades estavam numa situação caótica. E o Governo pouco ligava para a questão da saúde, da educação e da autossustentabilidade das comunidades indígenas.

Nas escolas onde estudávamos só tinha a graduação da Teologia católica. Somente continuavam os estudos de Teologia aqueles alunos que tinham procedimentos bons, eram encaminhados para outras cidades, como Manaus, Belém, São Paulo e Rio de Janeiro. Mas, para o índio, só havia Teologia, para que se tornasse padre; não ofereciam outros cursos como Direito, Medicina, Direitos Humanos, Enfermagem, Engenharia, Música etc. Precisávamos conhecer mais e buscar mais novidades para as comunidades. O Álvaro tem uma carta que fez para o reitor da Universidade Federal do Amazonas, ainda na década de 1980, solicitando o acesso à universidade para o índio. Já naquela época, buscava uma cota para o índio ingressar nas faculdades sem fazer vestibular. Lutamos bastante, mas não tínhamos apoio. A luta era contínua tanto nas comunidades quanto na cidade. Nas comunidades precisávamos conscientizar, dizendo que temos culturas diferentes e devemos valorizar o nosso modo de ser e a nossa cultura diferente.

Por estarmos na cidade de Manaus, tínhamos muitas informações de diversos lugares dos países e do mundo. Já nas comunidades, não tínhamos notícias de tudo que acontecia no mundo e nem mesmo no Brasil. Por falta de acesso à informação, não víamos jornais, e nem no rádio ou TV, éramos totalmente isolados, mas, quando vínhamos para a cidade, encontrávamos muitas novidades, coisas diferentes. Muita coisa ruim passamos a conhecer também, como, por exemplo, onde o Governo se preparava para invadir as áreas indígenas e, também, garimpeiros, madeireiros e barcos pesqueiros e outros biopiratas que desconhecíamos, por não fazerem parte da sociedade indígena. Os próprios governos eram garimpeiros, os próprios militares eram garimpeiros, os próprios religiosos eram garimpeiros.

Em 1985, 1986, vimos a atuação do grupo Paranapanema. Ela era dirigida pelos coronéis que saíam do Exército. Eles fizeram uma empresa para ser dirigida pelos ex-coronéis para comandar Paranapanema, a fim de extrair minério. Todos os minérios que as empresas de mineração necessitavam encontravam-se nas áreas indígenas, para ser levado e vendido nas grandes capitais e no exterior.

Víamos que isso era errado, e não deixamos que acontecesse e, além de tudo, verificamos que nossa área estava sendo repartida, fracionada. O nosso povo não percebia a malícia da nova tribo (os brancos). Muitas empresas mineradoras de fora já estavam com alvará de licença para pesquisar e extrair o minério da nossa região. Essas empresas que vinham da Alemanha, Japão, Holanda e outras nações. Já estava tudo planejado, tudo esquematizado. Os missionários também estavam adentrando a nossa aldeia. Então, quando percebemos isso, não ficamos calados, pois vimos que a nossa gente ia ficar sem terra para plantar e sustentar a família. Onde nós íamos ficar? Iríamos nos tornar favelados e sem terra. Estávamos perdendo nossa identidade, construída há milênios.

Pensamos bastante para poder enfrentar o sistema daquele tempo. Nossos parentes que terminaram o curso primário não ficavam mais nas aldeias. A maioria ia em busca de trabalho na Colômbia e na Venezuela, queria conhecer Bogotá, Caracas, além de capitais e outras cidades. Ao mesmo tempo, havia também procura por roupas, sapatos, perfumes, e outros materiais de casa. Muitos que foram atrás de empregos terminavam no seringal e jamais voltaram, por causa das dívidas acumuladas. Viram que os missionários não estavam mais fornecendo o que desejavam.

O Álvaro conseguiu fazer amizade com alguns sociólogos e antropólogos. Essa ligação foi importante para ele conhecer o sistema da máquina maquiavélica e, assim, teve que sair fora do país para denunciar a atitude dos militares e parceiros religiosos. Isso foi tão marcante, tenho certeza de que o Álvaro vai relatar esse fato, que foi um importante passo da sua trajetória.

Receios, medos, anseios, buscas, necessidades do movimento nascente.

Não tínhamos estrutura própria para enfrentar o sistema, mesmo assim não deixamos de lutar, seguimos adiante, porque não queríamos ser omissos com os erros. Primeiro: não tínhamos em quem confiar. Hoje nós temos muitas organizações que defendem o meio ambiente, os direitos humanos, os direitos indígenas. Há muitos caminhos e muitas esperanças, novas ideias e novos programas para apoiar e defender os interesses indígenas. Por exemplo, se preciso, falo com o pessoal do Inbrapi (Instituto Indígena para Propriedade Intelectual), pois sei que eles são sensíveis com relação às questões indígenas e vão me ajudar nas orientações, informações e outros subsídios. Naquela época esse tipo de auxílio não existia, todas as portas eram fechadas. Nós tínhamos o Conselho Indigenista Missionário (Cimi), mas era um órgão ligado à Igreja Católica e à Conferência Nacional dos Bispos do Brasil (CNBB). Esse órgão foi criado para apoiar o índio, gostasse ou não dele. Muitas vezes eles falavam para mim: "Ô Moura, você não tem trabalho, fica sentado aí sem fazer nada? Pega essas moedas para você comprar ficha de telefone e ligar para o Hotel Amazonas ou Tropical para procurar trabalho, e lá você pode lavar pratos, varrer e fazer limpeza, para comprar o que comer". Tudo isso eles falavam (rindo), para não espreitarmos o seu trabalho.

Às vezes, a gente (índios) saía e se reunia na praça para montar estratégia de atividades, então, comprávamos mangas para almoçar. Assim, continuávamos na resistência de luta. Comprávamos jornais e líamos as colossais manchetes do dia: "O Projeto Calha Norte vai ocupar 150 km da faixa de fronteira" ou "Mineradora Paranapanema vai fazer pesquisa nas áreas indígenas", "o general disse que a cultura dos povos indígenas é de nível baixíssimo". Este tipo de colocações a Funai, como um órgão indigenista oficial, deveria combater. Mas ela não fazia pronunciamento a favor do índio, porque o órgão estava sendo dirigido pelos militares, sendo que, atualmente, é liderado por antropólogos e sociólogos ligados à maçonaria, seguindo a linha do Marquês de Pombal.

A Funai foi a primeira a barrar a nossa atividade de articulação do Movimento Indígena. Em seguida, o governo local, o governo do estado, o governo do município também ficaram contra nós. Não tivemos nenhum tipo de apoio.

A Polícia Federal acompanhava nossas reuniões com o nome de imprensa (com credencial), para espionar e vigiar nosso trabalho. Então, muitas vezes o Álvaro teve que se afastar do movimento para ficar em algum lugar. Nossa viagem para o Rio Negro também era dificultada, havia só voo da Força Aérea Brasileira, e fomos proibidos de viajar porque éramos do Movimento Indígena. Éramos considerados subversivos, então, eles diziam: "Esses elementos que falam mal dos militares, falam mal do Governo não podem viajar" (risos). Se aparecia nosso nome, éramos quase linchados. Antes eles atendiam bem, mas, quando começou esse movimento, começaram a riscar nossos nomes, já que éramos conhecidos. Isso dava medo, eles nos amedrontavam, criavam falsos líderes para nos atacar. E tínhamos que nos manter firmes, com garra, porque tínhamos propósito, e esse propósito era como se fosse um bebê que tinha terminado de nascer e precisava ser alimentado com muita segurança.

Como vocês respondiam a isso?

Não respondíamos nada. Era perda de tempo, mas continuávamos firmes na luta e no nosso trabalho. Tínhamos que seguir o programa que foi planejado anteriormente nas assembleias. A dificuldade que tínhamos era a de manter comunicação com as comunidades distantes e de transporte. Muitas vezes encontrávamos pessoas sensíveis com a questão indígena que nos ajudavam com poucos recursos financeiros, o que dava para viajar de barco, passar uma, duas semanas viajando para encontrar com o líder da comunidade. Ganhávamos farinha, banana, pimenta para aguentar a viagem. Também não podíamos correr muito. Tínhamos que conversar com as mulheres líderes das comunidades para esclarecer o objetivo da visita. E também tínhamos que conversar com as comunidades acadêmicas nas universidades, como a Universidade Federal do Amazonas (UFAM), a Universidade do Estado do Amazonas (UEA), a Universidade de Brasília (UNB), o Museu Emílio Goeldi, no Pará.

Dávamos muitas palestras. O professor Ademir Ramos, Paulo Monte e outros deram espaço nas salas de aula para falarmos sobre o meio ambiente e sobre questões indígenas para seus alunos. A mídia local deu bastante cobertura, mostrando a realidade dos povos indígenas para o público. Além disso, quem colaborou muito na formação e no crescimento das ideias publicamente foi a Central Única dos Trabalhadores (CUT), a Ordem dos Advogados do Brasil (OAB), o Movimento Sem Terra (MST), o Conselho Indigenista Missionário (Cimi), o Centro Ecumênico de Informações (CEDI), atual ISA, a Procuradoria Geral da República e os Parlamentares: Eron Bezerra (então, deputado estadual), João Pedro (então, vereador), Vanessa Grazziotin (então, vereadora). E na Câmara Federal tínhamos Tadeu França, um amigo forte nas horas tristes, no sofrimento da construção para a melhora e vitória da luta para o índio.

Nossa única resposta era mostrar trabalho, ficando unidos com as comunidades de base e as principais lideranças, que estão na linha de frente. Marcos Terena, Jorge Terena (hoje no Mundo Espiritual), Eliane Potiguara, Álvaro Tukano e Ailton Krenak pressionavam as autoridades, marcando presença e exigindo os direitos indígenas nos ministérios, na Procuradoria Geral da República, no Senado Federal, na Câmara Federal, na Funai, nas Igrejas, nos partidos políticos e demais setores que compõem o Governo. A comunicação entre nós era constante, para não cometermos erros diante dos políticos, ministros, religiosos, latifundiários, garimpeiros, cientistas, colonos, militares, madeireiros e de outros que queriam denegrir a imagem do índio.

Os líderes citados anteriormente, durante o tempo de atuação no Movimento Indígena, mostraram sua dedicação, ética, moral, amor. Cada um tinha sua genuína característica, seu perfil, sua forma de trabalhar tanto a nível regional quanto nacional e internacional. Se alguém quiser tirar dúvida, consultar, obter informações necessárias, pode dirigir-se diretamente a eles, pois são arquivos de informações ambulantes.

Não podemos ficar satisfeitos somente com um cargo público. Sentimos que devemos melhorar as comunidades indígenas. Agora, o Governo oferece projetos para o desenvolvimento das comunidades e exige nos editais muitos técnicos e burocratas, para dificultar o acesso do índio, impedindo seu avanço por falta de formação e capacitação técnica. Nossas novas lideranças indígenas devem se preparar mais para utilizar a estrutura que o país nos oferece. Hoje a realidade é muito diferente. Isso tudo que vemos é fruto da nossa luta e dos nossos antepassados.

Visão de futuro. Objetivos a longo prazo.

Meu desejo era construir um Movimento Indígena forte e consciente, para decidir o caminho correto como uma sociedade organizada na educação e na tradição indígena. Se esse desejo se concretizasse, eu pensava: "Os índios vão ter seu escritório, um local de reunião aqui em Manaus, como um centro na Amazônia brasileira". A primeira coisa seria possuir transporte próprio e comunicação moderna com nova tecnologia, Escola Indígena Unificada (pluricultural, etnoturismo). Com este propósito as populações indígenas não ficariam num estado miserável.

Desejava apresentar um Brasil com diversidade de cultura e mostrar a sabedoria de cada povo, assim colaborando com o crescimento de um país sem xenofobia, sem violência e sem arrogância.

O homem vindo da Europa se mostrava muito sábio e se colocava superior. Ele não tinha coração. Pregava amor, mas não o praticava. Porém, queria que os outros praticassem. O pensamento que tínhamos era modificar o sistema de educação, pois as grandes universidades e escolas obedeciam ao sistema educacional planejado pelo Banco Mundial. Assim, precisávamos preparar nossos próprios técnicos e profissionais de diversos níveis, tendo escolas e universidades próprias. Além disso tudo, também havia a questão da alimentação.

Íamos conseguir tudo, tinha certeza de que íamos avançar. Tinha a sensação de que "íamos ter um bom resultado".

Eu tinha muita esperança de concretizar as coisas. Este sentimento era muito forte, e havia muita fé também naquela época; nós queríamos que cada etnia preparasse seu profissional e seus técnicos, como enfermeiros, médicos, professores, pesquisadores, cientistas, engenheiros, advogados, e até se fosse preciso padres, pastores, líderes verdadeiros. Todos formados para dar melhores informações às comunidades, trazerem novos pensamentos para reverter esse quadro de educação que estava em declínio. Para os povos indígenas não era suficiente a alfabetização, queríamos muito mais, desejávamos que reconhecessem nossas tradições, nossa cultura. Existiam ensinamentos distorcidos nas escolas, quando alguém perguntava: "Quem descobriu o Brasil?", o índio respondia: "Pedro Álvares Cabral". Essas coisas me irritavam. Meus tios, meus avós nunca falaram dessas pessoas, elas nos são estranhas. Eu pensava!

Parceiros e aliados da causa.

Sou ex-aluno salesiano. Estudei muitos anos, tinha muita amizade com os padres mais idosos, e eles me deram as seguintes instruções: "Ó Manoel Moura, você tem que estudar muito e estudar todo tipo de religião, não fique preso somente a padres e freiras, está bem? Não fique apenas esperando alguém lhe ajudar, e estude tudo... Mal ou bem, você tem que conhecer as coisas, para poder analisar e ver o que vai servir no futuro". Nem todos os padres e freiras são santos. O mundo é muito grande e tem muito tipo de gente. Mas esses padres idosos que falaram dessa forma nos apoiaram muito.

Outros padres diziam: "Vocês não irão conseguir nada com o Governo, vocês são rebeldes subversivos". Desse tipo de pessoas, com pensamentos atrasados e tristes, não esperávamos apoio.

Do começo de 1968 a 1975, houve grande massacre do povo Waimiri-Atroari. Os militares jogaram bomba nas aldeias indígenas, matando mais 6 mil índios. Quem vai pagar esta dívida?

Na mesma época, no ano de 1970 a 1972, iniciaram-se as lutas populares dos trabalhadores para adquirir seus direitos diante do Governo Militar. A Igreja Católica entrou com toda a força para apoiar a classe trabalhadora e, também, apoiou os índios, que estavam sendo dizimados pela construção de estradas de rodagens, que era um projeto do Governo Militar, financiado pelo Banco Mundial. Eles reuniram-se em São Paulo para definir e montar estratégias de apoio às comunidades indígenas. E também iriam apoiar as classes economicamente menos favorecidas. Começaram a se organizar com base nisso porque não entendiam nada de índio e não sabiam quantos povos existiam nos país.

A maioria do povo brasileiro não tinha objetivo nenhum de ajudar o índio. Nem o próprio Governo tinha plano de resgatar ou melhorar a situação dos povos indígenas. Em vez de colaborar, os militares diziam: "Até o ano 2000, não haverá mais índio. Só vai existir brasileiro". Os estudiosos estrangeiros passaram a se interessar e pesquisar sobre os povos indígenas. A população brasileira em geral não sabia que existiam índios.

A Funai, que eles criaram, era ocupada pelos militares para somente beneficiar as famílias de políticos, militares e seus aliados.

Víamos em todo o Brasil que não havia nenhum profissional indígena nas áreas que precisávamos desenvolver, como a das ciências, tecnologias e humanas. Em virtude desse despreparo, o índio se tornava dependente da Igreja Católica, da CNBB, das instituições estatísticas e financiadoras, de segurança e proteção, do Cimi e, também, do próprio Governo.

Então, passei a conhecer o grupo do Cimi, juntamente com sua equipe: Paulo Suess, Ribamar Bessa, Ademir Ramos, Renato Athias, Ricardo Parente (hoje falecido) e outros.

Eles formaram uma equipe muito grande, aqui Manaus, alguns eram seminaristas, outros acadêmicos. Conseguiram também fundar um pequeno jornal chamado *Porantim*, como uma arma de luta. Inclusive fiz várias entrevistas falando sobre a atuação da Funai nas áreas indígenas, sobre a invasão de garimpeiros, a situação de madeireiros, os problemas de militares na faixa de fronteiras, a situação de pescadores e caçadores, depredadores nas áreas indígenas e demais situações dos índios da Amazônia.

Estava me informando sempre, me atualizando e conhecendo cada vez mais através de outros povos e suas experiências. Essa organização nos ajudou muito na formação e no crescimento. E, agora, falta aperfeiçoamento para os líderes indígenas, mas isso depende de cada um.

O Cimi teve dois papéis importantes: 1) conscientizar os missionários quanto aos índios, ensinar como ele deveria ser tratado, pois a sociedade não entendia nada de índio; 2) com relação às lideranças indígenas, os caciques e outros líderes, [o Cimi] ajudava a entender quem eram os militares, latifundiários, colonos, madeireiros, as multinacionais, qual era o papel dos políticos, ministros, principalmente dos governos e demais órgãos e todos os seus procedimentos. Era muito importante para mim compreender o Brasil. No final cheguei a ver que eu, "índio Tukano", nascido no Brasil, não era considerado cidadão brasileiro e estava vivendo clandestinamente, não tinha direito como cidadão. Para onde eu deveria ir então? Era por isso que muitos não índios achavam-nos piores do que animais, pois os animais, pelos menos, como os cachorros e cavalos, tinham respectivamente *pedigree* e puro-sangue, registros reconhecidos e até hotel para se hospedar, quando seu dono viaja, além de muitas outras regalias.

Não tínhamos esses tipos de informações. A escola onde estudei só ensinou a dizer bom-dia, por favor, dá licença, a amar uns aos outros. Mas, quando ando na rua, não ouço bom-dia nem dá licença. O ensino da sociedade não índia não é convincente. Religiosos não índios também são estranhos. Pregam os dez mandamentos, mas não obedecem a nenhum deles, nem mesmo a suas próprias leis.

A luta mais rígida foi relativa à demarcação do nosso território indígena do Rio Negro. Os militares, as empresas mineradoras, madeireiras, garimpeiras, latifundiárias, pecuaristas e os políticos dessas empresas não queriam que nossas terras fossem demarcadas como áreas indígenas contínuas, mas como colônias indígenas. Muitos líderes das comunidades indígenas protestaram diversas vezes em vários encontros que realizamos, dizendo que eles não eram colonos.

Esse tipo de demarcação levou mais de trinta anos para se concretizar. Foram os advogados do Cimi e os representantes da Procuradoria Geral da República que nos deram esclarecimentos sobre a constituição e explicaram muito bem qual era a forma de delimitar a terra. Então, baseados na explicação do Ministério Público para as comunidades em geral, foi fácil entender e defender com firmeza a demarcação da terra como área indígena contínua. Essa briga foi muito grande. Nosso território é o maior no Amazonas.

Então, as empresas mineradoras que tinham alvará para explorar nosso território precisaram tomar outro rumo. O território indígena está demarcado, mas, agora, precisamos de garantia e segurança e, também, de projetos de autossustentabilidade, educação, saúde, transporte e comunicação.

Em 1987, foi fundada a Federação das Organizações Indígenas do Rio Negro (FOIRN), na II Assembleia Geral dos Povos Indígenas do Rio Negro, com objetivo de viabilizar ou cobrar do Governo essas propostas.

Parcerias ontem e hoje. Avaliação crítica.

Todas as organizações que nos apoiaram na época ainda hoje protegem diversos grupos ou comunidades indígenas nas suas bases. Continuam vendo a situação do índio. Muitas das pessoas que trabalharam no Cimi aprenderam a amar o índio. É importante aprender a gostar. Se o índio não gosta de não índio, é importante que ele também aprenda a gostar. Por sermos diferentes, tem que ser assim.

Atualmente sentimos que muitos não índios querem ser índios, e muitos "índios" não querem ser índios. Alguns são índios por interesse, por causa de benefícios do INSS, da Funasa ou das cotas nas universidades. Muitas vezes eles detestam pôr em prática sua tradição ou até mesmo não sabem, pois sofreram repressão na época de colonização.

As novas lideranças devem ficar atentas e fiscalizar para que não haja conflito entre os que têm ou não verdadeiramente esses direitos. Alguns políticos indígenas não entendem as próprias políticas indígenas e querem tratá-las como política partidária, gerando confusão. Alguns querem aproveitar para lucrar e, assim, tornam-se sujos iguais a muitos políticos não índios. A nova liderança indígena deve estudar bastante e entender as novas tecnologias, conhecer o nosso mundo físico e o espiritual e dominar ambos os mundos. Assim, ele deve ser um verdadeiro líder, para poder opinar e esclarecer o público e ter muita convicção perante órgãos nacionais e internacionais na hora de defender as propostas dos parentes indígenas.

Até agora as grandes universidades ainda não entenderam o índio e há numerosos professores que não sabem nada sobre a questão indígena. Eles terminam seus cursos na universidade para elaborar projetos genocidas de hidrelétrica, de mineração, de segurança nacional e outros. Para esses ignorantes da real situação, a opinião dos índios não tem valor, porque estes não são doutores; assim, os engenheiros que foram educados pela universidade passam a planejar a destruição do meio ambiente. Sentimos que são pessoas materialistas e que nunca imaginaram que um dia a natureza pudesse reagir e provocar uma mudança no meio ambiente, piorando a situação do homem.

Alguns agentes do Instituto Brasileiro do Meio Ambiente e dos Recursos Naturais Renováveis (Ibama) são preparados na universidade, enquanto outros doutores são agentes da Polícia Federal e não entendem nada de índio, para eles os índios são todos iguais.

Parentes nossos de São Gabriel da Cachoeira me fizeram a seguinte reclamação: "Olha, Sr. Moura, eu tinha trazido uma saca de manivara (formigas assadas) para nós comermos, mas a Polícia Federal tomou, disse que era ilegal e alegou que era crime ambiental, e agora estou com fome". Eles também não deixaram passar meu colar e cocar, feito com dentes da nossa caça, e plumas das aves que comemos.

Alguns da Justiça também não conhecem os índios: no dia 16 de julho de 2009 fui testemunha de uma índia da etnia Kokama, na Justiça Federal de Tabatinga-AM. Tratava-se de audiência de conciliação, instrução e julgamento. Quando chegou minha vez, o juiz federal perguntou: "Quem é você? O que é que você faz?". Respondi: "Sou índio da etnia Tukano. Sou liderança indígena, da Organização Indígena e do Movimento Indígena". "Ah! É você que está querendo fazer a separação do Brasil... E você é guerrilheiro, né?", disse o juiz. Repetiu isso mais de três vezes. Fiquei muito atrapalhado com essa indagação, porque a palavra do juiz pesa. Nem por isso deixei de ajudar a Kokama, confirmando que ela era uma índia. E assim vamos seguindo no meio da discriminação institucionalizada e planejada para nos oprimir.

Hoje é o futuro de ontem. Avaliação crítica do Movimento Indígena.

O Movimento Indígena cresceu, se expandiu, avançou e foi muito divulgado. Quem não conhecia os povos indígenas já sabe agora que eles estão nas suas regiões e nos seus territórios tradicionais. Assim, o índio deve ser respeitado como um ser humano. Ele é um filho de Deus. O índio precisa mostrar sua criatividade, suas boas maneiras, conforme sua tradição sagrada e seus princípios. Se ele não tiver firmeza com relação a sua tradição e aos princípios de cada etnia, muitos podem falar: "Isso é proibido por lei... esses materiais que os índios utilizam ou os costumes que têm não estão escritos na Bíblia. Jesus Cristo não falou sobre isso".

Os líderes do Movimento Indígena precisam aprimorar seus conhecimentos para enfrentar os homens individualistas, egoístas, golpistas, arrogantes, ignorantes, ambiciosos e gananciosos e sujos de alma. Precisam caminhar em favor dos objetivos da comunidade, sem sair da trilha.

Precisamos preparar os índios para serem políticos e profissionais de todos os níveis, a fim de que possam conduzir os povos que foram perseguidos, violentados, ofendidos e discriminados durante mais de quinhentos anos. Se os novos líderes não consultarem os mais experientes, o Movimento Indígena vai sair da trilha. Alguns já não têm mais como objetivo construir uma sociedade melhor para o mundo. Vejo que estão seguindo o mesmo caminho dos políticos sujos, descendentes dos invasores e saqueadores.

Agora, quando o Movimento Indígena se deixa contaminar com corrupções, mentiras e falsidades dos politiqueiros, os adversários ficam contentes ao ver ou assistir os parentes brigando e se confrontando. E não gostaríamos que isso acontecesse entre nós, mas, como os nossos parentes precisam comer e viver, necessitam de dinheiro, emprego, cargo e poder.... Eles falam mal do homem branco e seguem o seu exemplo. E o que é pior: alguns dizem que seguem o caminho de Jesus, que é a Verdade e o Caminho e a Vida, e mostram para nós um caminho contrário. Isso precisa ser resolvido para não haver atropelo no futuro e não entrarmos no mesmo caos social que eles, com a destruição da família e dos valores familiares tradicionais, que para nós são sagrados.

Esse é um desafio que cabe às novas lideranças, pois se não procurar mostrar ou seguir com sua tradição milenar, sempre alguém estará falando que "esses já não são mais índios, não falam mais sua língua nativa e dançam conforme a nossa música".

Anteriormente não tínhamos curso escolar superior dentro do Movimento Indígena, e conseguíamos nossos objetivos com diálogo, transparência, integridade. Muitas coisas que estão sendo realizadas agora foram almejadas por líderes antigos, que deixaram, para a nova geração, suas propostas com muitas lágrimas, suor e sangue. Hoje os líderes devem ter mais convicção, fé e amor naquilo que estão construindo para as gerações vindouras. Primeiro de tudo tem de haver responsabilidade, pois, se atualmente o Governo brasileiro apoia mobilizações e projetos para as comunidades, isso deve ser bem aproveitado fazendo-se um bom trabalho. Antes, não tínhamos apoio do Governo nem altos salários, somente mostramos nossa responsabilidade, nossa boa vontade.

Caráter educativo do movimento. Havia consciência clara disso?

Quando iniciamos o trabalho do Movimento Indígena dentro da capital Manaus, percebemos que ali ninguém queria ser índio, não se aceitava ser índio. Dizia-se que queriam ter o estilo de vida dos civilizados, dos cariocas do Rio de Janeiro.

Um dia tivemos um encontro com os líderes indígenas da etnia Mura, da jurisdição do município de Autazes, na cidade de Manaus. Pela primeira vez, os caciques Cláudio Mura (Capitari) e Arnaldo Mura, representantes das comunidades, passaram a apoiar a luta pelo resgate dos povos da Amazônia e ficaram entusiasmados. E ficaram bravos quando o prefeito e o dirigente da Funai disseram que eles não eram mais índios.

Assim, continuamos a luta conjunta para reduzir o sofrimento dos índios. Estes vieram em grande grupo para a cidade de Manaus, com o objetivo de regularizar o seu território Pantaleão, demarcado pela Serviço de Proteção Indígena (SPI), no tempo do Marechal Rondon. Trouxeram e mostraram o mapa para o dirigente da Funai e relataram a situação em que se encontrava a terra indígena Pantaleão, no município de Autazes. Os agentes da Funai, ao verem o grupo Mura unido e organizado, não puderam recusar-se e tiveram que atendê-los. Conforme solicitação, o superintendente da Funai de Manaus designou um grupo de técnicos para estudar e analisar o problema. Após estudo, a equipe constatou o seguinte: dentro do território indígena havia uma cidade construída, com Banco do Brasil, delegacia de polícia e outros departamentos do governo municipal. Essa cidade era o município de Autazes. Então, como é que íamos fazer? Após muitas lutas, perseguições, ficaram dois dirigentes na cidade: o prefeito e o cacique do território indígena. Então, foi determinado que quem quisesse morar e viver dentro da área indígena poderia ficar, mas sem bagunça; quem não quisesse, procurasse outro local e pedisse terreno ao prefeito. E assim ficou. Foi aí que a sociedade não índia valorizou o índio: era importante se tratarem de igual para igual. E a cada momento surgia uma nova liderança, com novo modo de pensar.

Em 1987 e até a data da promulgação da Constituição de 1988, a Funai só tinha registradas 180 etnias. Após a promulgação da nova constituição do país, apareceram mais de 50 etnias, somando atualmente 230 etnias. Então, aqueles que não queriam ser índio começaram a aceitar essa condição, e há, inclusive, outros hoje em dia que estão resgatando suas origens para obter seus direitos.

Mas muitos dizem que somente seu avô havia sido índio e que eles não são mais, rejeitando seus antepassados. Eu pergunto, então: Será que o neto do negro não é mais negro?

O Instituto Brasileiro de Geografia e Estatística (IBGE) disse que os índios que vivem na cidade são em 800 mil, e isso preocupa o Governo brasileiro. Mas apareceram muitos índios ultimamente. Será que houve milagre? Vamos utilizar essa expressão da Igreja (para dizer) que foi milagre da multiplicação. A imprensa falava: "São os antropólogos alucinados que estão inventando o índio". Mas digo que quem está fazendo isso são os próprios índios.

Enfim, o trabalho do Movimento Indígena foi muito importante e até muitas vezes divertido.

E você acha que isso foi suficiente para que a sociedade brasileira mudasse seu modo ver?

Sim. Deu início a uma nova visão e mostrou o outro lado da moeda do Brasil. Mostrou que também há a Amazônia, além do Pantanal, Centro-Oeste, Sul, Nordeste, e outros lugares que a sociedade não conhecia. Foi também a abertura do nosso caminho para o conhecimento do restante do Brasil. Não havia comunicação nem relacionamento entre as tribos regionais brasileiras.

Houve também o surgimento da preocupação com a questão do meio ambiente, a partir do Movimento Indígena. Descobriram-se os projetos de mineração, estradas de rodagem, exploração de madeira, além de outros, que prejudicaram a vida da natureza, do meio ambiente e do ser humano. Por isso, os meios de comunicação, a maioria dos jornais, estavam a nosso favor, acompanhando sempre a nossa luta.

Além disso, o governo do estado do Amazonas passou a mudar seu pensamento e seu discurso. O governador Gilberto Mestrinho doou uma casa para funcionamento da Organização Indígena da Amazônia Brasileira (COIAB), com o propósito de que fosse uma representação para dar referência ao índio, que alegou que a Funai não estava correspondendo a seus desejos e que sempre atropelava seus objetivos.

As organizações ambientalistas, os movimentos de trabalhadores, sindicatos, universidades e outros setores da sociedade começaram a convidar os índios a participarem de eventos para ouvir o que pensavam. Como era final da Ditadura Militar, o índio tinha mais liberdade para expor seu pensamento, ninguém tinha mais medo do AI-5. E o medo e a timidez que o índio possuía ficaram de lado.

A força se expandiu, e muitas etnias da Amazônia começaram a assumir sua identidade e responsabilidade. Por exemplo, no Rio Negro só tinha 14 etnias, hoje são 23 etnias; havia muito índio que não queria ser índio. Eles tinham seus motivos. Porque ninguém os tratava com seriedade e respeito.

Depois de muitos anos de luta, o Governo Federal aprovou o projeto de saúde indígena, e fiquei muito emocionado com isso. Finalmente, o índio fora ouvido e sua solicitação de muitos anos estava sendo atendida. Dessa forma, fomos vencendo várias barreiras que dificultavam a melhoria da saúde do índio. E me lembrei das palavras do parente Ailton Krenak, quando estávamos discutindo sobre a questão de saúde indígena, sentados no chão, no Ministério da Saúde: "Falem, parentes, é importante colocar no papel tudo o que pensamos e, depois, enxugaremos". É realmente isso. Agora temos que enxugar e vejo que está tudo na nossa frente. A Funasa assumiu a responsabilidade de atender a saúde do índio, cabe também aos parentes enxugar essa máquina. Hoje os parentes já sabem onde podem ser atendidos quando estiverem com problemas de saúde. É perceptível a evolução de nossos parentes em todo o Brasil. Eles agora sabem como reclamar seus direitos.

Avaliação pessoal dentro do movimento.

Realmente houve uma evolução. Quando o homem deseja algo, ele consegue realizar. Isso fica gravado na nossa mente e, logo, o colocamos em prática. O curso que fiz durante esses anos foi melhor do que uma universidade, embora sem monografia nem diploma. O Movimento Indígena trouxe à tona a realidade do Brasil, para que o povo dito brasileiro reflita e pense na sua vida, na vida dos seus descendentes e da futura geração da nação brasileira, bem como no meio ambiente.

Ninguém conhece realmente o Brasil, sendo que os gringos o conhecem mais que os próprios brasileiros e os índios mais ainda do que os gringos. Sabe-se muito sobre pagode, desenho animado, samba, cachaça, futebol, BBB e novelas da Globo.

Foi uma experiência importante, em que aprendi muito, tendo acesso a várias organizações da época, vários povos, vários países, vários grupos, várias pessoas – o bonzinho, o de olho azul, o de sangue azul, o crime organizado, o bonito, o feio, o obeso, o gay, o velho, o branco, o brasão, a elite, o pedófilo, o preto, o pardo, o equivocado, o bispo, o civilizado, o homem de Deus, o desviado, o ruim, o ignorante, o pobre e o rico, além de outros personagens incríveis. Cada um com seu ensinamento, sua educação, sua forma de vida familiar. Foi realmente uma grande experiência, positiva. Valeu a pena.

Atuação pessoal e a mudança do Brasil.

O Brasil é nossa pátria amada! Então, como atuávamos muito fortemente no movimento, alguns militares pensaram que éramos revolucionários, inclusive quando fizemos uma assembleia em Iauaretê, na terra dos povos Tariano, Tukano, Wananos, Arapassos e outros. Eles prenderam dois advogados e um representante da imprensa internacional, com o objetivo de intimidar os povos indígenas, e isso foi feito com a autorização da Fundação Nacional do Índio. Essas pessoas foram escoltadas pelo Exército (PE), pela Polícia Militar (PM), pela Polícia Federal (PF) etc., os quais utilizavam armas sofisticadas (metralhadoras). Parecia um campo de concentração... E elas foram conduzidas até São Gabriel da Cachoeira.

Anteriormente um dos meus colegas que conhece a malícia da opressão me disse: "Cuidado, teu nome está no SNI (Serviço Nacional de Informação)". Muitos líderes indígenas sofriam com isso. Eles pensavam: "O cara vai fazer guerrilha, vai querer fazer outra nação". Não se pode utilizar as palavras "nações indígenas".

Contudo, nada disso aconteceu e eles viram que estávamos ajudando (a construir) uma sociedade melhor, uma sociedade para o Brasil enriquecer e mostrar para outros países que nosso país é rico em cultura e tem povos diferentes irmanados.

Mas infelizmente o nosso Governo não acordou, ainda está anestesiado e, quando acordar, vai ser tarde. Ele deveria ajudar a recuperar toda a sabedoria dos povos indígenas. Quando morre uma língua, estamos, na verdade, perdendo uma cultura, uma parte da riqueza do Brasil.

Particularmente, sinto-me muitas vezes em conflito por querer trabalhar mais e, por outro lado, vejo que ajudei a dar um passo importante. Todos os colegas que estiveram ao meu lado na época ajudaram nessa construção. Por exemplo: a construção da coordenação das Organizações Indígenas da Amazônia foi uma marca registrada da nossa luta. Esta organização foi ideia de todos os que participaram do Movimento Indígena, inclusive o líder indígena Ajuricaba e sua esposa Potira. Foi com esse Espírito que conseguimos ir em frente com fé e amor, seguindo os passos dos nossos sábios velhos que estiveram aqui antes de nós.

Uma antropóloga perguntou ao chegar à COIAB: "Quem teve a ideia de fazer isso?". Eles falaram: "Foi o Moura". Ela disse: "Como é que você criou um setor tão enorme aqui?" (risos). Eu respondi: "Não foi ideia minha. Foi ideia dos nossos antepassados, e só ficará pronta se os nossos descendentes não se desviarem da trilha".

Nunca ninguém imaginou tamanho sucesso, inclusive o Governo, quando instalou a COIAB, que é melhor do que a Funai no que diz respeito ao entendimento das coisas. Tudo caminhava bem como representação do Movimento Indígena, que seria referência até hoje.

Mais tarde, por questão político-eleitoreira, criou-se a FEPI (Fundação Estadual de Política Indigenista, órgão ligado ao governo do Amazonas) para competir e dividir. O Governo nunca pensava em fazer uma instituição igualitária, com indicação justa pelos povos indígenas. A preocupação era com relação à ocupação de cargos e ganhos de títulos, e não com os anseios das comunidades. Ainda, hoje, continuam experimentando. São como as igrejas: gostam de multiplicar e dividir, e nós gostamos de somar e resgatar.

Os universitários que se formavam aqui no Amazonas iam fazer mestrado na França. Lá eles aprendiam que os índios tinham sabedoria, conheciam bem as plantas medicinais. E também que aqui havia animais exóticos e águas diferentes e potáveis. Descobriam ainda que há muita droga, muito remédio aqui, e voltavam calados diante da catalogação das riquezas. Daqui saía muita coisa para o exterior, e não através dos índios, mas dos que diziam cuidar da segurança do país.

Essa foi a nossa colaboração, mostrar a nossa cultura guardada e isolada e desconhecida pelos governos anteriores.

Livre pensar.

Então, com o Movimento Indígena veio esse processo de trabalho, de derramamento de sangue. Ele se construiu em cima de suor, de lágrimas dos líderes dos povos indígenas na luta por libertação e autonomia.

Provamos que não somos deficientes de alma, ou deficientes físicos ou mentais. A população é um conjunto de filhos da pátria e todos têm seu valor. Crime é não dar valor ao outro ou neutralizá-lo. Somos Filhos do Grande Espírito e da Mãe Terra. Este orgulho e agradecimento tentamos passar para os nossos irmãos não índios. Eles não tiveram tempo ainda de pensar nisso, de nos enxergar, de nos aceitar. Espero que em breve possamos nos dar as mãos. A reciprocidade é o orgasmo da paz.

Mariano Marcos Terena[24]

Minha conversa com Marcos Terena aconteceu em Brasília, no interior do Memorial dos Povos Indígenas, uma entidade que foi criada pelo Governo distrital para divulgar os saberes dos povos indígenas brasileiros. Desde 2007, Marcos é o gerente dessa instituição, onde tem buscado organizar eventos de qualidade.[25]

Nosso diálogo foi muito espontâneo e produtivo, muito embora tenha compreendido – por conta dos inúmeros telefonemas que ele recebia – a dificuldade em encontrá-lo para ter essa conversa. Em duas horas de entrevista tivemos a oportunidade de falar dos temas pertinentes a esta obra. Marcos tem uma fala fácil e uma memória incrível, que vai envolvendo quem o escuta. Foi assim que ele falou sobre sua vida pessoal, seus pensamentos políticos, a consciência que sempre lhe foi peculiar, fazendo um percurso histórico fascinante. Posso dizer que foi graças a esta conversa que tive a clareza de que estava

---

[24] Entrevista realizada em Brasília, em 3 de abril de 2009.
[25] Em 2010, Marcos Terena deixou a gerência do Memorial para concorrer às eleições como candidato a deputado estadual por Mato Grosso do Sul. Não foi eleito, mas fez uma campanha bastante significativa.

diante, não apenas de uma figura histórica importante, mas de um líder em perfeita sintonia com o seu tempo. Daí também me ocorreu a ideia de trabalhar sob o enfoque da consciência do tempo na criação do Movimento Indígena.

Mariano Marcos Terena é oriundo do Mato Grosso do Sul, onde recebeu sua primeira formação. Posteriormente, mudou-se para Brasília, onde tinha o desejo de estudar Medicina. Lá se deparou com um grupo de jovens estudantes que também estava ali para frequentar a universidade. Esse grupo tornou-se um time de futebol, num primeiro momento. Em seguida, por força do "campo de possibilidades", veio a ser o núcleo criador do Movimento Indígena.

Marcos Terena – como é mais conhecido dentro e fora do Movimento Indígena – esteve sempre à frente deste grupo inicial e foi o articulador, junto à sociedade, de ações políticas importantes para que os povos indígenas alcançassem a visibilidade necessária para poder enfrentar um embate em torno de seus direitos fundamentais.

Piloto de formação, Terena é funcionário da Funai desde a década de 1980, tendo ocupado importantes cargos na instituição. É um crítico sensível à atuação do órgão, onde defende a necessidade de indígenas assumirem a sua direção.

Como referência nacional, Marcos participou de importantes fóruns internacionais que repercutiram de modo decisivo na proteção dos conhecimentos tradicionais, na defesa dos direitos humanos dos povos indígenas, na aprovação de leis nacionais que culminaram com profundas modificações no trato de temas como educação, saúde, desenvolvimento econômico, entre outros.

Também esteve à frente da organização da Eco-92, sendo um dos responsáveis pela redação da Carta da Terra, documento que virou referência universal no trato com as questões ambientais. Posteriormente, fundou o Comitê Intertribal, ONG que dirige, e tem sido grande interlocutor de políticas públicas para os povos indígenas.

Em síntese, Marcos Terena esteve sempre à frente – atrás e do lado também – das grandes iniciativas favoráveis aos povos indígenas, dentro e fora do país. Elaborou uma visão que transcende o universo Terena, sendo merecedor do título de embaixador dos povos indígenas brasileiros.

Com vocês, parentes, a fala deste que é o mestre do Movimento Indígena.

Quem é Marcos Terena?

Sou índio pantaneiro, índio aviador, filho do povo Terena, escritor e comunicador indígena, membro da Cátedra Indígena e articulador dos direitos indígenas na ONU.

O fato de ter nascido na aldeia me ajudou a aprender uma série de ritos do meu povo com relação ao hábitat, o pantanal, mas também, em minha formação de adolescente, de jovem, aprendi uma série de conhecimentos que não pertencem ao mundo indígena, mas que hoje vejo que são importantes não só para a minha formação, mas para os povos indígenas e também para a sociedade brasileira.

Atualmente moro aqui em Brasília e tenho uma família: duas filhas e um filho. Acho que fizemos um trabalho que considero o primeiro Movimento Indígena brasileiro, um movimento político que nasceu aqui em Brasília através de uma composição com outros jovens que vieram para cá também. Eu nunca morei em outros lugares, a não ser nesses dois lugares.

Você estudou? Como foi seu processo de formação?

Estudei o que era chamado de primário, uma fase de verdadeira adaptação com a sociedade envolvente, já que a educação indígena tradicional é muito oral, e formada por muito conhecimento, muitos ensinamentos. O processo educativo é essencialmente oral, tanto em termos do número quanto na linguagem, na filosofia.

E o mundo ocidental tem os critérios de educação, de formação que começam nessa fase do primário, quando tive que aprender a falar português; claro que já conhecia palavras e expressões em português, mas, quando digo aprender a falar português, quero dizer aprender mesmo, evitando sotaque indígena, para poder dizer que realmente estava preparado – o que chamo hoje de estar preparado para ser um homem branco.

Esta fase do primário foi um choque muito grande, porque os valores – e aí outra parte da educação indígena – vêm junto com o que podemos chamar de valores sociais, ambientais e de cidadania indígena, que é o respeito à natureza, ao conhecimento dos mais velhos. Tudo isso era totalmente diferente aqui, durante minha vida de formação intelectual. Fui reprovado várias vezes por causa de 0,25 pontos, mas isso também foi um aprendizado: não se sentir humilhado diante da situação, mas sim estar disposto a fazer tudo de novo, passar mais um ano participando daquelas aulas, para aprender e ser aprovado.

Vejo como falha do sistema educacional o fato de não se levar em consideração o conhecimento, a capacidade intelectual, mas sim o aluno que foi aprovado, que teve êxito nas provas. E passar nas provas hoje em dia é fácil, porque basta você decorar as respostas das perguntas. As provas geralmente são iguais.

Além disso, aprender matérias inusitadas como química, biologia, física era complexo, porque, como estou falando, esses conhecimentos não são sistematizados na educação indígena. Então, teve início o processo de começar distanciar-me do conhecimento tradicional e até ter vergonha desses valores, tendo em vista que a sociedade não indígena constrói um personagem para o indígena e outro para o cidadão intelectualizado. No meu caso, eu não conseguia ser um índio padronizado nem um intelectual que se propusesse a construção dessa intelectualidade.

Processo educativo e influência religiosa.

O processo educativo, para todas as crianças de minha aldeia, era uma obrigação quase circunstancial. Havia a criação de um cerco que obrigava toda família a ir para a escola formal do primário, como eu falei. Na parte religiosa – religiosa que eu falo não é a da espiritualidade indígena – teve um investimento, no caso de nossa reserva, mais dos evangélicos que dos católicos. Mas isso não interferia diretamente na questão da educação, da obrigação de estudar, era uma condição obrigatória para você aprender a ler, a escrever, acreditando que isso contribuiria para a melhoria da capacidade intelectual daquele índio que era considerado mais inteligente que os outros, com a possibilidade inclusive de se formar na universidade.

Eu pessoalmente tinha o sonho de um dia ser médico. Tinha esse sonho, mas nunca, por conta das circunstâncias que vão cercando a formação, foi possível realizá-lo.

A religiosidade, as igrejas representaram uma outra questão. Por quê? Porque o indígena é uma pessoa aparentemente sem religião. Esta é a outra "credencial" que você precisa ter. Além da credencial acadêmica – vamos chamar assim –, havia a credencial religiosa, que é uma outra coisa, com outro contexto. Isso fazia parte, é claro, da questão da igreja, de frequentar a igreja segundo os rituais dos evangélicos.

E sem essa presença das igrejas na sua comunidade, você teria condições de estudar?

Teria. Teria tido condições porque havia o colégio do Estado, a Funai e o SPI, que criavam escolas especialmente para ensinar a ler e escrever. No meu caso, fui para a cidade aprender a ler, escrever e completar toda a carreira estudantil.

Em que momento conseguiu dar um passo a mais na sua formação?

Hoje em dia considero dois momentos importantes neste contexto da capacidade de vivência intelectual e, também, de formação. Um deles é quando, aparentemente, a formação leva você, leva o estudante indígena a acreditar que os valores ocidentais são melhores que os indígenas. Esta é uma grande armadilha, que até hoje funciona com muitos estudantes, a de achar que a diplomação o faz ser melhor ou é melhor do que a educação tradicional indígena.

Você começa a sentir vergonha da sua origem, da sua língua, das suas tradições e, o mais grave, até mesmo a esconder isso, diante da discriminação, do preconceito. Essas são atitudes que acho que a educação gera nos colegas estudantes.

Então, sempre falo que, em determinado momento, essa condição de ser muito parecido com japonês, de até dizer que era japonês, poderia parecer brincadeira, mas era uma questão de sobrevivência. Então, buscava-se aproximar-se mais desse perfil para ter a vantagem de fazer parte da cultura japonesa. Pois havia a ideia de que o índio era preguiçoso e o japonês era trabalhador. Apesar de a comunidade japonesa ser bastante discriminada.

O segundo momento, foi quase quinze anos depois, quando já tinha uma capacidade intelectual muito maior. Não fui para a universidade, e sim para a Academia da Força Aérea, que tinha o valor de uma formação acadêmica. Então lá, aprendendo a pilotar avião, é que, um dia, respondi a um oficial, quando ele, por coincidência, me chamou de japonês. Então, eu disse que não era japonês. O que me levou a ter essa reação espontânea e – vamos dizer assim – agressiva não sei explicar. Não sei como aconteceu isso. Só sei que de repente já tinha falado que não era japonês, e sim índio. Começava a pensar no que exatamente representaria as condicionantes de ser índio, já que durante todo esse período de minha vivência havia me afastado completamente do contexto indígena. Inclusive tinha vergonha disso e achava que tal fato me credenciaria a ser um grande homem branco.

Tomada de consciência indígena.

Você usou uma expressão importante: tomar consciência. Mas não foi isso. Não sei explicar o que aconteceu. O fato é que aí começou a surgir o desejo de relembrar minha família, meus pais e, principalmente, de buscar de novo os valores das tradições indígenas. Comecei a querer conhecer mais, mas o sistema educacional, o sistema da sociedade não indígena é muito cruel nesse ponto. Ela não permitia juntar os dois conhecimentos.

Então, sofri outro processo de exclusão, de discriminação, pelo fato de ser piloto de avião e ter contato com a Funai (Fundação Nacional do Índio). Percebi que nunca tinha passado pelos crivos da Funai, apesar de ser indígena. Nunca tinha dependido da Funai, nunca tinha pedido bolsa de estudos. Todo o processo intelectual foi construído por capacidade própria, luta pessoal. Por isso eu disse, anteriormente, que se tinha que reprovar eu reprovava, não recorria. E perdi muitos anos: 3, 4 anos da minha formação, por causa disso. Mas, em compensação, nesse período percebi que tinha capacidade de lutar contra a Funai.

Primeira coisa: o índio daquele tempo era considerado incapaz, do ponto de vista legal. Ora, imagine eu pilotando um avião... Segundo as regras legais que perduram até hoje, eu não poderia pilotar um avião porque, se ele caísse, a empresa seguradora não pagaria o seguro, pois eu era considerado incapaz. Pensei: "Quem mandou a Funai dar um avião para um incapaz pilotar?".

Então, tive que provar, através do Ministério da Aeronáutica – que é quem credencia (não é a Funai quem credencia, mas o Ministério da Aeronáutica) –, do qual eu tinha feito parte, que o fato de ser índio, poderia até mesmo ser negro, não era motivo para eu deixar de pilotar. Isso era um avanço. Então, a partir disso começa uma consciência do que seria o índio brasileiro e de quais seriam seus direitos, porque eu era um intelectual, um estudante acostumado a ler e interpretar.

O primeiro documento que li sobre a questão indígena foi a Constituição Federal do Brasil e, depois, descobri que tínhamos uma lei própria, chamada Estatuto do Índio. Aí fui ler também esse estatuto, e percebi a distância muito grande entre o direito indígena e a consciência indígena. Entre esses dois pontos existe a figura da Funai, que criou um sistema essencialmente paternalista e assistencialista, porque o índio era considerado incapaz.

Então, começou a surgir uma série de pensamentos. Ou eu voltava a ser índio – e no começo era muito legal porque comecei a pensar: "Eu vou voltar a ser índio e não vou usar paletó e gravata. O índio não usa isso. Vou andar pintado", ou então continuava seguindo o ritual da educação ocidental – educação no sentido de criação de uma consciência coletiva. O que é um índio? Muitos indígenas passaram por esse processo, e ainda passam, ao tentarem andar de calças jeans e ao mesmo tempo usar cocar. Então, cria-se um retrato sem definição concreta. Porque hoje em dia a gente sabe que a consciência que se tem é de respeito não só dos valores indígenas, mas também dos valores ocidentais.

É nesse momento que o Movimento Indígena entra na sua vida ou não?

É a partir desse momento. A primeira coisa foram alguns itens do Estatuto do Índio que a Funai não tinha costume de aplicar. Exemplo: estimular a formação de indígenas. Até hoje é assim. Mas, naquele tempo, nós lutamos por isso, porque estava escrito na lei que a Funai deveria patrocinar a educação indígena.

Nesse primeiro momento éramos quatro estudantes, depois, sete e, mais adiante, quinze, em Brasília. E aí formamos um time de futebol. Percebemos que durante a semana dos índios quem falava por nós eram os especialistas em índio ou o acadêmico, o antropólogo, o indianista, o indigenista etc. Isso fazia com que houvesse um grande risco de teorização do perfil do índio, caso se partisse da observação dessas pessoas. Então, quando nós aparecemos no cenário, usamos a arma do branco, que é o futebol. Nós fizemos um time de futebol, mas não tínhamos ainda ideias – tanto que não participamos da assembleia do Cimi, que ocorria em diversas regiões. Só tínhamos um conhecimento muito profundo dos direitos indígenas porque durante o jogo de futebol fazíamos um debate com os estudantes. Enfim, isso servia de exercício para que conhecêssemos as regras; líamos antes de ir aos debates.

Como a verdade que nós falávamos era uma verdade óbvia – como diz a música do Caetano –, bastava apenas que falássemos o que o Estado brasileiro tinha que fazer, o que a Funai tinha que fazer e o que nós tínhamos que fazer também. Então, a partir desse momento, surge a ideia – por isso foi importante termos aliados no meio dos jornalistas, como os religiosos (principalmente jesuítas) – da Igreja Católica, que compartilhava dos nossos pensamentos. Mas não tínhamos ideia de sermos comunistas, o que era muito comum à época: "Ah, esse pessoal é contra o Governo, é comunista!". Não tínhamos essa noção ideológica do homem branco, e sim apenas de nossos direitos. A partir daí surgiu um grupo de quinze índios, que não tinha comprometimento nem com a ditadura militar nem com a esquerda – que se escondia –, mas sim com essa visão. Então, apelidaram-nos de Movimento Indígena.

Você credita a esse momento o início do Movimento Indígena?

Considero que este tenha sido o primeiro movimento político. Por quê? Porque teve essa fase de interação, de debate, de intercâmbio com os estudantes universitários e do segundo grau das escolas aqui de Brasília e, também, com os acadêmicos, esses especialistas em índio. Eles ficaram surpresos por conhecermos bem a matéria que estávamos abordando.

Digo que a liderança indígena hoje não pode ser apenas denuncista, não pode só ficar com um discurso desse tipo, ela tem que saber do que está falando. Tem que ter a capacidade, inclusive, de propor alternativas.

Então nos consideraram parte de um novo momento, só que não éramos alunos ou criados por setores do indigenismo. Nunca participamos de nada. Assim, a Funai achava que estávamos ligado ao Cimi. Vamos dizer: a academia, a esquerda intelectual indigenista achava que éramos criação da ditadura que estava na Funai. Nós ficamos num fogo cruzado, sem saber exatamente por quê, e aí começamos então a agir.

O Governo brasileiro propiciou a transferência desse grupo – que seria um processo de conscientização da sociedade – num movimento político, porque foi quando o Governo brasileiro, o palácio do Planalto, o gabinete militar, o gabinete civil, principalmente um general chamado Golbery do Couto e Silva, escreveu um documento de caráter secreto para a Funai, recomendando a transferência desses quinze indígenas para suas terras originais e seus respectivos estados. Só que, antes deste documento chegar à Funai, caiu nas nossas mãos, de forma que pudemos preparar--nos. E até hoje não sabemos quem nos entregou o documento anônimo.

Então, lemos o documento antes de este chegar à Funai, e nos organizamos para nos defender. Coronéis chegaram ao nosso alojamento – que era patrocinado pela Funai – e disseram que tínhamos que mudar de Brasília, com ofícios e prometendo matrículas em escolas de regiões que eram por eles indicadas – no meu caso, por exemplo, eu já estava matriculado na faculdade. Fiquei, dessa forma, matriculado na Faculdade Católica de Brasília e na Faculdade Católica de Campo Grande. Então, sugeri aos demais parentes que não abríssemos mão de nosso projeto. Mas a pressão era muito grande e, principalmente, a promessa de emprego. Assim, metade do grupo aceitou e a outra metade ficou. Essa outra metade – me lembro de Idjarruri Karajá e do Paulinho Bororo – ficou firme – inclusive o Estêvão Taukane e alguns outros Terenas, o Carlos Terena mesmo.

Foi aí que pensamos: "Não vamos embora, não, e se for o caso abrimos mão das benesses da Funai", o que era uma coisa pequena, apesar de ser legal – de obrigação legal. E então nós questionamos o porquê da expulsão. Sob qual ponto de vista isso poderia ser feito? Da Constituição brasileira, do Estatuto do Índio, da Convenção 107 de Genebra?... Quando questionei sobre a lei, a Funai se assustou, porque não estava preparada para esse tipo de debate, e até hoje o sistema estatal não está preparado para o debate de confronto intelectual, acadêmico, com relação ao processo do Estado brasileiro e das populações indígenas.

A partir daí, o que era um time de futebol, que chamamos União das Nações Indígenas, virou o primeiro movimento. Não havia organização indígena naquele tempo e também a UNI nunca foi uma organização indígena, porque achávamos perigoso. E então nós chamamos de movimento, Movimento Indígena. E este movimento virou uma bandeira inclusive da esquerda, que hoje está no poder, e através desse movimento da UNI começamos a desmontar toda a resistência militar com relação à questão ambiental, ao direito de falar, nos debates que fazíamos. E chamo de movimento porque tinha o cacique Mário Juruna, o próprio Angelo Kretã, no sul do país. Mas o Juruna ficou mais em evidência porque ele era um cacique Xavante, e tinha o dom da palavra. Assim, ele se juntou a nós.

Então a UNI foi caminhando até chegar a uma reunião em São Paulo, uma reunião da ABA, em que fomos convidados e lá, com 81 representantes, o que era considerado bastante naquela época, de uma hora para outra alguém disse: "Vamos eleger um presidente para essa União das Nações Indígenas".

Queria lembrar também que um dos fatores que motivou o Governo militar a nos expulsar de Brasília foi a palavra "Nações", que não sabíamos que não podia ser usada. Nação era só uma, a nação brasileira, e foi esta a motivação de nossa expulsão de Brasília, o que acabou não acontecendo.

Então, em São Paulo, já em 1981, nós nos separamos das reuniões da ABA, entramos numa sala, fechamos a porta e fizemos uma votação. Fiquei em primeiro lugar – não me lembro quantos votos recebi –, em segundo, ficara o Álvaro Tucano e o terceiro era um índio Miranha, lá de Tefé, chamado Lino. Nunca mais o vi. E toda a sociedade e a organização social, como os trabalhadores, os religiosos, os artistas, nesse momento se juntaram ao movimento. Por isso digo que nós nunca percebemos a nossa capacidade política naquele momento: criar uma instância. Não tínhamos esta perspectiva. Eu, pessoalmente, não tinha a percepção do que estava acontecendo. O próprio presidente Lula esteve lá no encerramento da nossa reunião e, a partir daí, então, surgiu a UNI, com a tarefa de congregar aqueles que quisessem participar da luta pelo direito indígena, que tinha como ponto principal, neste período, a demarcação das terras.

Quais seus medos e receios?

Bom, sempre fui uma pessoa que dividiu as coisas com os colegas. Eu me lembro inclusive que, naquele ano de 1981, a liderança do PT, que tinha dois ou três deputados, ofereceu uma sala para a UNI e me convidou a fazer esse trabalho, para construir um processo dentro do partido, apesar de eu não ser do PT nesse período. Então, eu recebia 300 reais por mês, que repartia com um colega Xavante, um colega Karajá, que também não tinha dinheiro nem emprego. Eu repartia meu salário com eles.

Com isso, equilibrávamos as responsabilidades. O medo que tínhamos era de ser sabotado pelos militares, como eles faziam conosco, quando saíamos dos quartos; sempre deixávamos um sinal nos armários, por exemplo, então, se alguém mexesse, logo saberíamos. Sempre tínhamos mesmo assim as nossas coisas vasculhadas, mexidas. Tanto que todos os números de telefones que tínhamos eram invertidos, ou então não usávamos a mesma sequência. Tudo isso aprendemos entre nós mesmos, e o medo maior era exatamente esse. Era cansativo, porque havia muita pressão. E você tinha que aguentar essa pressão e o medo. Mas isso não era nossa maior prioridade.

Visão de futuro.

Isso aí foi também interessante porque, quando começamos – de certa forma, até mesmo sem querer –, houve uma aglutinação em cima de nós, e a visão de futuro era a seguinte: vamos demarcar as terras indígenas; vamos lutar pela demarcação das terras, e quem fazia isso muito bem eram os Xavantes; lutar pela terra e, ao mesmo tempo, desmoralizar a presidência da Funai, que era coordenada pelos militares, como estou falando. Por quê? Porque com isso achávamos que estaríamos possibilitando a entrada de companheiros, antropólogos, intelectuais do indigenismo nos cargos chaves da Funai. Não nós, mas os brancos, que chamávamos de branco devido ao princípio da ideia da terra – era a ideia do grande éden, onde os indígenas teriam assegurados seus territórios e ali então poderiam continuar mantendo a sua característica social, econômica.

Não havia ainda naquele tempo o pensamento de proteção ambiental, mas achávamos que cada povo indígena finalmente iria chegar em sua comunidade, iria ter paz, tranquilidade, e não correria o risco de, através do paternalismo, como estava ocorrendo, ser transformado em pobre. Isso foi um erro, porque era um pensamento nosso, aqui da cidade. E aquele cacique que lutava por sua terra não tinha a responsabilidade de partilhar isso conosco e nem nós com ele. Era um sonho nosso, um sonho de futuro. Mas nos esquecemos da interferência dos madeireiros, do surgimento de novos municípios, da interferência até mesmo do próprio indigenismo, da Funai, das ONGs e, também, da própria autodeterminação de cada comunidade ou de seus membros de irem buscar alternativas de vida que não estavam dentro do planejado.

Isso aconteceu quando tínhamos uma aliança muito forte com os artistas e atores, equipes de televisão, cantores. Foi muito complicado explicar para eles o fato de determinado povo, depois de lutar tanto pelas terras deles, passarem a vender madeira na região do Pará. Como explicar isso para os intelectuais, como dizer que se haviam corrompido.

Achávamos que isso não fosse acontecer, mas era na verdade ingenuidade nossa. No entanto, de toda maneira, não conseguimos nesse período demarcar muitas terras indígenas. A última – inclusive dessa participação que já não tinha a ver com o primeiro movimento, mas com os indígenas que dela fizeram parte –, foi exatamente o parque indígena Yanomami, quando – nunca falamos disso – o Fernando Collor de Mello me chamou para uma conversa e eu fui com outros quatro guerreiros. Não quis ir sozinho falar com ele, como disse antes, sempre reparti as coisas – então ficamos duas horas e vinte minutos conversando com o Fernando Collor, explicando o papel dele na Rio-92.[26] Fizemos ele ver que era importante demarcar a terra dos Yanomami.

Não sei se contribuímos – acredito que sim – com a demarcação de uma área tão complicada, uma área fronteiriça com a Venezuela, e havia uma campanha muito grande, especialmente dos militares, contra a demarcação desse território. Acho que esse movimento teve um papel muito importante, e hoje está muito distante do plano estratégico de uma organização indígena, aliás, muitas organizações indígenas não têm um plano estratégico para seu fortalecimento como organização indígena.

Hoje é o futuro de ontem. Avaliação da caminhada.

Olha, creio que fomos muito usados pelo sistema político brasileiro, pois não conquistamos nada em termos de valor, de representação política. Alguém pode dizer: "Nesse período, o Mário Juruna virou deputado". Mas o Mário Juruna virou deputado por uma circunstância partidária, política, local. Elegeu-se pelo Rio de Janeiro, com a onda que

---

[26] A ECO-92, Rio-92, Cúpula ou Cimeira da Terra, são nomes pelos quais é mais conhecida a Conferência das Nações Unidas para o Meio Ambiente e o Desenvolvimento (CNUMAD), realizada entre 3 e 14 de junho de 1992, no Rio de Janeiro. O seu objetivo principal era buscar meios de conciliar o desenvolvimento socioeconômico com a conservação e proteção dos ecossistemas da Terra.

chamamos de brizolismo, que foi quando o Brizola elegeu o Agnaldo Timóteo, Carlos Imperial e um outro índio também, que foi merecedor inclusive. Mas, para você ter uma ideia, o Mário Juruna não conseguiu se reeleger na própria cidade que o elegeu, por isso consideramos que houve um determinado momento que não fez parte da construção do movimento. Nós fomos atropelados por este processo, tanto que até hoje não tivemos mais nenhum índio como deputado federal ou estadual, ou seja, o Movimento Indígena, este do qual nós participamos, não teve tempo de trabalhar seu fortalecimento em relação ao Estado brasileiro, à sociedade brasileira, como parte de um processo que o homem branco chama de democracia.

A democracia do homem branco não se aplicou aos povos indígenas, nem mesmo na constituinte, que era uma Assembleia Nacional Constituinte, conseguimos ter uma representação. Então, é a única constituição do mundo que não teve a participação dos povos originários.

Agora, do ponto de vista da dimensão histórica, creio que neste trabalho que você está fazendo nós precisamos contar, por exemplo, que ajudamos a levantar o Movimento Sindical. Eu mesmo, pessoalmente, levei o Lula para uma reunião com os árabes para buscar recursos para organizar o partido do Lula, do qual nós não fazíamos parte, que era o PT. Houve alguma compensação por isso? Houve um comprometimento diante dessa parceria? É por isso que digo que a democracia não foi aplicada aos indígenas.

A conquista que podemos levar em consideração tem a ver com o impulso indígena diante da resistência, com seu espírito de corpo, seu coletivismo. E esse movimento tinha um outro detalhe interessante, pois não era um grupo visível, mas havia uma causa visível. Estou lembrando que, por exemplo, quando teve a revolta dos Txucarramães e todo o parque do Xingu se rebelou – tem até uma música do João Nogueira chamada Xingu –, fomos chamados como negociadores entre o Governo e os indígenas. Então, todos os acordos foram feitos com o general chamado Danilo Venturini; um coronel chamado Mario Andreazza, que era Ministro do Interior; e um civil chamado Leitão de Abreu, que era chefe de gabinete do então presidente Figueiredo. Assim, conseguimos fazer a demarcação da terra dos Txucarramãe, como os indígenas queriam.

Aí aconteceu algo que foi uma surpresa para nós, porque o ministro disse: "Vou trocar o presidente da Funai" (que era um rapaz chamado Jurandir Marques da Fonseca, filho de um indigenista). E, então, o Mario Andreazza (o coronel Mario Andreazza, ministro do interior) disse: "Só que quero que você coloque dois índios na sua equipe. Um ficará como seu chefe de gabinete, para orientá-lo, e o outro ficará, lá onde teve a confusão no parque do Xingu, como diretor do parque".

Foi – vamos dizer assim – uma circunstância do acordo político anterior? Não. Foi base de pressão do Movimento Indígena. E teve outra coisa, fui chefe de gabinete indicado pelos indígenas e pelo ministro e o presidente da Funai, que provavelmente tinha seu pacote de preferências. Ele não tinha previsto que – apesar de termos feito todo o movimento para derrubar o presidente anterior – não éramos parte do acordo dele com o seu grupo, entendeu a diferença? Isso que aconteceu ao longo do tempo. Você elegia um antropólogo, apoiava um sertanista, e na hora de repartir os cargos os índios não tinham vez, entendeu?

Por isso digo que um processo – sempre falo isso – não deve partir de um abaixo-assinado, ou então do envio de uma carta ao presidente, isso não funciona no mundo do branco. Então, a arma do índio – falo muito isso para as organizações indígenas hoje – é a sua cultura, a sua tradição, e não o *banner*, a camiseta, o boné. Isso aí é o movimento do branco.

Quero até falar uma coisa do ponto de vista espiritual: quando o Movimento Indígena busca esse recurso, a força indígena, espiritual, se afasta, porque isso é algo que não faz parte da luta espiritual indígena. E ficamos sem força, porque a força de um cartaz não faz parte da nossa linguagem. Agora, a questão cultural, espiritual faz parte da linguagem indígena.

Dessa forma, hoje em dia continuo achando que este primeiro movimento cumpriu a parte dele, que foi a demarcação da terra e a visibilidade. E tem mais um detalhe que ninguém comenta: nós ajudamos a mudar, aliás, a construir a democracia brasileira. O Mário Juruna chamou o Delfim Neto de ladrão e quase perdeu o mandato, mas todos os intelectuais, todos os movimentos de esquerda bateram palmas para ele. Mário Juruna detonou a candidatura do Paulo Maluf. E novamente todo mundo bateu palmas para ele. Mas, quando chegou a época da eleição, não conseguiu se reeleger.

Valeu a pena?

Não tenho peso de consciência de ter deixado de fazer isso ou aquilo. Não fico choramigando: "Pô, podia ter feito isso, deixei de fazer aquilo". Não tenho esse costume.

Acho que uma coisa que não conseguimos fazer – vejo isso como algo perigoso, agora no novo século – foi formar novas lideranças. Porque hoje em dia a demarcação de terra já não pode ser uma bandeira indígena. A demarcação da terra vai estar concluída daqui a pouco e, então, qual vai ser a luta do índio? Porque houve uma dispersão com a jogada do homem branco de pulverizar a luta dos índios. Com relação à saúde, por exemplo, não se vai brigar mais com a Funai, com relação à educação, também não se vai brigar com a Funai, mas com o MEC, a Funasa. É outra coisa que esquecemos de construir.

Mas acho que ainda está em tempo de obrigar o Estado brasileiro, o próprio poder legislativo, a escrever a lei dos direitos indígenas, com base na constituição de 1988, que foi uma conquista indígena. Ou seja, não podemos viver com uma lei de 1973, que considera o índio incapaz. E por outro lado, a gente precisa construir um processo de representação política para os povos indígenas. Esse termo representação é outra armadilha que o homem branco jogou para os índios, ou seja, de achar que um índio fala por outro. Isso não é verdade. Aprendi isso com esse meu costume de sempre chamar outro parente da região, o que é justamente para desarmar essa ideia de que se é um grande líder. Uma vez me convidaram para falar o que eu achava do comandante Marcos, lá do México. Eu falei: "Isso não se aplica no Brasil". Muitos índios ficaram bravos comigo, além de intelectuais também. Nós não vamos ter um mártir, um herói indígena no Brasil, porque não é uma tradição indígena. É essa a riqueza que eu acho que agora não existe mais no Movimento Indígena. Mas as organizações indígenas precisam trabalhar; uma organização indígena temática, mas com as mesmas regras de compartilhamento de objetivos comuns. Uma coisa que ajudou muito o Movimento Indígena em 1980 foi o objetivo comum. O que era? Era a terra. Toda aldeia, toda comunidade tinha vontade de ter a terra demarcada... Isso era relativamente fácil. Mas hoje em dia quase não se consegue mais fazer isso.

Avaliação dos parceiros

Uma coisa que aprendi no Movimento Indígena é que o parceiro de confiança é a causa indígena. Se você tem uma causa definida, um objetivo definido, irá juntar parceiros circunstanciais, parceiros em função daquela causa. Ela não é constante.

Por isso que eu disse que o Movimento Indígena foi usado, ou que às vezes fomos mesmo traídos. Por quê? Porque há outra fase, que é essa que eu reclamo dos movimentos indígenas, que hoje chamamos de empoderamento. Então, o sistema não permite o empoderamento. Veja, por exemplo, a Funai, que é o único sistema estatal que cuida da questão indígena no Brasil. Nunca conseguimos colocar um índio na presidência da Funai. E é engraçado quando vem um indigenista, uma sertanista, um antropólogo... O sistema trabalha muito essa coisa: "Ah, ele era amigo dos índios, trabalhou com o índio tal"; a pessoa se credencia, não vou dizer de maneira falsa, mas de maneira dissimulada, para que se possa dizer: "Olha, esse cara está credenciado para representar os indígenas perante o Estado". E isso também faz com que o índio que poderia assumir essa função pense: "É verdade. Ainda não chegou a minha vez". Então a pergunta é a seguinte: "Quando vai chegar a vez do índio no empoderamento individual para o bem comum?".

Esse é um detalhe muito importante também. Quando queremos indicar um índio para ser representante na ADR da Funai ou para a própria presidência, alguém logo diz: "Vamos consultar os índios". Agora, quando é um intelectual, um indigenista, um antropólogo ou um acadêmico, enfim, ninguém fala "Vamos consultar os índios"... Então, essa é a grande armadilha – eu sempre chamo isso de armadilha, e não de usar o índio.

No entanto, quando é preciso – e vejo isso acontecer muito no debate internacional sobre áreas protegidas –, pegam 14% do território brasileiro que pertence aos indígenas e, da noite para o dia, querem transformar isso em área protegida, sendo que o Brasil nunca se preocupou em criar área protegida. Na verdade, não foram eles que criaram isso, mas sim a cultura, a tradição indígena que elaborou um sistema em que é preciso que o homem branco crie sua área protegida e não use as terras indígenas para dizer "Olha, estamos protegendo 14% do território brasileiro".

Então, vejo que esse Movimento Indígena nunca mais vai se repetir. Porque não há um ideal, e essa falta de ideal não é uma questão exclusiva dos índios. Não há um ideal estudantil, não há um ideal trabalhista, não há mais um ideal ecológico, porque a forma de trabalhar estas questões mudou.

Hoje um indígena quer entrar na universidade, mas ele não debate como quer fazer isso, porque o homem branco se antecipou a essa demanda e criou o acesso diferenciado, que é uma forma de manipulação. Isso precisa ser debatido. Por quê? Porque o índio que entra na universidade não precisa se comprometer com a conquista. Esta conquista, na verdade, não é uma conquista, mas uma doação do homem branco para determinados indígenas. No entanto, na aldeia, na comunidade indígena, tudo tem que ser conquistado. No circuito indígena, se você não caçar, não come. E aí, o que acontece agora? Agora há a cesta básica. Então, o índio não precisa mais caçar, porque ele recebe a cesta básica de graça, que é oferecida pelo Estado brasileiro. Precisamos saber diferenciar essas situações.

O caráter educativo do Movimento Indígena.

São dois momentos que gostaria de abordar. No primeiro momento não havia nada, apenas o sistema paternalista. Por isso que considero como início do movimento a abertura da cabeça dos líderes, para que não viessem aqui ganhar cobertor, sandálias, calção... Eles passaram a lutar por direitos concretos que iriam beneficiar suas aldeias, que é a terra, e junto com a terra veio também o pacote de desenvolvimento agrícola. Era uma forma de gerar sustentabilidade. E muita coisa aconteceu...

Outra questão de análise é se os investimentos foram produtivos. Como era um investimento sem fins lucrativos, o que é outra armadilha, você não precisava medir se era positivo ou não. Era um fundo perdido... Para o índio era um fundo perdido. E não pode ser assim. Daí a importância também – e por isso que falo – de sermos vistos, no Brasil, como primeiras nações, e isso não é um privilégio exclusivo dos índios. O Brasil do século XXI depende – o mundo moderno inclusive – muito dos valores indígenas ainda existentes, como, por exemplo, no caso dos 14% de territórios de que falei. E também dos saberes indígenas com respeito às mudanças climáticas. Assim, voltamos a abordar a questão ecológica sob outro patamar, que não é mais a ecologia voltada só à amazônica, à preservação do mato, dos animais, dos índios, mas que abrange também os centros urbanos, os lixos, a qualidade da água. Enfim, creio que conseguimos fazer isso. Dou como exemplo Brasília. Quando chegamos aqui, Brasília era um gramado. Aqui há um lugar em que nascem três bacias: Paraná, Amazônia e Paraguai. Então, mostramos a importância de cuidar da água, e isso virou um debate atual. Querem construir um centro urbano em cima da área onde há uma mina de água.[27] E lá existem algumas famílias indígenas morando. Se não fossem os indígenas, o homem branco viveria em função de uma vida reduzida a um apartamento onde ele pudesse morar.

Outra questão de conscientização nesses anos todos foi exatamente no sentido de despertar no brasileiro – coisa que, inclusive, vivi, e isso valeu para os indígenas – o direito de buscar uma identidade. Então, muita gente que tinha vergonha de ser índio começou a querer resgatar sua história. Isso foi muito enriquecedor. Por isso que o IBGE diz que tem um milhão de índios. Só que 500 mil moram na aldeia, enquanto os outros 500 mil estão nas periferias das cidades, já se afirmando como índios.

Outra questão é exatamente o fato de não conseguirmos eleger nenhum representante para a Assembleia Nacional Constituinte. Precisamos formar o nosso *lobby* para que não percamos todos os nossos direitos. E aí vem outro exercício da capacidade indígena de fazer *lobby*, segundo sua tradição e costumes – espirituais e culturais –, o que é diferente da capacidade e inteligência indígena de saber usar essa força, aparentemente invisível, perante o homem branco que não conhece essa matéria. Esse foi um dos segredos de termos um capítulo inteiro na atual Constituição brasileira. A partir daí, acabou a constituição, e começou o *boom* das ONGs. Cada grupo formou uma ONG, porque foi estimulado exatamente pelo atual modelo das ONGs típicas ocidentais.

Desse momento em diante, de 1988 para cá, há uma aparente correria, no sentido de saber "onde é que vou amarrar meu cavalo", como costumamos falar. Então, tem início a ideia de representação política. Os índios começam a entrar nos partidos políticos, não de forma

---

[27] Marcos refere-se ao Santuário dos Pajés, aldeia localizada em Brasília e que foi sendo organizada pelos indígenas que ajudaram na construção da capital. Há um projeto capitaneado por Paulo Octavio – empreiteiro e ex-vice-governador – para remoção da aldeia e posterior construção de condomínio de luxo.

ideológica, mas de acordo com as circunstâncias regionais. Hoje temos vários vereadores, prefeitos, vice-prefeitos, em diversos partidos. Por quê? Porque quem está no poder é que delibera determinada assistência aos índios. Então, passamos pela presidência de Fernando Collor e, também, de Fernando Henrique Cardoso, considerado doutor da sociologia, e este não criou uma política de Estado para os povos indígenas, apesar de ter ficado oito anos. Mas, com a chegada do Lula, havia uma grande expectativa, já que ele fez um acordo com uma determinada organização indígena da Amazônia brasileira em que prometia cumprir determinados aspectos do fortalecimento, do empoderamento indígena.

Terminaram os oito anos de mandato e ele não cumpriu esse acordo, inclusive um acordo mais de companheiros que de papel. E, então, percebemos que esse processo de ideologia política não passa pelo partido. Hoje vemos que não é preciso ser de esquerda ou de direita, porque os dois sistemas não têm compromisso com os indígenas. Esquerda ou direita, centrão, o que quer que seja. A importância do fortalecimento do Movimento Indígena está justamente no sistema de capacitação das lideranças. Hoje temos a questão da mudança climática. Quem é que fala disso nas organizações indígenas? É muito difícil encontrar um índio que entenda disso. Com respeito à questão do desenvolvimento sustentável: há algum índio economista trabalhando nisso? Não. E com relação à representação da mulher indígena, qual o modelo que se quer adotar: o das tradições ou o do movimento feminista; a juventude, por exemplo, que é o néctar do processo educativo, tem direito a cotas na universidade ou deveríamos instrumentalizá-la para ser um guerreiro – que é uma ideia que eu defendo –, a fim de que lute de igual para igual com o pobre, com o negro e com o próprio branco, para alçar com dignidade a estrutura universitária? E no campo educacional temos também que preparar os formadores da juventude, ou seja, não podemos trabalhar – quando penso no sistema educativo – só com estudantes, mas com a intelectualidade, a academia também. A academia é muito conservadora, ela não tem parâmetros no campo dos direitos, no campo da antropologia, no campo da sociologia, no campo da educação. Não têm parâmetros da perspectiva indígena. Por que não têm? Porque nunca o indígena foi lá propor isso para eles, de igual para igual. E a outra parte também é importante e exatamente – há uma lei a esse respeito – a criação da perspectiva indígena no currículo escolar. Você vê que temos uma escola que conta a história do Brasil. Quando estudei o ginasial, sabia muito mais sobre a história dos EUA, da França, sobre Napoleão Bonaparte, Frank Roosevelt e coisas assim. E quem fala do Touro Sentado? Quem conta essa história do Mário Juruna? Então, nós, como indígenas, temos que abordar esses pontos para que o Movimento Indígena seja "reciclado" e não perca suas conquistas.

O Movimento Indígena tem que existir, mas não acoplado ao mesmo processo de paternalismo praticado em nossas aldeias através de subvenção. Ou seja, uma coisa que sempre defendo nessa relação com o Estado, na busca dos direitos, é a soberania dos índios – soberania no sentido de dignidade. O que vale não é apenas o fato de o indivíduo ser índio. Antes de tudo ele representa um povo soberano, digno e que constituiu as primeiras nações do Brasil. Se conseguirmos criar esse olhar diferenciado sobre nossa gente, creio que seremos tratados com mais respeito.

O que você acha de sua atuação como líder, como representante ou simplesmente como cidadão brasileiro? O que isso representou para você e para sua própria identidade?

Hoje tenho tranquilidade. É difícil percebemos isso em nós mesmos, mas vejo que passei da fase idealista, da fase operacional – estou falando disso dentro da atuação e tendo como parâmetro a Funai, que é a agência do Estado brasileiro. Um dia fui chefe de gabinete, e hoje a chefia do gabinete da Funai voltou para as mãos do homem branco. Hoje não tenho compromisso, não tenho grandes sonhos para daqui a dez anos. Quando estava com 30 anos, podia dizer, ainda tenho 10, 20 anos pela frente. Agora, vejo que meu compromisso é exatamente com base na minha experiência. Eu convivi com muitas aldeias, durante minha vida, e também com muita gente intelectual, do sistema acadêmico.

O sistema acadêmico indigenista, que é algo vantajoso para os indígenas, não progrediu. Preferiu ficar com a imagem do índio ideal. Acontece que eles se incorporaram ao sistema de poder, no sistema oficial, para gerar, ou melhor, para continuar gerando este sistema do índio ideal e para isso perdurar. Então, hoje, minha ideia é exatamente a de gerar não mais um Movimento Indígena – a não ser que o Movimento Indígena gere essas coisas que falei –, mas como pessoa de opinião, quer dizer, que sabe e tem uma porção de experiência e que é possível construir em termos de Brasil.

Hoje tem muito índio brasileiro que fala no Banco Mundial, no Banco Interamericano, nas Nações Unidas. E fala com conhecimento profundo, intelectual e tradicional. No entanto, não consegue frequentar uma mesa de construção de uma plataforma política aqui no Brasil. Dessa maneira, e apesar de tudo, todos esses movimentos têm uma coisa que não podemos perder de vista: o preconceito. Então, se o sistema educativo na formação do índio, na formação da sociedade brasileira não tiver um parâmetro, há o risco do preconceito; se descartarmos isso, vamos gerar um grupo de intelectuais indígenas cheio de preconceito contra o índio tradicional, porque a construção é essa aí, de divisão. No entanto, a construção indígena é compositiva, ela compõe. Acredito, sim, que o debate educacional tem que partir desse princípio.

Você é um pessimista?

Não. Eu acredito no seguinte: que o indígena – vejo isso de fora para dentro – é uma esperança do mundo moderno. Uma coisa que o homem branco não percebe é que o índio está usando a inteligência a fim de adentrar no sistema tecnológico, para proteger seus direitos, suas tradições. E – aí vem a esperança – usa isso como ferramenta para equilibrar a diversidade. Houve um tempo em que guerreávamos, hoje vejo que convivemos. O importante é o índio não pensar que vai congregar todos os indígenas, como faz um sindicato. Não acredito nisso. De verdade mesmo. Nunca acreditei e não acredito que vá existir uma central única dos povos indígenas. Pode existir, mas ela não vai ser representativa, no sentido de quando se fala que um índio não representa outro.

Partido indígena?

O partido indígena segue isso que falei do objetivo X. Se o partido é indígena, ele não pode ser... – darei como exemplo o futebol étnico. O futebol é uma coisa só, é determinado por regras feitas pela FIFA. Todo mundo que quiser ser jogador de futebol tem que se submeter a estas regras. Daí não poder ser um futebol étnico. O negro, por exemplo, na África participa do campeonato mundial, segue as regras da FIFA, assim como os alemães. Então, no que diz respeito aos indígenas, um partido político teria que seguir as regras da política ocidental. Ele vai ser formado só por índio, por exemplo? Só índio iria fazer parte dele? Por outro lado, é uma possibilidade de existir uma plataforma indígena.

Assim também penso com relação à universidade indígena. Como há uma universidade militar, sonho que um dia possamos ter uma universidade indígena.

Capítulo 2
Militância e memória

2.1. PRÓLOGO

Prezados parentes indígenas, como foi possível perceber, a trajetória do Movimento Indígena seguiu caminhos diversos, mas cada um dos que o começaram traziam em si razões peculiares que os encaminharam para a realização do que seria uma reação aos desmandos que vinham ocorrendo desde 1960 contra os índios.

Já disse anteriormente como este início se deu e como houve uma convergência em torno das demandas dos povos indígenas, o que inaugurou algo novo e que viria a se tornar o Movimento Indígena brasileiro.

Aqui retomarei alguns daqueles conceitos vistos anteriormente, para que possamos perceber as articulações, em níveis pessoais, as quais foram determinantes para a atuação dos índios enquanto líderes e enquanto indígenas em movimento.

Veja que já vem de longe todo o processo de expropriação a que os povos indígenas estão submetidos. Já fiz tal análise no primeiro capítulo deste livro, mas vale a pena sempre trazermos à tona a forma como isso vem sendo compreendido por aqueles que são os portadores do mal-estar dos povos tradicionais. Reforço aqui apenas para mostrar como a participação no movimento social por parte dos líderes indígenas foi importante para a criação de uma consciência histórica, o que lhes permitiu adentrar no cenário político e alcançar um patamar reivindicatório jamais visto em anos anteriores. Esta consciência passava pela descoberta da consciência de classe, sem se perder totalmente na leitura apenas marxista da realidade (VARESE, 1981, p. 119).

É importante que se diga que toda a ação do movimento é fruto de uma aprofundada visão do todo que esse grupo de jovens foi capaz de oferecer não se filiando tão somente a bandeiras de luta – o que foi motivo de rachas com o movimento da esquerda – de uma ou outra orientação ideológica, mas, sobretudo, tendo como pano de fundo e bandeira autêntica a sobrevivência dos povos e a proteção de seus direitos.

Este capítulo busca resgatar a participação de nossos testemunhos em todo este processo histórico, de modo que suas falas testemunhais possam ajudar-nos a montar um painel em que a memória e a militância sejam a estrutura para compreendermos os caminhos do Movimento Indígena.

Nesse sentido, Eliane Potiguara (2004, p. 44) nos lembra que

> O processo de colonização e neocolonização dos povos indígenas do Brasil os conduziu ao trabalho semiescravo, num regime de exploração causado pela intromissão de milhares de segmentos, tais como madeireiros, garimpeiros, latifundiários, mineradoras, caminheiros, empresários das hidrelétricas, rodovias, pistas de pouso etc. (...) As invasões trouxeram também distúrbios mentais, como a loucura, o alcoolismo, o suicídio, a violência interpessoal, afetando consideravelmente a autoestima dos seres humanos indígenas.

Esta visão histórica foi sendo alimentada em Potiguara, graças às participações em reuniões em que ia tomando parte com seu companheiro Taiguara, as quais ele "fazia dentro de casa, com os políticos, e eu fui aprofundando mais minha relação, tentando trabalhar a questão indígena... como estava a situação dos povos indígenas".

Ailton Krenak segue na mesma direção de Potiguara, quando diz: "não ingressei (no Movimento Indígena). Ajudei a inventar algo que não existia. Antes de 1960 não havia Movimento Indígena, pode pesquisar a literatura toda. Antes só existia Ajuricaba, rebeliões... Movimento Indígena é coisa de 1960 para cá".

É natural que entre os diversos entrevistados haja opiniões divergentes no que diz respeito aos objetivos pelos quais o Movimento Indígena fora criado, mas todos são unânimes em afirmar que havia certo incômodo na condução das políticas indigenistas e mesmo na forma como os parceiros compreendiam a luta pelos direitos indígenas.

2.2. INFLUÊNCIA RELIGIOSA E ESCOLARIDADE

A primeira questão que se coloca diz respeito à escolaridade de nossos entrevistados. Como foi possível notar, todos eles – com exceção do Krenak, que iniciou os estudos aos 17 anos – frequentaram a escola desde cedo. Também, com exceção de Eliane Potiguara, todos iniciaram a vida escolar dentro da aldeia. É interessante notar que Potiguara e Krenak estudaram fora da aldeia e não tiveram influência religiosa em sua formação, no que difere dos outros entrevistados, que foram motivados a estudar a partir do envolvimento com instituições religiosas. Os dois entrevistados Tukano não apenas estudaram com os salesianos[1] como alimentaram a perspectiva de serem sacerdotes católicos. Esta forte presença missionária salesiana na região do Alto Rio Negro sempre trouxe dificuldades para as populações indígenas ali presentes. Ao menos é o que se pode inferir a partir da fala de nossos dois entrevistados e da literatura antropológica produzida naquela região. Caiuby Novaes (2004, pp. 139-40) diz que

> Antes de se estabelecerem em Mato Grosso, os missionários salesianos já tinham uma imagem muito precisa das sociedades em que pretendiam atuar. Trata-se, efetivamente, de uma representação, de uma imagem construída a partir de várias fontes: as ideias vigentes nos finais do século XIX, a "missão" de que se investia a Igreja católica neste período e as ideias específicas difundidas a partir da obra de Dom Bosco, em Turim, e, posteriormente, em outras cidades italianas.

Se este texto tem como foco a atuação salesiana no Mato Grosso, não fica muito a dever com relação ao desempenho deles no próprio Rio Negro. Ainda assim, é possível verificarmos que tanto Álvaro quanto Moura se mostraram pessoas críticas que, apesar da forte influência religiosa, mergulharam em suas próprias origens ancestrais, o que lhes permitiu perceber os campos de possibilidades.

Álvaro, referindo-se à sua formação, diz que "o acesso à educação [em Taracuá] era muito limitado, porque nesses lugares onde passei

---

[1] A Congregação Religiosa Salesiana foi fundada, em 1859, por São João Bosco. Seu nome oficial é Pia Sociedade de São Francisco de Sales, nome dado em homenagem e este santo de quem Dom Bosco era devoto. Posteriormente passou a ser chamada de Salesiana. Os salesianos chegaram ao Brasil em 1888.

apenas repetia o que os missionários ditavam para educar e/ou 'amansar' os índios". Esta revolta foi se acumulando: "Não estávamos educando os nossos jovens para manter as nossas tradições. Eu não estava ensinando aos meus alunos o que meu avô queria, o que meu pai queria e o que meu povo queria".

Segundo Álvaro, foi nessa ocasião que ele começou a se posicionar contra os missionários, por causa dos maus-tratos dirigidos a velhos e curandeiros. Ele diz: "Nessa ocasião comecei a defender os curandeiros que resolviam os problemas de saúde nas comunidades, ao contrário daqueles pregadores da Bíblia". Para ele, esta revolta é fruto da educação que recebeu de seus antepassados, que ensinaram a "sermos desobedientes e a falarmos de nossas cerimônia, assim fomos treinados para ser desobedientes e para não seguir as regras dos missionários. Aprendi a ler e escrever no colégio para defender o que queríamos na aldeia".

Manoel Moura Tukano é ainda mais enfático em sua elaboração sobre essa atuação missionária. Para ele, o sistema educativo apregoado pelos missionários passava por um despreparo emocional. Ele diz que: "No colégio havia muitos missionários, e alguns eram nervosos e gritavam com os alunos. Estranhei bastante estes gritos raivosos, com olhar indignado. Eles levantavam os braços, quase batendo nas crianças... Tudo aquilo para mim era uma estranha novidade, com a qual eu não sabia lidar".

Moura expressa também sua indignação com a separação feita entre os estudantes de sexo masculino e feminino, o que desestruturava a organização social local. Álvaro também avaliava essa questão, quando dizia que:

> A grande insatisfação que os salesianos têm hoje é que eles não conseguiram dominar os nossos povos. Nenhum missionário católico conseguiu dominar o nosso povo porque sempre tínhamos as nossas diferenças. E nós criticamos os salesianos porque eles nos separaram de nossos pais. As meninas ficaram num canto e os homens no outro. Essa foi a história do internato em todas as missões salesianas.

Álvaro e Moura são unânimes em afirmar que a missão religiosa criou desestabilização naquela região, pois a inabilidade dos missionários em falar as diferentes línguas da região fez com que elas fossem proibidas, criando uma grande confusão na cabeça das crianças. Moura lembra que:

> Nenhum desses missionários falava e entendia a língua Tukano. Por isso, ficavam nervosos e achavam que os índios estavam pensando ou falando coisas negativas sobre eles. Então, começaram a proibir rigorosamente que se falasse a língua nativa. Quem falasse Tukano não poderia merendar, jogar futebol e nem participar de outras diversões. Diziam que eram línguas do diabo, línguas atrasadas que não serviam para nada.

Para esses dois indígenas rionegrinos, a escola teve um papel importante em suas vidas e no que iria acontecer posteriormente. Ambos creditam à escola o "molejo" no trato com as dificuldades políticas que surgiram. No entanto, também entendem que essa escola, tal como lhes foi apresentada pelos missionários, os desestimulou a continuarem, especialmente no momento em que passaram a questionar o *modus operandis* dos missionários que impediam seus parentes e a si mesmos de lutarem por seus direitos.

O término do segundo grau foi também para ambos o fim do sonho dos estudos. Manoel Moura ainda incursionou pelo Exército, onde aprendeu novos e importantes conhecimentos para sua carreira. Por outro lado, foi nesse mesmo lugar que teve de negar sua identidade indígena, por conta do preconceito de um superior. Posteriormente, ao solicitar uma bolsa de estudos para a Funai, ouviu de um superior: "Você não é mais índio, pois já está dominando muito bem a língua portuguesa, usa relógio e está muito bem trajado. Ajudamos somente o índio verdadeiro".

Álvaro viveu praticamente a mesma situação no que diz respeito aos estudos, tendo preferido abandonar tudo para dedicar-se ao conhecimento da realidade de outros povos indígenas. Segundo ele, foi quando conheceu essa realidade que se sentiu motivado para participar mais ativamente do Movimento Indígena. Ele diz que:

> Quando cheguei lá [São Luís do Maranhão] e vi os Guajajara em confronto com os católicos, com os fazendeiros, com a Polícia Federal, e mesmo com a Funai, que era expulsa pelos fazendeiros por estar demarcando terra indígena (...) lá que descobri que tinha índios. Aqueles

eram meus parentes e brigavam há mais tempo do que eu. Eles resistiam. Enquanto aqui, no Rio Negro, muita gente estava mais preocupada em "confessar" seus pecados no sábado ou carregar uma fita azul, se for mulher, para imitar a vida de Santa Maria Mazzarello na hora de comungar.

Fica latente na fala dos dois Tukano que houve um crescimento na maneira de lidar com o trabalho evangelizador na região norte, e podemos considerar isso parte importante do caráter educativo que era possível naquele momento histórico por eles vivido.

Embora não seja de meu interesse fazer uma análise apenas desse aspecto da atuação de nossos entrevistados, é importante lembrar que o trabalho missionário já foi palco das mais diferentes discussões e abordagens. Levando em consideração uma pequena amostragem da pesquisa científica, vale citar os trabalhos de Caiuby Novaes (2004) que tratam da presença salesiana entre os Bororo do Mato Grosso; Wright (1999 e 2004) organizou dois volumes com a participação de renomados estudiosos, cujo objetivo "era investigar a diversidade das relações históricas e atuais, forjadas entre as religiões indígenas e as organizações missionárias cristãs no Brasil". Nestes livros são trazidas à tona as mais diferentes abordagens, prevalecendo o aspecto nefasto do trabalho missionário.

Sob outros aspectos, mas buscando as mesmas reflexões, Paula Montero (2006) organizou um volume intitulado *Deus na aldeia*, que é "o resultado de um esforço coletivo de enfrentar, através do estudo da atividade missionária entre as populações indígenas no Brasil, os problemas da interculturalidade que esse tipo de relação impõe".

Certamente estas duas obras vêm fortalecer todas as manifestações que os dois Tukano apresentaram em sua análise sobre o papel missionário naquela região do Brasil.

É importante notar, ainda, que os dois entrevistados do povo Kurabakairi também tiveram passagem pela escola religiosa. Na fala deles, no entanto, é notório o fato de terem usado a instituição religiosa como trampolim para seus estudos. Ambos asseguraram que houve certa influência religiosa no seu processo educativo, mas garantem que não foi determinante para marcar sua atuação posteriormente, apesar de Carlos Taukane creditar a uma força superior o fato de aqueles líderes estarem reunidos naquele lugar e naquele momento. Diz ele:

[...] acho que foi esse o brotar do movimento. É por aí. Não foi tão ingênuo, não. Foi algo que começou assim, de maneira ingênua. Acho que se existe o Grande Espírito, Deus, Amot, ele conduziu os líderes que estavam ali a espontaneamente se encontraram ali. Acho que temos que ser um pouco místicos, acreditar nessas coisas. Fomos encaminhados por uma força superior.

Marcos Terena acredita ter vivido outra realidade quando começou os estudos. Disse que teria conseguido estudar, ainda que não houvesse a influência de instituições religiosas – evangélicas – dentro da terra de seu povo. Ele fala de uma influência circunstancial.

[...] mas ela não foi uma interferência direta na circunstância da educação, da obrigação de estudar. Era uma condição para você poder aprender a ler, escrever, acreditando que isso contribuiria para a melhoria da capacidade intelectual daquele indiozinho que era considerado mais inteligente que os outros, com a possibilidade inclusive de se formar na universidade.

Terena, refletindo sobre a influência religiosa na formação dos indígenas de sua geração, lembra que credencial religiosa era condição fundamental para prosseguir os estudos e, assim, também para conseguir a credencial acadêmica.

O que se pode perceber nas diferentes falas apresentadas é que as instituições religiosas foram presenças marcantes na vida destes primeiros líderes do Movimento Indígena, fortalecendo o que já se disse anteriormente sobre o papel das Igrejas no nascedouro político do movimento, especialmente pela realização das assembleias de chefes e caciques. É notório e não se pode negar esta presença, que revela uma marca importante nas ações políticas posteriores.

2.3. MOVIMENTO INDÍGENA

Todos os entrevistados foram unânimes em afirmar que o Movimento Indígena foi um momento único e importante, sendo que alguns entendem que esse movimento sempre foi uma realidade no Brasil: Álvaro lembra que ele sempre existiu; Potiguara diz que já nasceu dentro dele; Krenak o localiza historicamente após a década de 1960, e Darlene Taukane também o localiza historicamente, mas o coloca na década de 1980.

O que parece ser algo comum entre os depoimentos é o fato de que cada um deles ingressou na prática política após perceber que havia uma negação na trajetória histórica de seus povos. Moura fala, inclusive, que tinha como objetivo fazer os parentes indígenas "evoluírem, acabarem com o isolamento e se colocarem no sistema do conhecimento, altruísmo, expansão e entendimento. Víamos com os nossos próprios olhos que as nossas comunidades estavam numa situação caótica". Segundo ele, não havia nenhum interesse por parte do Governo de oferecer autonomia para os povos indígenas. Isso piorava ainda mais quando as lideranças passavam a questionar as ações do Governo, as quais desprezavam a sobrevivência física e cultural dos povos. A reação natural dos inimigos dos indígenas era procurar desqualificar a representatividade ou a capacidade intelectual que apresentavam. Terena conta que teve que assumir uma identidade diferente para poder ser aceito e estudar. Precisou até aceitar ser chamado de japonês para ter franquia no curso de piloto. Já vimos anteriormente que Moura também teve pedido de bolsa de estudo negado, por já "ser civilizado".

Carlos Taukane ingressou no movimento por considerar "a possibilidade de que o próprio índio um dia poderia estar gerenciando, poderia falar por si mesmo, enfim, tivesse autonomia, e que essa autonomia viesse de uma forma elaborada, e não de qualquer jeito".

Eliane se sentiu motivada a participar do movimento após ter circulado pelo Brasil e observado as péssimas condições das sociedades indígenas. Além disso, ela já trazia em si as marcas do sofrimento por que passara sua família, ao ter que sair do Nordeste para vir para o Rio de Janeiro. Portanto, sua consciência política foi sendo lapidada pela observação do sofrimento infringido às populações indígenas.

Darlene Taukane, a despeito de ser a mais nova entre os entrevistados, lembrou que sua consciência política pautou-se no fato de se perceber diferente quando se sentia oprimida pela obrigatoriedade de ter que mostrar para as outras alunas como era sua língua, como eram seus costumes na aldeia.

Então, tive que me refazer, me perguntar quem sou eu, me compor, me conscientizar de que era diferente das outras meninas do colégio e colocar em prática todos os ensinamentos que eu recebera lá na minha aldeia. Foi assim que comecei a me conscientizar pela primeira vez. E toda vez que cantava e dançava, eu percebia que reforçava a minha imagem e a minha identidade indígena perante os outros.

Terena atenta para o fato de que, no seu caso, assumir a identidade indígena e passar a fazer parte de um movimento político não foi consciente, mas algo que surgiu num rompante, num misto de saudade de casa e desejo de resgatar os valores da tradição indígena. Aliado ao fato de enfrentar o preconceito contra sua origem, Terena se viu na condição de ser tratado como um incompetente, pelo simples fato de ter nascido indígena. Essa indignação o encorajou a buscar outras informações a respeito de seus direitos enquanto cidadão.

Na mesma direção segue Krenak, quando afirma que entre as diferentes estratégias de luta estava a necessidade de "sobreviver à ditadura militar, ao genocídio, à aniquilação total das famílias indígenas, ao racismo e preconceito bruto: índio bom é índio morto!".

Como podemos perceber pela fala desses nossos parentes, o Movimento Indígena, tal como foi gestado, funcionou também como uma válvula de escape, capaz de absorver as inquietações, revoltas e indignações contidas nos corpos e espíritos destes primeiros guerreiros, provocando neles uma resposta criativa que surpreendeu o conjunto da sociedade brasileira, porque propunha uma inversão completa na visão positivista que até aquele momento a política indigenista havia desenvolvido. Estes líderes não falavam mais em desaparecer, mas em permanecer; falavam em autonomia, sustentabilidade; falavam em igualdade de condições, igualdade de direitos. Falavam em futuro.

2.4. VISÃO DE FUTURO

Já falamos anteriormente sobre a visão de futuro que permeia o imaginário dos povos indígenas. Na verdade, para muitos povos sequer existe uma palavra que tenha o mesmo sentido de futuro que o Ocidente lhe dá. São povos movidos pelo presente e pela sua urgência. São povos que desenvolveram a tradicionalidade como método de sobrevivência e que se baseiam numa cosmovisão de existência cuja ideia de futuro não se realiza pela produção e pelo acúmulo de produtos tal qual no Ocidente, mas por uma compreensão baseada numa estratégia de sobrevivência equacionada pela economia solidária, pelo poder compartilhado e pela educação para a liberdade. Portanto, pensar a autonomia dos povos indígenas seria, certamente, a melhor compreensão de futuro que estes líderes poderiam oferecer às suas sociedades.

É possível inferir tal afirmação da fala de Krenak, quando diz que "naquela época o futuro era, no máximo, o ano seguinte". E este ano seguinte de fato poderia não chegar, como não chegou para alguns líderes da primeira hora que foram assassinados nos mais diferentes estados brasileiros, por defenderem os direitos de seus povos.[2]

É natural que tais reações violentas contra os povos indígenas gerassem um clima de terror que amedrontava o conjunto dos aliados da causa indígena. Álvaro lembra que:

> [...] a nossa visão de longo prazo é que teríamos que nos unir mais. Tínhamos a esperança de que um dia aquelas pessoas que estiveram caladas e estudando em colégios diferentes – seja católico ou evangélico –, ou mesmo navegando ou embarcando nos barcos aqui, no caso da Amazônia, um dia teríamos o momento importante para rir e dizer ao Estado brasileiro que éramos índios diferentes, cidadãos brasileiros. Essa era a visão que eu tinha: como defender os índios do país através das organizações. Era minha expectativa. Queria organizar o movimento indígena e mostrar uma cara nova para o Brasil.

Carlos Taukane lembra que sua visão de futuro estava baseada num desejo de autonomia. Ele diz que "não iríamos admitir mais que alguém, outras pessoas, padres ou representações de estados falassem por nós. Nós é que iríamos decidir um futuro comum para os povos indígenas".

Darlene não fala de uma visão de futuro. Ela se percebe participando do futuro hoje, no momento em que esse futuro virou presente. E faz uma afirmação muito categórica, que mostra que considera sua atuação como

---

[2] Para lembrar alguns nomes: Angelo Kretã Kaingang: assassinado em 1980; Marçal Tupã Í Guarani: assassinado em 1983; Galdino de Jesus dos Santos Pataxó: assassinado em 1997; Xicão Xucuru, assassinado em 1998.

algo realmente digno. Diz ela: "penso que, se chegamos aqui e merecemos estar aqui, é porque os nossos antecedentes lutaram muito para que encontrássemos a natureza de forma equilibrada e harmoniosa". Ao mesmo tempo também faz uma previsão para o que irá acontecer com as novas gerações. Ela diz:

> Somos e seremos uma geração altamente dependente da cultura dos não indígenas, e isso não tem volta; dependentes desde os mais simples elementos culturais até os mais sofisticados; nossa interação está e estará cada vez mais se intensificando com os não indígenas e com os próprios indígenas; a nossa geração está conhecendo pessoas de fora das aldeias e, por isso, haverá muitos casamentos interétnicos.

Este olhar que Darlene nos traz faz eco à fala de Potiguara, que, como Krenak, acreditava numa visão de futuro baseada no presente. Ela se diz filha do tempo, pois "minha visão de futuro para aquele momento é que queríamos igualdade social para todos, desejávamos que todos fossem iguais. Essa era a mentalidade daquela época, mas isso precisava ser construído. Éramos muito românticos. Tínhamos uma visão romântica das coisas".

Moura também afirma algo muito parecido com a visão de Potiguara. Ele tinha como ideia a construção de uma sociedade mais justa e igualitária para todos os povos, mas, ao mesmo tempo, entendia que isso só se daria com a participação nas riquezas do país, o acesso aos bens, à tecnologia, à educação de qualidade, "um Brasil com diversidade de cultura e com a sabedoria de cada povo colaborando para o crescimento de um país sem xenofobia, sem violência e sem arrogância".

Terena lembra que o interesse que o movia tinha a ver com a desestabilização do sistema político, que possibilitava a abertura democrática. Ao mesmo tempo, os povos indígenas poderiam ter suas terras demarcadas e a garantia de continuidade no futuro.

Como pudemos perceber, parentes, embora nossos entrevistados viessem de experiências de vida diferentes, acabaram alinhando um modo de pensar que possibilitou a convergência de interesses e visões de mundo que foram importantes pontos de apoio para o bom encaminhamento do nascente Movimento Indígena. Eles foram motivados pelo momento histórico que viviam e que lhes permitiu aglutinar forças sociais em torno do sonho de uma sobrevivência autônoma para todos os povos indígenas brasileiros. Nesse sentido, foi de fundamental importância as parcerias articuladas com segmentos da sociedade civil organizada. É o que veremos a seguir.

2.5. AVALIANDO AS PARCERIAS

Desde o começo da pesquisa encontramos referências muito positivas à atuação dos aliados do movimento social brasileiro. Está claro que, sem o apoio das entidades de classes ou das instituições religiosas, o Movimento Indígena não teria acontecido com a força e continuidade necessárias para fazer frente às suas demandas sociais.

É importante frisar também que esse grupo fundador do Movimento Indígena foi muito hábil ao utilizar o momento histórico em prol das reivindicações de seus povos e ao aglutinar as forças sociais para atuar a seu favor.

No entanto, parece-me que houve em momentos diferentes certos desconfortos ocasionados também pelas parcerias, especialmente quando os interesses ideológicos caminhavam por diferentes direções. Isso fica latente na fala de pesquisadores que costumam refletir sobre os caminhos do Movimento Indígena na década de 1980. Parecia que o movimento social desejava que os povos indígenas se desprendessem das amarras ideológicas e caminhassem para uma autonomia política, mas, na prática, havia conflitos de interesses de ambos os lados, o que provocava reações contundentes e contraditórias. Isso talvez advenha das diferentes versões para a compreensão da autonomia ou autodeterminação desejada por um grupo ou outro ou mesmo pela política oficial do Estado brasileiro, que até chegou a propor um projeto de autonomia para os povos indígenas e que foi rechaçado tanto pelo Movimento Indígena quanto pelo movimento social.

Krenak não fala em parcerias, mas em convergências políticas. Em sua percepção, tais convergências eram circunstanciais, serviam apenas para o momento, e poderiam se transformar no futuro em oposições. Assim ele se expressa:

> Hoje tem essa coisa de parceiros. Naquele tempo o que havia eram as convergências políticas, como é hoje na Bolívia. No futuro, no ano

seguinte, a gente podia estar formando o governo juntos com os sem-terra ou lutando contra eles em algum lugar.

Álvaro aproxima as instituições do Movimento Indígena, considerando também uma convergência de forças, mas é certeiro ao afirmar que a Igreja Católica, ao mesmo tempo que se aliava ao movimento social, "perseguia os líderes religiosos, tomando nossos instrumentos sagrados para fazer negócios com museus nacionais e internacionais". Também é crítico mordaz das organizações da sociedade civil que descartam os líderes que já eram instruídos e qualificados para assumirem posições de destaque no cenário nacional. Para ele, estas instituições continuam atuando com paternalismo:

> Interferindo e manipulando o Movimento Indígena, forçando os índios que aspiram à autonomia, a serem opositores. Não há dirigente indígena autêntico, que domine os conhecimentos tradicionais. Esse movimento se perde atualmente neste ponto.

Carlos Taukane vê muito positivamente a atuação dos parceiros do movimento desde seu nascedouro. Para ele, a presença das organizações parceiras deu suporte logístico e assessorias necessárias para que a voz dos povos indígenas pudesse ser ouvida nos órgãos federais. Valorizou também a atuação da Igreja Católica, assegurando que foi fundamental para o movimento. Atualizando sua percepção, ele diz:

> Só que agora verifico que essas parcerias devem estar assessorando, atuando especificamente nos projetos comuns, como de educação, eles devem continuar dando estrutura. Hoje não há mais a necessidade de atuarem na frente, e eles sabem disso também. Mas são importantes.

Sua fala lembra também que os povos indígenas têm necessidade desse acompanhamento por parte dos parceiros, para que se crie um pensamento autenticamente indígena, mas que seja livre de direcionamentos.

Potiguara acredita que os parceiros foram de grande importância para o Movimento Indígena, mas defende que eles não entenderam plenamente os caminhos da questão indígena, porque não compreendiam a complexidade que ela reunia por conta de suas especificidades. Ela lembra o modo generalizado como os povos indígenas eram percebidos pela sociedade brasileira, o que dificultava a ação do movimento. Lembra ainda que até os dias de hoje essa visão generalizada continua a influir na compreensão da luta indígena, impedindo avanços políticos significativos, o que é percebido pela ausência de setores ou departamentos específicos que tratem da temática indígena em órgãos governamentais. Recorda os avanços do movimento negro – e a criação de uma secretaria especial para este fim – e a ausência de políticas claras para os povos indígenas. Ela diz que

> [...] fomos muito felizes em todas as dificuldades, com a falta de dinheiro, com a falta de apoio; fomos muito felizes porque fincamos o pé e dissemos: nós somos diferentes, não fazemos parte de um movimento que pode caminhar com o movimento social como parceiros, pois temos nossas diferenças, e essas diferenças – lamento dizer –, com todo o avanço político que houve em nosso país, não foram consagradas oficialmente pelo Governo brasileiro, porque senão hoje teríamos até um departamento dentro da SEPPIR que contemplasse os povos indígenas.

Esta afirmação de Potiguara deixa claro o viés paternalista que ainda acompanha o pensamento indigenista oficial, que ainda não foi capaz de apresentar uma política clara e transparente em torno dessa questão. Ela, no entanto, fala também que as parcerias que o Movimento Indígena estabeleceu tinham um caráter ideológico muito confuso, o que não permitiu a criação de um perfil próprio do movimento. Chega até a vaticinar que isso ainda irá acontecer através da literatura indígena que já se apresenta e, especialmente, através da consciência das diferenças entre os povos. Chega a duvidar da eficácia de um movimento nacional, por conta dessas mesmas diferenças. Diz ela:

> o Movimento Indígena está em fase de construção, enquanto vários movimentos, justamente para contemplar as diferenças étnicas. Acredito ser muito difícil esse movimento se tornar nacional. Temos vários movimentos. Inclusive a literatura indígena é um movimento. Somos nós, os indígenas, em movimento.

Manoel Moura apresenta também um olhar bastante agradecido às instituições que apoiaram a causa indígena durante a década de 1970, lembrando especialmente as ações da Igreja Católica, que iniciou uma gama de apoios às lutas das classes trabalhadoras e "lembrou de apoiar os índios que estavam sendo dizimados pela construção de estradas de rodagens, que era projeto do Governo militar financiado pelo Banco Mundial". Recorda que a própria Igreja não entendia nada sobre as populações indígenas, e que o Governo brasileiro contava como certo o desaparecimento destas populações nativas.

Segundo Moura, foi justamente esse desconhecimento que possibilitou o surgimento de grupos de pessoas com o desejo de as defenderem contra o extermínio, que parecia ser o destino comum desses povos.

Dessa forma, os jovens acadêmicos de Manaus se solidarizaram com a questão dos povos indígenas e passaram a denunciar os descasos da Funai, que era conivente "com a invasão de garimpeiros e a situação de madeireiros nas áreas indígenas, problemas de militares na faixa de fronteiras, situação de pescadores e caçadores, depredadores nas áreas indígenas e demais situações dos índios da Amazônia".

Moura ainda lembra que o Cimi teve importante papel na mudança de orientação ideológica na atuação missionária, ao mesmo tempo que prestou relevante serviço na formação da consciência étnica entre os indígenas, o que possibilitou uma atuação mais qualificada nas lutas do movimento. Esta ação de mão dupla orquestrada pelo Cimi e pelo movimento social permitiu avanços consideráveis. Ele alerta, no entanto, para o fato de que muitas lideranças indígenas aprenderam o que há de pior na militância política: "Alguns querem aproveitar para ganhar lucro e, assim, tornam-se sujos, iguais a muitos políticos não índios". O mesmo reflete sobre as instituições não indígenas que "ainda não entenderam o índio, e há numerosos professores que não sabem nada sobre a questão indígena e que terminam seus cursos na universidade como mestres para elaborar projetos genocidas da hidrelétrica, de mineração, de segurança social e outros".

"Uma coisa que aprendi no Movimento Indígena é que o parceiro de confiança é a causa indígena." Esta é uma afirmação lapidar de Marcos Terena, que considera a clareza da causa a ser defendida como a única razão possível para "juntar parceiros circunstanciais, parceiros em função daquela causa".

Terena é enfático ao considerar que o Movimento Indígena chegou a ser traído pelos parceiros e pelo Governo brasileiro. Credita isso ao fato de que as populações indígenas ainda não alçaram nenhum degrau no sentido de serem protagonistas da política indigenista no aparato estatal. Diz que o "sistema não permite o empoderamento" do aparato e joga os indígenas contra si mesmos, desqualificando-os para exercerem a função. Segundo ele, isso se apresenta muito claramente quando se trata de escolher pessoas para ocupar cargos no executivo da Funai. A tendência é que o Governo escolha alguém de fora para mediar as relações entre os indígenas, desconsiderando, quase sempre, as demandas do próprio movimento, que se vê obrigado a credenciar um não indígena para o cargo em detrimento das pessoas qualificadas entre os indígenas. Ele questiona:

> Quando vai chegar a vez do índio no empoderamento individual para o bem comum? Esse é um detalhe muito importante também. Quando queremos indicar um índio para ser representante na ADR da Funai ou para a própria presidência, alguém logo diz: "Vamos consultar os índios". Agora, quando é um intelectual, um indigenista, um antropólogo ou um acadêmico, enfim, ninguém fala: "Vamos consultar os índios".

Terena lembra que convocar os parceiros foi uma estratégia do Movimento Indígena, porque havia no bojo de suas ações o desejo de

> desmoralizar a presidência da Funai, que era coordenada pelos militares. Por quê? Porque, com isso, achávamos que estaríamos possibilitando a entrada de companheiros, antropólogos, intelectuais do indigenismo nos cargos da Funai; não nós, mas os brancos, que chamávamos de branco com o princípio da ideia da terra; era a ideia do grande éden, onde os indígenas teriam assegurados seus territórios e ali então poderiam continuar cumprindo a sua característica social, econômica.

Percebam, parentes, que o pensamento de Terena é bastante crítico tanto com relação ao papel do Estado brasileiro quanto das organizações parceiras, e ainda mais com relação à atuação das próprias lideranças indígenas que se deixaram conduzir para ações que descaracterizavam o caráter coletivo das sociedades nativas. Faz uma leitura bastante contundente da atuação do Movimento Indígena, afirmando que houve utilização política, porque o resultado não foi o que se poderia esperar de melhor, uma vez que "não conquistamos nada em termos de valor, de representação política". Mesmo que considere a eleição de Mário Juruna a deputado federal como fato relevante, acrescenta que isso aconteceu

> por conta de uma circunstância partidária, local. Elegeu-se pelo Rio de Janeiro, com a onda que chamamos de brizolismo [...]. Mas, para se ter uma ideia, o Juruna não conseguiu se reeleger na própria cidade que o elegeu, ou seja, por isso que a gente considera que houve um determinado momento que não fez parte da construção do movimento. Nós fomos atropelados por esse processo, tanto que até hoje não tivemos nenhum índio como deputado federal ou estadual. Ou seja, o Movimento Indígena, este do qual participamos, não teve tempo de trabalhar o fortalecimento em relação ao Estado brasileiro, à sociedade brasileira, como parte de um processo que o homem branco chama de democracia. A democracia do homem branco não se aplicou aos povos indígenas. Nem mesmo na constituinte, que era uma Assembleia Nacional Constituinte, conseguimos uma representação.

Nota-se, portanto, que as falas de nossas testemunhas consideram aspectos positivos e negativos na atuação dos parceiros sociais. Estes aspectos permeiam os diferentes modos de compreensão do papel das populações indígenas no presente e futuro da nação brasileira. Se, por um lado, o Movimento Indígena apresentava oportunidade única para um enfrentamento ao regime militar, por conta das especificidades de suas demandas sociais, por outro, a sociedade brasileira – através dos movimentos sociais – não ofereceu ao movimento o instrumental necessário para que ocorresse o "empoderamento" a que se refere Marcos Terena. Isso mostra que, do ponto de vista do Movimento Indígena, o afastamento que se deu entre os setores parceiros foi ocasionado por divergências estratégicas e que os resultados positivos, oriundos da militância social, não foram devidamente repartidos, deixando o Movimento Indígena à sua mercê e sem amparo dos que se diziam parceiros. E para confirmar tal impressão, conclui Terena:

> [...] Agora, do ponto de vista da dimensão histórica, creio que neste trabalho que você está fazendo nós precisamos contar, por exemplo,

que ajudamos a levantar o movimento sindical. Eu mesmo, pessoalmente, levei o Lula para uma reunião com os árabes, a fim de buscar recursos para organizar o partido do Lula, do qual nós não fazíamos parte, que era o PT. Houve alguma compensação por isso? Houve um comprometimento diante dessa parceria? É por isso que digo que a democracia não foi aplicada aos indígenas. A conquista que podemos levar em consideração tem a ver com o impulso indígena diante da resistência, com seu espírito de corpo, seu coletivismo. E esse movimento tinha um outro detalhe interessante, pois não era um grupo visível, mas havia uma causa visível. [...] Isso aconteceu ao longo do tempo de lá para cá. Você elegia um antropólogo, apoiava um sertanista, e na hora de repartir os cargos os índios não tinham vez, entendeu?

2.6. CARÁTER EDUCATIVO DO MOVIMENTO INDÍGENA

*Nós, povos indígenas,
queremos brilhar no cenário da história,
resgatar nossa memória,
e ver os frutos de nosso país
sendo divididos radicalmente
entre milhares de aldeados e "desplazados".
Como nós.*

(Potiguara, 2004, p. 104)

Já conversamos sobre como a educação indígena aconteceu no cotidiano de nossos povos, num processo permanente de inserção da criança no seio da comunidade. Este sentido de pertencimento facilita a integração entre seus cidadãos e o meio ambiente, criando uma compreensão holística que interfere no modo do operar cotidiano das inter-relações entre os seres. É, portanto, uma visão baseada na certeza de que tudo interfere no todo e, como tal, pode afetar a harmonia e o sentido da própria existência.

Vimos que as testemunhas da trajetória do Movimento Indígena por nós abordadas são, em sua maioria, vítimas de um processo histórico que as lançou num obscuro mundo dividido por especializações de saberes e práticas voltadas apenas para o beneplácito individual dos cidadãos, gerando disputas, guerras e violências, na tentativa de dominar os que são portadores de um saber tradicional. Essa tem sido a prática do Ocidente dito civilizado.

Os reflexos dessa agressão ao saber tradicional – a que Sueli Carneiro denominou epistemicídio[3] – foi o extermínio de diversos povos ou o assolapamento da memória ancestral, obrigando muitos grupos humanos a um "ocultamento" voluntário para fugir da destruição parcial ou total de suas culturas.

O Movimento Indígena surge como uma resposta dos povos indígenas à lógica da destruição orquestrada pelo governo militar e que respondia a uma exigência do modelo econômico vigente, que tinha como base o desenvolvimento a todo custo. O enfrentamento que foi proposto passava por um sonho de autonomia, de autossustentabilidade, de autogoverno. E para que este sonho minimamente se conformasse, foi necessário o domínio dos instrumentais próprios do Ocidente, que foram trazidos, em grande maioria, pela escola e pelas instituições religiosas – aparelhos ideológicos do Estado – cada vez mais presentes nas aldeias indígenas brasileiras.

Assim, nossas testemunhas sofreram a interferência desses aparelhos e reagiram ao destino que lhes estava imposto, que era o de se tornarem "apenas" cidadãos brasileiros, esquecidos que estavam de suas identidades étnicas norteadoras das diferentes visões de mundo que carregavam em sua memória ancestral.

Ao modo de cada um deles, o Movimento Indígena foi um importante instrumental para a compreensão da realidade que lhes era apresentada naquele momento. Representou uma forma nova de perceber como a sociedade brasileira percebia os povos indígenas e como os povos indígenas poderiam continuar exercendo um papel questionador dentro da sociedade brasileira.

Ailton Krenak lembra que o Movimento Indígena revelou um rosto que o Brasil ainda não conhecia, e por isso marcou um contorno novo na relação com o Estado brasileiro. Isso não significa necessariamente que o Brasil modificou sua visão dos povos indígenas, mas que se viu obrigado

---

[3] "O epistemicídio se constituiu e se constitui num dos instrumentos mais eficazes e duradouros da dominação étnica/racial, pela negação que empreende da legitimidade das formas de conhecimento, do conhecimento produzido pelos grupos dominados e, consequentemente, de seus membros enquanto sujeitos de conhecimento" (CARNEIRO, 2004, p. 104).

a perceber a existência da diversidade cultural até então ignorada pelo Estado nacional.

Krenak (2000, p. 19) diz que

> Os fatos e a história recentes dos últimos 500 anos têm indicado que o tempo desse encontro entre as nossas culturas é um tempo que acontece e se repete todo dia. Não houve um encontro entre as culturas dos povos do Ocidente e a cultura do continente americano numa data e num tempo demarcado que pudéssemos chamar de 1500 ou de 1800. Estamos convivendo com esse contato desde sempre. Se pensarmos que há 500 anos algumas canoas aportaram aqui na nossa praia, chegando com os primeiros viajantes, com os primeiros colonizadores, esses mesmos viajantes, eles estão chegando hoje às cabeceiras dos altos rios lá na Amazônia. De vez em quando a televisão ou o jornal mostram uma frente de expedição entrando em contato com um povo que ninguém conhece, como recentemente fizeram sobrevoando de helicóptero a aldeia dos Jamináwa, um povo que vive na cabeceira do rio Jordão, lá na fronteira com o Peru, no estado do Acre. Os Jamináwa não foram ainda abordados, continuam perambulando pelas florestas do alto rio Juruá, nos lugares aonde os brancos estão chegando somente agora! Poderíamos afirmar, então, que para os Jamináwa 1500 ainda não aconteceu. Se eles conseguirem atravessar aquelas fronteiras, subirem a serra do divisor e virarem do lado de lá do Peru, o 1500 pode acontecer só lá pelo 2010. Então eu queria partilhar com vocês essa noção de que o contato entre as nossas culturas diferentes se dá todo dia. No amplo evento da história do Brasil o contato entre a cultura ocidental e as diferentes culturas das nossas tribos acontece todo ano, acontece todo dia, e em alguns casos se repete, com gente que encontrou os brancos, aqui no litoral, 200 anos atrás, foram para dentro do Brasil, se refugiaram e só encontraram os brancos de novo agora, nas décadas de 30, 40, 50 ou mesmo na década de 90. Essa grande movimentação no tempo e também na geografia de nosso território e de nosso povo expressa uma maneira própria das nossas tribos de estar aqui neste lugar.

Esta análise de Krenak expressa sua consciência étnica e social, pois apresenta uma visão realista da história que acompanha os povos indígenas e mostra que esta presença só foi notada por conta da atuação do Movimento Indígena, revelando como esta movimentação social foi imprescindível para que a sociedade brasileira pudesse notar a riqueza da diversidade cultural. É dele também a afirmação que dá a importância da atuação da União das Nações Indígenas neste processo de "alfabetização" da sociedade brasileira. Ele disse numa entrevista para a revista *Tempo e Presença*:

> Eu disse para um amigo meu outro dia que a UNI só tem sentido porque existem os brancos. Se não existissem brancos aqui, a UNI não existiria, e eu estaria lá na minha aldeia, com o meu povo, com a minha tribo, caçando, guerreando, namorando. Mas como os brancos existem, tive que trocar toda essa vida paradisíaca por uma vida chata de ficar aqui conversando com as pessoas, negociando politicamente, sendo transigente ou intransigente, sendo tolerante e, às vezes, sendo duro. Muito poucas pessoas indígenas fazem isso, ou estão dispostas a pagar esse preço. Nesse sentido, foram positivos esses quase dez anos. A UNI iniciou a sua articulação mais permanente em 1979. Hoje, o Brasil sabe que existe o povo indígena. Acho que vocês sabem que, na década de 60 e até o começo da década de 70, mesmo as pessoas mais bem informadas do Brasil, se perguntassem a elas sobre índios, iam dizer: "Não, índio não. Não tem. Bem, talvez tenha um ou outro aí guardado em alguma reserva pelos irmãos Vilas Boas". "Quem são os irmãos Vilas Boas?", outro diria. "São heróis que têm lutado para guardar como relíquia alguns índios sobreviventes de 1500." Raoni trouxe para o povo brasileiro e para o mundo cheiro de índio, cara de índio, impressão sobre o índio, expectativa. Em alguns casos, irritação, ódio, carinho, solidariedade. Nós provocamos sentimentos nas pessoas quando mostramos que éramos gente de verdade. Nós provocamos os fazendeiros. Nós provocamos o Conselho de Segurança Nacional, que botou os militares para nos vigiar mais de perto. Mas, em compensação, nós lembramos a milhares de pessoas que ainda estamos vivos e que queremos ser amigos dessas pessoas. E isso é solidariedade. É uma palavra que nós não conhecíamos, mas uma ideia que praticamos há milhares de anos.

Esta "lembrança" trazida pelo Movimento Indígena é reforçada por Álvaro Tukano, ao notar que houve uma soma de forças políticas que mobilizou a sociedade brasileira em torno dos interesses da democracia. Ele lembra que

> [...] A Constituição Federal de 1988 foi fruto de grandes movimentos que fizemos. Eu me lembro de dois encontros que realizamos em 1984 e 1985. À época eu era dirigente da UNI, e foi muito bom, pois somamos força política com todas as ONGs que apoiavam a causa indígena. Foi muito bom conhecer e ter o apoio político do deputado Federal Ulysses Guimarães, que era deputado do MDB de São Paulo, do senador Severo Gomes, que era do mesmo partido de São Paulo, do senador Roman Tito, de Minas Gerais, e do senador Tancredo Neves. Eles foram expoentes políticos para ouvir no Congresso Nacional a questão indígena.

Álvaro lembra ainda que foi estratégia do Movimento Indígena formar pessoas para acompanhar os avanços políticos suscitados a partir das novas demandas políticas surgidas através da atuação do próprio movimento.

Carlos Taukane considera que o Movimento Indígena foi altamente positivo especialmente para a juventude indígena, que até então não tinha muita motivação para participar da vida política brasileira. Também pensa que:

> A gente precisa ser ainda mais, porque a sociedade brasileira vai ser educativa na medida em que nós indígenas tivermos competência para colocarmos nossas questões culturais de forma mais clara, diferenciada, para que possamos revelar a diferença que há entre nós indígenas e o tratamento que os brancos ainda reproduzem sobre nossa gente [...] São coisas pequenas, mas que ainda têm um sentido de deboche, e a gente tem que ter competência para colocar essas questões, pois elas contribuem para uma imagem negativa sobre as populações indígenas, a qual ainda está no imaginário, no inconsciente de muita gente da sociedade. A gente precisa ser mais educativo para o mundo do branco no que diz respeito ao nosso povo: temos que usar todos os mecanismos para nos prepararmos mais para acelerar este processo educativo.

Darlene Taukane parte de um exemplo concreto para falar sobre o caráter educativo do Movimento Indígena. Ela lembra que, por ocasião do projeto para a emancipação dos povos indígenas, seu povo ficou perplexo ao saber que o Governo queria dar um tratamento menos digno a povos que se quer falavam a língua portuguesa. Segundo ela,

> aí começamos a acordar para saber como o Governo enxergava os povos indígenas. O povo Bakairi começou a acordar e a ver o que o branco pensava. Porque nós não enxergávamos conforme os critérios de emancipação, quer dizer, dessa coisa de sermos autônomos. Na época ficamos horrorizados, estranhamos muito a postura do Governo.

Ela lembra também que os critérios de emancipação partiam de uma visão equivocada dos povos indígenas que os diminuíam perante os outros. A reação, segundo ela, foi de revolta, porque seu povo se sentia humilhado perante aquele projeto. Diz ela que:

> Foi a partir desse projeto que começamos a nos organizar internamente. Dentro da minha sociedade tem muito dono: dono do mato, dono dos rituais, dono da caça e pesca. Começamos a valorizar mais a nossa cultura. Então, acho que esse movimento e os nossos líderes, que também foram para a cidade, para encontros, para assembleias, começaram a ouvir a reivindicação de outros povos. Vejo que houve uma mudança muito grande no meu povo internamente, para nos tornarmos o que somos depois desse movimento e dos movimentos que surgiram a partir desse projeto de emancipação.

Na avaliação de Darlene o Movimento Indígena foi fundamental na criação de uma geração de jovens motivados pela causa de seus povos. Ela mesma diz que significou

> aprender como lutar e defender nossos interesses. E tenho esse papel fundamental desde jovem, pois fui uma das pessoas que estiveram no Museu do Índio, no Rio de Janeiro, a fim de resgatar todas as fotografias dos meus antepassados e documentos de terras, para podermos provar que aquele território que estávamos reivindicando era nosso, era de nossos antepassados. Então, o Movimento Indígena, mesmo internamente de um determinado povo, teve repercussão positiva, como aconteceu no nosso caso.

Potiguara considera o Movimento Indígena como autoeducativo: "Além de educar a si mesmo, ele tinha como finalidade a conscientização", diz ela, lembrando que esta palavra – conscientização – era uma marca de sua atuação, pois "nos pequenos encontros que fazia e de que participava, sempre havia um momento de crescimento pessoal".

Ela também acredita que os avanços na sociedade brasileira aconteceram por conta desse caráter educativo que eles – inconscientemente – engendravam em suas ações.

> Acredito que todo esse processo de movimento de luta, de conscientização, isso tudo desembocou, especificamente falando, nessa nova educação indígena e também na literatura que temos hoje, nessa necessidade que temos de escrever, nessa vontade de nos manifestarmos. Esse foi um momento novo muito bonito. Não tenho arrependimento de nada do que vivi, e consigo ver as etapas, vislumbrar as etapas. Claro que fizemos muita coisa errada, pois não sabíamos, não tínhamos ninguém para nos orientar; era uma coisa de dentro, espontânea... Apesar de que isso era espontâneo em nosso coração, mas já havia pessoas querendo abraçar essa nossa espontaneidade.

Para Terena o caráter educativo do Movimento Indígena foi mais expressivo na formação da consciência das lideranças indígenas. Marcos considera que o movimento criou uma nova lógica no tratamento com estes líderes, que estavam acostumados a um sistema paternalista que os levava a beneficiar apenas suas comunidades ou seus apadrinhados políticos. Esta passagem de orientação é aceita por Terena como verdadeiramente o início do Movimento Indígena. Ele diz:

> Por isso que considero como início do movimento a abertura da cabeça dos líderes, para que não viessem aqui ganhar cobertor, sandálias, calção. Ele passa a lutar por direitos concretos que irão beneficiar suas aldeias, que é a terra, e junto com a terra veio o pacote de desenvolvimento agrícola. Era uma forma de gerar sustentabilidade.

Por outro lado, Terena também questiona o tipo de desenvolvimento proposto para os povos indígenas. Para ele, o trato paternalista que o Estado desenvolvia com as comunidades em nada as conduzia para a autonomia, lançando-as numa armadilha perigosa, que era a de oferecer benefícios sem fazer com que tivessem comprometimento com os recursos liberados. Ele diz que "como era sem fins lucrativos, não era preciso medir se era positivo ou não. Era um fundo perdido. Para o índio era um fundo perdido. Não pode ser assim". Para Terena o tratamento a ser dado às populações indígenas tem de ser digno de primeiras nações. E aqui ele toca novamente na tecla do empoderamento a ser conferido às populações indígenas, para que possam agir com autonomia e autodeterminação.

Por outro lado, Terena acha que todo o trabalho de conscientização foi importante para que a sociedade brasileira refletisse sobre sua identidade. Ele comenta que foi a partir daí que muitos jovens indígenas passaram a resgatar sua história e a agir como tal e, também, foi nessa época que começaram a surgir as ONGs indígenas, as quais ocuparam importante espaço no cenário político e social.

A despeito da crítica que Terena faz à juventude indígena, ele considera que são os intelectuais indígenas de hoje que estão criando pautas internacionais nas discussões ligadas ao meio ambiente e à sustentabilidade, embora sinta a ausência de especialistas teóricos indígenas nos centros das discussões. Ele admite que há muito caminho a ser andado, mas acredita que é preciso qualificar os indígenas para transmitirem os conhecimentos de seus ancestrais. Ele questiona:

> Quando estudei o ginasial, sabia muito mais a história dos EUA, da França, sobre Napoleão Bonaparte, Frank Roosevelt e coisas assim. E quem fala do Touro Sentado? Quem conta essa história do Mário Juruna? Então, nós, como indígenas, temos que abordar estes pontos para que o Movimento Indígena seja "reciclado" e não perca suas conquistas. O Movimento Indígena tem que existir, mas não acoplado ao mesmo processo de paternalismo praticado em nossas aldeias através da subvenção. Ou seja, uma coisa que sempre defendo nessa relação com o Estado, na busca dos direitos, é a soberania dos índios – soberania no sentido de dignidade. O que vale não é apenas o fato de o indivíduo ser índio. Antes de tudo ele representa um povo soberano, digno e que constituiu as primeiras nações do Brasil. Se conseguirmos criar esse olhar diferenciado sobre nossa gente, creio que seremos tratados com mais respeito.

Manoel Moura segue a mesma linha de raciocínio de Terena em sua análise sobre o caráter educativo do Movimento Indígena. Também ele considera relevante o papel de aglutinador de forças que o movimento exerceu sobre a juventude indígena e sobre a sociedade brasileira. Lembra que a atuação dos líderes indígenas criou pressão política em diversos setores sociais, exigindo tomadas de atitudes severas no sentido de proteger os direitos indígenas. Segundo Moura,

> em 1987 e até a data da promulgação da Constituição de 1988, a Funai só tinha registradas 180 etnias. Após a promulgação da Constituição do país, apareceram mais de 50 etnias, somando atualmente 230 etnias. Então, aqueles que não queriam ser índios começaram a aceitar essa condição, e há, inclusive, outros hoje em dia que estão resgatando suas origens para ter seus direitos. Mas muitos dizem que somente seu avô era índio e que eles não são mais, rejeitando seus antepassados. Eu pergunto, então: Será que o neto do negro não é mais negro?

O que me parece claro é que todas as nossas testemunhas reconhecem que o surgimento do Movimento Indígena foi um passo importante para a mudança de orientação nos rumos das políticas indigenistas governamentais, por ser o resultado da conjunção de forças sociais que trouxeram um novo olhar à sociodiversidade das culturas indígenas brasileiras. Por outro lado, as populações indígenas também estabeleceram um novo paradigma na relação entre si e a sua consciência social, ao se perceberem sujeitos de direitos procurando romper com o estereótipo do índio genérico. Ao mesmo tempo, impuseram uma linha de resistência àquilo que seria o destino comum de todos os povos indígenas brasileiros: o extermínio.

Para concluir este tópico trago um relato de Ailton Krenak que, a meu ver, resume o sonho do Movimento Indígena na sua relação com o Brasil, que era o de construir uma convivência solidificada no respeito às diferenças. Isso, de certa maneira, continua sendo construído no Brasil de hoje.

> Nossa esperança é que o desenvolvimento das nossas relações ainda nos possa ajudar a ir criando formas de representação, de cooperação, de gerenciamento das relações entre as nossas sociedades, a fim de que elas se tornem mais educadas. Pois é uma questão de educação. Se o progresso não é partilhado por todo mundo, se o desenvolvimento não enriqueceu e não propiciou acesso à qualidade de vida e bem-estar para todo mundo, então que progresso é esse? Parece que tínhamos muito mais progresso e muito mais desenvolvimento quando podíamos beber

da água de todos os rios daqui, quando podíamos respirar todos os ares daqui e, quando, como diz o Caetano, alguém que estava lá na praia podia estender a mão e pegar um caju.

2.7. AUTOAVALIAÇÃO

A reciprocidade é o orgasmo da paz.

(Manoel Moura Tukano)

Este tópico conclui o presente capítulo, trazendo a visão que essas testemunhas têm sobre si mesmas.

Em nenhum momento tive intenção de avaliar o Movimento Indígena enquanto movimento social, mas sim desejei apresentar o olhar dos próprios militantes sobre a atuação que tiveram naquele momento especial da história brasileira.

Considero esta autoavaliação essencial para uma releitura possível dessa etapa vivida pelos povos indígenas. Sei que ainda há muito a ser dito e que outras testemunhas precisam ser arroladas para que o quadro fique mais completo e possamos ter uma visão integral da realidade.

Krenak considera que "foi muito verdadeiro tudo o que fizemos. Era espontâneo, sem previsões de futuro. Nem sabíamos se todos viveriam para contar a história, e, aliás, muitos já morreram, e não foi de velhice". A fala de Krenak vai ao encontro dos medos e receios que permearam os primeiros militantes do Movimento Indígena, porque viviam momentos de penúrias, seja pela falta ou escassez de recursos financeiros, pela perseguição política, pelas condições de vida de seus povos na base, pela pressão da opinião pública, que exigia tomada de atitudes.

Refletindo sobre aqueles primeiros momentos, Carlos Taukane se diz satisfeito com o rumo que o Movimento tomou. Considera que sua inexperiência política o fez recuar em muitos momentos, mas,

> apesar de tudo, construímos muita coisa. Hoje os povos indígenas são reconhecidos. Aquela era uma época em que tudo ficava camuflado,

e a presença indígena neste país continental que é o Brasil não tinha tanta visibilidade como agora. Hoje, falar de índio, de Movimento Indígena tem certa respeitabilidade. Ainda não tem a visibilidade de que gostaríamos, mas a sociedade brasileira já convive, já sabe que existem descendentes dos povos indígenas, e isso me dá certa satisfação.

Carlos admite que para ele o Movimento Indígena representa uma missão, em que se sente feliz em atuar, em se entregar. "Para mim, o Movimento Indígena tem de ser encarado dessa forma. Eu participo dele [...] Acho que é uma missão em que vou terminar os meus dias."

Taukane compreende que há muita coisa a ser feita, e se sente até pouco aproveitado pelo Movimento Indígena nos dias de hoje, tendo em vista a experiência que acumulou ao longo dos anos. Ele afirma:

> Acho que fui, e continuo sendo, muito importante para o Movimento Indígena em nosso país, mas preciso ser mais bem utilizado para trabalhar. A gente tem experiência, a gente tem mais coisas, a gente se emociona, mas a gente está sempre pronto para ajudar. E a gente gostaria, a gente quer que o movimento se consubstancie, se consolide.

Álvaro Tukano afirma que "movimento é movimento". Mas faz duras críticas, quando avalia que o Movimento Indígena "está se nivelando ao que o sistema requer". Considera que antigamente a militância era mais difícil, por passarem por maiores dificuldades materiais, mas acredita "que o Movimento Indígena está forte e é capaz de continuar a revolução e que, somente assim, as leis que tratam de nossos direitos serão praticadas". Para ele, "quanto mais índios puderem escrever, mais salvaremos coisas de nossos povos".

Darlene Taukane diz que sua participação no Movimento Indígena foi um grande aprendizado. Considera ter realizado um bom trabalho, sobretudo no que diz respeito à demarcação da terra indígena de seu povo. Se sente mais experiente.

> Hoje sinto que estou mais preparada, que amadureci. É claro que preciso melhorar em algumas questões. Já atuei em várias frentes da Funai, ocupando vários cargos. Eu me sinto preparada hoje, me sinto contemplada com a educação do movimento. Ela também formou os

meus conceitos, a minha estrutura política, o modo como me vejo hoje e o meu lado crítico de ver e enxergar o povo indígena de uma maneira geral.

Tem, pois, uma avaliação positiva do Movimento Indígena, mas acredita que ainda é urgente que se crie uma unidade ou se estabeleçam diretrizes para o desenvolvimento de políticas públicas, gerando uma atuação mais coesa e coerente.

Não conhecemos o trabalho do outro, o que de fato se faz no mundo indígena brasileiro, apenas sabemos algumas notícias, temos informação dos povos de uma maneira geral. Assim, acho que o Movimento Indígena precisa de um fórum para debates, para encontros, um fórum que fortaleça os povos indígenas enquanto movimento social. Então, vejo assim, nós precisamos de instâncias nossas, digo dos povos indígenas, para nos unir, divergir, debater e, principalmente, para nos fortalecer.

Questionada sobre se valeu a pena, Darlene diz que sim, e que ainda vale, porque continua "conhecendo as pessoas, reconhecendo a importância e as peculiaridades de cada pessoa". Ela afirma ainda que "está no sangue o desejo de lutar e fazer parte do movimento".

Eliane Potiguara diz que sua grande contribuição ao Movimento Indígena "foi panfletária, ideológica, teimosa, sem medo". Também diz:

> Senti-me assim, mesmo que às vezes tivesse que chorar, derramar lágrimas e sofrer. Tinha uma força interior muito grande, algo muito forte dentro de mim, realmente algo muito forte que fugia à minha própria condição humana. Esse impulso, essa força interior que eu tinha, que chamo de guerreira, foi muito importante para mim, e havia várias pessoas do movimento que também sentiam isso.

Refletindo sobre sua atuação, Potiguara leva em consideração os avanços que o próprio Movimento conquistou ao longo dos anos e sua grande contribuição na criação de polêmicas que ajudaram em debates nacionais e internacionais, culminando na aprovação de leis que ajudaram os povos indígenas.

Sempre jogava uma gota de nitroglicerina nos debates e nos espaços e, então, deixava acontecer. Então, retirava-me e, depois, tinha que aguentar os ataques, porque eles vinham de qualquer forma, seja das pessoas que estavam acima de mim, seja das que estavam em volta. Mas sinto que consegui dar um pontapé inicial nessa discussão de gênero – não se falava em gênero antes disso.

Depois, as instituições internacionais só apoiavam projetos das organizações sociais indigenistas, só apoiavam projetos que tivessem um recorte de gênero. Mas fomos nós que começamos a discutir isso. Nem sabíamos o que era, mas já falávamos de gênero, de participação da mulher, de participação da criança, do velho, da viúva; tínhamos a preocupação de que essas pessoas tivessem voz.

Na parte literária também me considero precursora por ter trazido os primeiros textos e lançado em território nacional, deixando ver o que acontecia.

Perguntada sobre se valeu a pena todo o esforço, ela responde que sim. Diz que se sente realizada com o trabalho desenvolvido e que tem a consciência tranquila por ter dado uma contribuição à sociedade brasileira. Também se diz otimista e cheia de energia para retomar os estudos. Potiguara faz questão de acrescentar:

Tive a grande alegria e felicidade de ter participado da elaboração da Declaração Universal dos Direitos Indígenas, em sete sessões seguidas em Genebra, e esta declaração está aí como uma conquista nossa na área jurídica; participei também da Convenção 169, e me orgulho de ter feito parte dessa construção jurídica para o futuro dos povos indígenas do Brasil; orgulho-me de participar do movimento intelectual na construção de melhores condições de vida e de garantia dos nossos conhecimentos ancestrais: O que são esses conhecimentos? Como vamos conservar isso? Como vamos trabalhar esses conhecimentos? Como vamos levar adiante? Então, orgulho-me de participar disso tudo.

Manoel Moura Tukano invoca a motivação pessoal para compreender toda a experiência que vivenciou no Movimento Indígena. Ele diz:

Quando o homem deseja algo, ele realiza. Isso fica gravado na nossa mente e, logo, o colocamos em prática. O curso que realizei durante esses anos foi mais que uma universidade, embora sem monografia e sem diploma. O Movimento Indígena trouxe à tona a realidade do Brasil, para que o povo dito brasileiro reflita e pense na vida, na vida dos descendentes e da futura geração da nação brasileira, bem como no meio ambiente.

O Tukano diz que teve que enfrentar muitos conflitos por conta do Movimento Indígena, mas que se sente especialmente realizado por ter ajudado o país a pensar em sua identidade e a conhecer a diversidade das populações indígenas. Sobre sua atuação, diz que tem vontade de continuar a trabalhar, mas, ao mesmo tempo, se sente realizado. Lembra-se dos colegas que o ajudaram a criar as articulações políticas que mobilizaram os povos da Amazônia.

Encerra sua entrevista filosofando:

[...] Com o Movimento Indígena veio esse processo de trabalho, de derramamento de sangue. Ele se construiu em cima de suor, de lágrimas dos líderes dos povos indígenas, na busca por libertação e autonomia.

Provamos que não somos deficientes de alma, ou deficientes físicos ou mentais. A população é um conjunto de filhos da pátria e todos têm seu valor. Crime é não dar valor ao outro ou neutralizá-lo. Somos filhos do Grande Espírito e da Mãe Terra. Este orgulho e agradecimento tentamos passar para nossos irmãos não índios. Eles não tiveram tempo ainda de pensar nisso, de nos enxergar, de nos aceitar. Espero que em breve possamos nos dar as mãos. A reciprocidade é o orgasmo da paz.

Mariano Marcos Terena faz um balanço crítico de sua atuação e se diz tranquilo quanto a sua militância. Alega ter alcançado tal tranquilidade por conta de sua consciência ideológica e por ter passado por diversas estruturas de poder dentro da Funai. Diz que aprendeu com o Movimento Indígena a se comportar de forma a não alimentar "sonhos muito longos". Ele entende que o Movimento Indígena precisa avançar para poder construir uma plataforma comum que leve em consideração a experiência de quem já viveu e lutou em prol dos povos indígenas.

Para ele, falta ao índio "frequentar uma mesa de construção de uma plataforma política aqui no Brasil".

Questionado sobre ser um pessimista, Terena responde imediatamente que não. Ele assegura:

> O indígena é uma esperança do mundo moderno. Uma coisa que o homem branco não percebe é que o índio está usando sua inteligência a fim de adentrar no sistema tecnológico, para proteger seus direitos, suas tradições. E – aí vem a esperança – usa isso como ferramenta para equilibrar a diversidade. Houve um tempo em que guerreávamos, hoje vejo que convivemos. O importante é o índio não pensar que vai congregar todos os indígenas, como faz um sindicato. Não acredito nisso. De verdade mesmo. Nunca acreditei e não acredito.

2.8. CONCLUSÃO

A intenção deste capítulo era fazer uma leitura das falas apaixonadas de nossas testemunhas. Procurei fazer um apanhado geral das entrevistas, para inferir opiniões e pensamentos norteadores que acompanharam o desenvolvimento desta obra. Espero sinceramente ter atingido este objetivo.

Capítulo 3
O caráter educativo do Movimento Indígena brasileiro: considerações finais

Prezados parentes, vimos até agora que o surgimento do Movimento Indígena brasileiro nasceu com a conjuntura política e social que eclodiu no Brasil a partir de 1970. Foram tempos difíceis, pois imperava em nosso país o regime de exceção, preconizado pelos militares a partir de 1964. Naquela ocasião, a política indigenista do Governo previa que os povos indígenas deveriam ser integrados pela nação e, consequentemente, abrirem mão de suas identidades étnicas, para tornarem-se "apenas" brasileiros. Essa política estava a serviço dos interesses nacionais de desenvolvimento e integração nacional, que também escondia a intenção de explorar as riquezas presentes no solo e subsolo das terras tradicionalmente ocupadas por nossos povos.

Do ponto de vista dos indígenas, os acontecimentos que os afetavam não tinham repercussão na mídia nacional, tornando-os isolados na luta pela defesa de seus direitos. Cada povo afetado pelas frentes de expansão acabava sendo vitimado por ondas de violência cada vez mais intensas e nocivas, sem ter consciência de que tal devastação cultural fazia parte da política desenvolvimentista patrocinada pelo capital internacional e executada pela recém criada Fundação Nacional do Índio. O que poderia ter sido interpretado como alívio para nossos povos era, na verdade, mais um golpe contra os interesses indígenas.

Também vimos que no início da década de 1970 a Igreja Católica iniciou uma postura distinta em relação aos nossos povos. Ou seja, passou a defender os pobres e desvalidos da terra, assumindo um novo modelo de atuação pastoral em que mudava radicalmente de lado, comprometendo-se com as classes menos favorecidas. Essa mudança de orientação pastoral foi responsável, entre outras coisas, pela criação do Conselho Indigenista Missionário (Cimi), em 1972, que passaria a atuar junto aos povos indígenas como parceiro político em suas lutas por terra e pelo direito de continuarem indígenas e, assim, se defenderem da política integracionista oficial.

A atuação do Cimi foi pautada – neste primeiro momento – pela organização de assembleias, que reuniam líderes indígenas provenientes de diferentes regiões brasileiras e que favoreciam debates e discussões sobre problemas comuns que afetavam seus povos: luta pela terra, participação na elaboração da política indigenista oficial e, especialmente, a necessidade de união entre os diferentes povos. Era o início da formatação de uma consciência nacional pan-indígena, que ia além dos interesses locais de cada grupo. À medida que essas assembleias se multiplicavam durante a década de 1970, iam revelando a existência de conflitos ocasionados pela política oficial e oferecendo a exata dimensão da situação indígena brasileira, além de motivar os líderes presentes nesses encontros a entenderem a necessidade de criar uma articulação muito mais abrangente que os tradicionais laços de família e de clãs. Também não podemos nos esquecer de que tudo isso aconteceu graças a uma ressignificação do termo *índio* como definidor da identidade indígena nacional. Esse termo – sempre usado como algo negativo – fez parte da "constituição de uma nova unidade, composta de um núcleo interno em que se aloja a nova identidade padronizada, e fora dele, uma exterioridade que lhe é oposta, mas essencial para sua afirmação" (CARNEIRO, 2004, p. 39).

Perceberam a evolução da mobilização indígena, parentes?

Foi justamente esta mobilização que cimentou a construção de articulações ainda maiores e mais abrangentes no cenário brasileiro. Esse "campo de possibilidades" levou à fundação da União das Nações Indígenas (UNI), em 1982, que, como já vimos anteriormente, teve o apoio de diversas entidades da sociedade civil e que objetivou articular todos os povos na luta pelos seus direitos inalienáveis.

A UNI conseguiu importantes conquistas, especialmente a de ter possibilitado a criação de outras tantas entidades indígenas Brasil afora, assim como "trouxe para o povo brasileiro e para o mundo cheiro de índio, cara de índio, impressão sobre o índio, expectativa", como afirmou Ailton Krenak. Além disso, ela fomentou debates, discussões, estratégias de atuação, culminando na aprovação do artigo 231, que definiu uma nova abordagem da temática indígena e obrigou o país a aceitar a presença definitiva de nossos povos nessa terra ancestral.

Fiz esta síntese, parentes, para poder introduzir o tema central deste livro. Desejo falar sobre o caráter educativo do Movimento Indígena. Ou seja, pretendo dizer quais as repercussões que toda essa mobilização suscitou na vida brasileira, na juventude indígena e em nossos povos.

Ora, quando pensamos o movimento social como um todo, notamos que sempre há mudanças ocorrendo, pois se trata de mobilizações que interferem diretamente nos rumos da história. Tudo estava ordenado – segundo a ótica oficial – para que os povos indígenas deixassem de existir enquanto entidades autônomas. A orquestração oficial era para que em poucos anos o Brasil se tornasse uma unidade nacional e seus habitantes fossem *apenas brasileiros*, sendo suprimida a diversidade étnica. Se tudo se passasse como pensavam os teóricos do governo militar, a unidade nacional estaria garantida e o Brasil se tornaria um país desenvolvido, livre da presença dos seus "primitivos" habitantes.

No entanto, não foi isso que aconteceu. A sociedade civil se rebelou contra essa biopolítica ou biopoder[1] – que não vitimava apenas os indígenas – e reagiu possibilitando a tomada de consciência e a aquisição de instrumentais teóricos por parte das lideranças que, por sua vez, disseminavam entre seus pares uma visão nova de participação na história brasileira. Ou seja, a atuação do movimento social obrigou a história escrita até então a mudar de rumo e o Brasil a acolher – ainda que compulsoriamente – seus primeiros habitantes.

Isso é muito importante para compreendermos como a tomada de consciência está intrinsecamente ligada ao processo de apoderamento do mecanismo ou instrumental teórico ocidental. Esta capacidade de alargar os horizontes mentais para enxergar de forma mais clara o entorno, o nacional, exigiu nova postura e redimensionamento do que era, até então, dado como verdade.

---

[1] "A noção de biopoder emerge na reflexão foucautiana no contexto da discussão sobre o poder sobre a vida e a morte" (CARNEIRO, 2004, p. 72).

Em seguida, iremos ver como funciona esse caráter educativo dentro do movimento social e, consequentemente, dentro do Movimento Indígena.

3.1. ENTIDADES DE APOIO AOS ÍNDIOS

Falamos antes da importância fundamental do movimento social para o fortalecimento dos povos indígenas que, até então, eram desorganizados e carentes de uma visão mais geral sobre o processo histórico brasileiro.

Este primeiro movimento surge como crítica à ação do governo militar que perseguia a esquerda brasileira, e esta insistia em pedir a volta da democracia. A organização se fez necessária, pois a ofensiva governamental em relação aos povos indígenas se intensificou fortemente, em decorrência da nova situação econômica e política do país e do novo papel que o Brasil passou a desempenhar no conjunto das relações internacionais, após o golpe de Estado de 1964. A penetração do capital internacional, o novo modelo econômico brasileiro, a criação de órgãos e metas governamentais que facilitavam essa penetração, como a construção de rodovias faraônicas, a doutrina de ocupação e colonização da Amazônia, através do Incra, Sudam, a política de expansão para a Amazônia, com o lema "integrar para não entregar", o PIN, o Projeto Radam e tantos outros, inaugura uma nova etapa no processo histórico brasileiro, que desembocará, por um lado, na política conhecida como "milagre brasileiro", e, por outro, na organização popular de forças políticas, através das ações das guerrilhas rurais e urbanas. E, no meio desse fogo cruzado, as maiores vítimas do "milagre", os povos indígenas, representavam mais "uma pedra no caminho do progresso", a qual era urgentemente necessário afastar. Daí os vários projetos de integração, emancipação, regionalização ou estadualização da Funai e os malfadados critérios de "indianidade" que foram defendidos pela Funai, criada em 1967, depois de um escândalo que envolveu o antigo SPI, acusado de irregularidades administrativas e de colaborar para o extermínio dos índios, ao invés de defendê-los.

As ações organizadas contra a política indigenista oficial partem inicialmente da Igreja Católica. Em 1969, foi criada a Operação

Anchieta (OPAN), a fim de reunir, selecionar, preparar, enviar pessoas, rapazes, moças e casais jovens que assumissem como objetivo a promoção integral das populações marginalizadas, especialmente as indígenas. Tem início, assim, a Pastoral Indigenista da Igreja Católica, que vai, de certa forma, conduzir por muitos anos, hegemonicamente, a política indigenista não oficial, e junto à qual se reúnem outros setores da sociedade e vão se criando entidades leigas de apoio ao Conselho Indigenista Missionário (Cimi), órgão da CNBB criado em abril de 1972. Essa inicial dependência das entidades à Igreja Católica, ao Cimi especificamente, foi uma necessidade tácita, visto a Igreja representar uma das vozes, um dos canais de expressão e manifestação possíveis nos duros anos 1970. A Teologia da Libertação, marcadamente latino-americana, base filosófica das novas posições da Igreja, de alguns setores desta, pelo menos, avançou no sentido de uma nova orientação teológica mais crítica, principalmente junto aos povos marginalizados e aos indígenas particularmente.

Diante destas novas orientações pastorais que a Igreja propunha, houve o surgimento de uma consciência de classe em diversos setores da sociedade brasileira. De certa forma, isso repercutiu e fez com que outros segmentos sociais se aliassem, criando um movimento organizado. Nesse sentido, foram intensificadas discussões para desenvolver a conscientização sobre a importância da organização e da implementação de medidas que pudessem resguardar os direitos adquiridos.

Naturalmente, tal enfrentamento aos interesses do Estado brasileiro resultou em vitórias, conquistas, mas também na perda de vida de militantes pelas forças do agente do Estado. "O grande mérito das organizações articuladas pela sociedade civil foi o de ter escrito uma das páginas mais importantes da história do país, em se tratando de um modelo de organização emergido do interior desta sociedade" (DEPARIS, 2007).

Entretanto, a voz de antropólogos, historiadores, sociólogos, continua a se levantar, como em 1971, através de documentos assinados por oitenta intelectuais, que criticavam a orientação da política indigenista oficial e a proposta do Estatuto do Índio, do presidente Médici, que foi promulgado em dezembro de 1973, apesar de anteprojetos da Igreja e de intelectuais.

O Estatuto do Índio, o projeto de integração e, mais tarde, o projeto da falsa emancipação, serão os elementos que unirão as vozes e as ações de intelectuais, religiosos e leigos e que criarão condições para o aparecimento de entidades de apoio à luta indígena, como a Anaí, a CPI, além de centenas de outras espalhadas por todos os rincões do país, constituídas na sua maioria, com raras exceções, por estudantes e pessoas de "boa vontade". No entanto, o voluntarismo e certo grau de espontaneísmo serão um dos fatores de sua própria debilidade e – no caso de algumas – posterior desaparecimento.[2]

São os integrantes do Cimi e da Opan (Operação Anchieta – atualmente Operação Amazônia Nativa) que, inicialmente, vão criar condições para as primeiras formas de organização indígena contemporâneas, através da realização de assembleias indígenas – todas elas planejadas e coordenadas por missionários ou leigos ligados ao Cimi, em locais das próprias missões, mais tarde em capitais de estados.

Em abril de 1974, é realizada a primeira Grande Assembleia Plurinacional dos Povos Indígenas, na Missão Anchieta, em Diamantino (MT), contando com dezesseis representantes de nove nações. Na terceira assembleia, em Merure, com sessenta índios representando sete grupos, o líder da nação Bororo, Txebae Ewororo, declarou que essas assembleias amplas "estavam despertando a consciência dos índios". Daniel Caxibi, líder do povo Paresi, referia-se a essas assembleias como "armas de luta".

Notem, parentes, que se essas ações da Igreja foram importantes para estabelecer bases para o surgimento do Movimento Indígena organizado mais à frente, é porque elas tinham um caráter conscientizador muito forte. É verdade, no entanto, que a "conscientização" engendrada pela Igreja passava, necessariamente, por questões de cunho religioso, o que não era bem-visto por outras instituições e segmentos sociais. Até 1975, a linha pastoral indigenista que a Igreja adotava dizia respeito à promoção de reuniões periódicas de chefes comunitários, com o objetivo de fazê--los assumir os trabalhos da Igreja. Na mesma direção ia a promoção de cursos de capacitação, que objetivavam que professores indígenas assumissem as aulas de religião. Como se pode observar, parentes, não

---

[2] Das dezenas de entidades indigenistas surgidas neste período, podemos destacar as que tiveram maior abrangência e que vêm atuando até hoje: OPAN (Operação Anchieta), 1969; CIMI (Conselho Indigenista Missionário), 1972; ANAÍ (Associação Nacional de Apoio ao Índio), 1977; CPI (Comissão Pró-Índio), 1978; CTI (Centro de Trabalho Indigenista), 1979.

havia, até então, real interesse em organizar os indígenas na luta por seus direitos, e sim a antiga estratégia de conversão.

Esta visão menos proselitista só se irá alterar após 1975. Isso acontecerá na 1ª Assembleia Nacional da Pastoral Indigenista, em Goiânia, quando as linhas de ação da Igreja são estabelecidas a nível nacional, linhas essas mais seculares e manifestando um desejo de engajamento mais crítico, científico e real desse setor da Igreja com as sociedades indígenas. Embora não se possa negar a importante contribuição do Cimi, é necessário ressaltar que a ação da Igreja só se tornou mais agressiva e avançou no sentido de ocupar a atenção da opinião pública nacional e até internacional a partir das declarações do então ministro Rangel Reis, que revelou que o Estatuto do Índio poderia ser alterado para permitir a emancipação de comunidades indígenas.

As tensões entre Cimi e Funai tinham já começado quando da promulgação do Estatuto do Índio, com o veto presidencial à participação das missões científicas e religiosas nas áreas indígenas. Pronunciamentos dos mais variados setores sociais e acadêmicos são feitos repudiando o veto. Em abril de 1974, quando o general Ismarth Araújo de Oliveira já tinha assumido a presidência da Funai, o ministro Rangel Reis, em mensagem por ocasião do Dia do Índio, assim define a política oficial em relação às missões religiosas e científicas:

> (...) Nem dispensaremos a colaboração valiosa de organizações científicas de credenciais indiscutíveis e de missões religiosas tradicionalmente devotadas, com abnegação e fé, à ação civilizadora no meio indígena brasileiro, desde que sinceramente se enquadrem nas diretrizes gerais da política indigenista que ao Estado – somente ao Estado – cabe definir, submetidos à indispensável vigilância, coordenação e controle.[3]

Em 1975, o Cimi começou a buscar aliados, fora do âmbito da Igreja, que pudessem fazer face à grande ofensiva do Governo, no sentido de emancipar as terras indígenas, cobiçadas pelo capital internacional. Propôs a constituição de uma CPI (Comissão Parlamentar de Inquérito) sobre o Índio; realizou o 1º Curso de Indigenismo em convênio com a Universidade Católica de Goiás e estimulou a criação de entidades civis

---
[3] RICARDO, Carlos Alberto. Cronologia. *Revista Tempo e Presença*, Rio de Janeiro, CEDI, n. 153, ago./set., 1979, pp. 10-14.

de apoio ao índio, como a Anaí, em 1977, a CPI-SP, em 1978, e centenas de outros grupos mais tarde.

A partir de 1977/1978, a questão indígena saiu do âmbito da Igreja para tornar-se um tema obrigatório em todos os momentos de discussão sobre os destinos do país, ao lado de questões tão importantes como a luta pela anistia política, pela defesa da Amazônia e pelo restabelecimento do estado de direito, contra os atos de exceção.

Certamente, parentes, vocês estão se perguntando sobre os motivos pelos quais apresento estes dados. Será que apenas a Igreja agia em favor dos povos indígenas nesta ocasião? A resposta é não. Se considerarmos a macro-história do Brasil nesta ocasião, veremos que há toda uma mobilização em torno da luta pela redemocratização. Nesse sentido estavam articulados movimentos populares, o movimento dos trabalhadores, o movimento estudantil, as categorias de classes, como a Ordem dos Advogados do Brasil (OAB). Estas entidades estavam empenhadas em fazer pressões pelo fim do regime e pela convocação de uma Assembleia Constituinte, mobilizando milhares de brasileiros que sonhavam com a liberdade de escolha como direito fundamental do cidadão. Claro que a Igreja Católica fazia eco a todas estas lutas populares através da atuação de lideranças religiosas consideradas progressistas. Por outro lado, havia a ala conservadora dessa mesma instituição, que defendia uma ação mais tradicional e que achava que a Igreja não deveria atuar em assuntos mundanos.

De qualquer modo, é bom que se afirme que a Igreja acabou assumindo uma postura de enfrentamento ao regime militar, e isso ocasionou uma renovação no trato com a sociedade nacional e, particularmente, com os povos indígenas. Posteriormente culminou também com a criação de outras entidades – leigas, sobretudo – de apoio à causa indígena, mormente nas universidades que passaram a atuar como assessores do Movimento Indígena, os quais buscavam uma linha comum de trabalho, de unidade. Nessa direção criou-se a Secretaria Executiva das Entidades de Apoio à Luta Indígena, em 1979, com sede em Brasília, a partir da análise de que

> diante da gravidade da situação das sociedades indígenas do Brasil, hoje, e da existência de iniciativas por parte de grupos diversificados no

sentido de atuar em defesa daquelas sociedades, surgiu a necessidade de congregar esforços e informações que deem uma ideia mais clara dos problemas e das medidas prioritárias adequadas. Se, por um lado, há uma grande disposição de trabalho por parte desses grupos, há também pouca comunicação entre eles e uma multiplicação de esforços por falta de uma ação mais integrada que leve em consideração as várias experiências concretas e a diversidade de situações, bem como a vivência e a visão que os próprios índios têm dos problemas que os atingem diretamente.[4]

A unidade de voz e ação tem seu início no Ato Público contra a Falsa Emancipação, promovido pela Associação Nacional dos Cientistas Sociais, no TUCA, em São Paulo, em novembro de 1978, em que mais de cem entidades manifestaramm seu repúdio a esse projeto, que foi temporariamente arquivado pelo Governo. E a ação da secretaria, bem ou mal, se fez sentir na promoção de reuniões nacionais das entidades, em semanas do índio unificadas e no apoio a lutas indígenas regionais. A partir da metade de 1981 até hoje, muitas dessas entidades deixaram de atuar plenamente.

3.2. O MOVIMENTO INDÍGENA COMO MOVIMENTO POPULAR

A década de 1980 trouxe uma reviravolta no trato com a questão indígena. A Igreja já não tinha uma força massificadora sobre as lideranças que ela mesma formara. O mesmo se deu com as entidades de apoio aos povos indígenas, que se sentiam deslocadas com os novos rumos do movimento, ainda que tenham sido suas principais fomentadoras. Embora no bojo de sua atuação estivesse pautada a autonomia destes povos, havia certo desconforto ao perceberem que as novas lideranças surgidas ao longo do processo passaram a assumir a representação de seus povos, colocando – de certa forma – seus mentores (antropólogos, sociólogos, missionários, simpatizantes) numa posição de assessoria. Mas não teria sido este o seu principal objetivo? Não teriam os líderes que assumir as rédeas do próprio destino? Não foram os antropólogos

---

[4] *A questão da emancipação*. São Paulo: Cadernos da Comissão Pró-Índio n. I; apresentação, 1979.

enfáticos em afirmar a necessidade de garantir a autodeterminação das comunidades indígenas como condição *sine qua non* para a construção de uma sociedade igualitária?

É com base nesse contexto que reflito sobre o caráter educativo da atuação das entidades de apoio dos povos indígenas. Mesmo que surjam críticas com relação à atuação destas entidades, há de se considerar que foram elas que puseram os diferentes povos indígenas em contato, gerando um espírito de solidariedade em torno dos problemas que cada grupo enfrentava nas diferentes regiões do país. Penso que se somente essa ação tivesse sido realizada, já teria provocado uma nova atitude no bojo destas comunidades. No entanto, não parou aí. As diferentes assembleias, encontros, mesas de discussões apresentaram novas possibilidades de atuação e foram forjando uma mentalidade nova nas lideranças que delas participavam.

O inverso também é legítimo, e é importante que se diga que as entidades de apoio ao índio foram sendo afetadas pela visão que esses povos traziam para estes eventos. Nesse encontro de diferentes pontos de vista, foram se firmando novos compromissos de atuação entre esses parceiros. Álvaro Tukano diz que:

> Tivemos enormes influências de escritores ligados à ABA e participamos de encontros nacionais da SBPC que davam melhores informações a respeito do nosso movimento. Além do mais, tanto a imprensa nacional quanto a internacional contribuíram muito para que pudéssemos revelar os nossos sentimentos à opinião pública. Isso foi muito positivo e duro e, por isso, somos gratos a todos esses aliados.[5]

Na fala do líder Tukano, nota-se que há reconhecimento de uma parceria entre vários segmentos sociais, com especial enfoque para a participação da imprensa. Nesse sentido vale notar a importante contribuição da imprensa alternativa, que foi capaz de fazer a interlocução entre os indígenas e a sociedade nacional, uma vez que a mídia tradicional encontrava-se fechada para as manifestações desses líderes, preferindo veicular ideias já preconcebidas e estereotipadas amplamente divulgadas pelo regime militar.

---

[5] Conferir entrevista de Álvaro nesta pesquisa.

Todas estas etapas de envolvimento tinham como pano de fundo a compreensão de diferentes visões de mundo, que culminavam com a elaboração de agenda comum na luta pelos direitos dos povos indígenas, especialmente nas questões ligadas às terras tradicionalmente ocupadas. Deparis (2007, p. 66) afirma que:

> (...) a aproximação entre as comunidades foi incentivada através da realização das assembleias, como forma de aumentar a capacidade de luta e articulação por parte dos indígenas. Esta aproximação pressupunha um aumento na solidariedade coletiva e maior interação com os problemas uns dos outros. As dificuldades que afetavam as comunidades de forma particular passavam a ser entendidas, em certo sentido, como problemas coletivos. As assembleias devolvem esta concepção de comunidade imaginária, na medida em que as lideranças assumem as questões e se propõem a lutar em busca de soluções coletivas.

Partindo, pois, desta afirmação podemos pensar que houve, de fato, um movimento de mão dupla: os povos indígenas aprenderam através da relação política com os não índios e estes aprenderam – talvez a contragosto em alguns casos[6] – que indígenas conseguiam absorver conceitos teóricos – como etnia, cultura, autodeterminação, autonomia, entre outros – e colocá-los em prática nas mesas de negociação política com as autoridades. Embora isso não estivesse de acordo com o desejo expresso dos parceiros, as lideranças indígenas assumiram uma postura crítica com relação à sociedade brasileira, ao mesmo tempo que procuravam tornar conhecido o rosto dos povos indígenas tanto a nível nacional quanto internacional. Esta estratégia de se apresentar à sociedade brasileira de forma independente – não mais sob a tutela da Funai ou das entidades parceiras – resultou na elaboração de planos e metas que passavam por uma pauta de reivindicações que ia desde a reestruturação do órgão oficial até a exigência de proteção dos territórios tradicionais contra os invasores (garimpeiros, mineradoras). Ou seja, os próprios indígenas passaram a assumir de forma autônoma os rumos de sua história, atrelando aos aspectos culturais – dança, canto, espiritualidade... – uma nova consciência étnica que não estava limitada pelas diferenças entre os povos, mas por

---

[6] Conferir os interessantes textos de Roberto Cardoso de Oliveira, contidos na publicação *A crise do indigenismo*, em que este autor discorre sobre as dificuldades inerentes à aceitação da autonomia dos líderes indígenas (OLIVEIRA, 1988).

aquilo que tinham em comum e que, naquela ocasião, foi o resgate do termo *índio*. Roberto Cardoso de Oliveira (1988, p. 20) diz que

> a recuperação do termo se daria no bojo do Movimento Indígena, quando ele passou a ser usado para expressar uma nova categoria, forjada agora pela prática de uma política indígena e não mais pelos alienígenas, fossem eles particulares (como as missões religiosas) ou governamentais (como a Fundação Nacional do Índio – Funai) – políticas essas denominadas de indigenistas. Em oposição às políticas indigenistas começavam a surgir esboços de *políticas indígenas* com grandes possibilidades de, em algum momento, criarem objetivos e estratégias comuns suscetíveis de estabelecerem uma única e globalizadora política indígena.

Ao "absorver" esta nova consciência étnica – que podemos definir como olhar a identidade indígena a partir de um novo lugar –, os novos líderes surgidos a partir da década de 1980 começaram a empreender um projeto de conscientização nacional entre os indígenas, tendo como objetivo a formulação de plataformas políticas que passavam, inclusive, pela filiação a partidos políticos e pela subsequente participação em campanhas eleitorais. A União das Nações Indígenas (UNI) atuava como organização catalisadora dos interesses indígenas, organizando-se de modo a participar de fóruns nacionais e internacionais e, também, a agregar conteúdos educativos nessas ações, para que a sociedade brasileira pudesse ser "educada" no conhecimento da diversidade indígena.

Um fato que parece ser muito significativo, e que deve ter sido observado durante essas nossas conversas, é que o Movimento Indígena brasileiro foi sendo "gestado" ao longo de muito tempo para chegar à década de 1980 e apresentar uma proposta efetiva de participação nos rumos da política indigenista brasileira e, ainda, oferecer a esta mesma sociedade um novo olhar sobre o que os povos indígenas podem oferecer para o futuro do país.

Como já acentuei na apresentação deste livro – tendo como base o antropólogo Gilberto Velho –, o Movimento Indígena é a resposta a uma ação política equivocada que vem transformando a memória ancestral de nossa gente. Sua principal função foi juntar os fragmentos dessa memória – ainda presentes na diversidade existente – e torná-la real, factível, para as gerações futuras. Isso se deu através da construção de um projeto de continuidade que pode, ou não, acontecer, ou mesmo sofrer mudanças ao longo do processo, já que esse projeto precisa ser dinâmico (VELHO, 1994, p. 104). Na verdade, se considerarmos a realidade atual, iremos notar que houve continuidade, mas de maneira diversa. Nesta obra não tive a intenção de refletir sobre os desdobramentos do Movimento Indígena, pois isso já foi realizado por outra contadora de história.[7]

Não podemos, no entanto, desconsiderar que esta gestação fez parte de um esforço coletivo e que não nasceu da iluminação pessoal de algum indivíduo com poderes especiais. O Movimento Indígena é fruto da ação concreta de resistência de pessoas que, sem se conhecerem, deixaram rastros de solidariedade. Foram pessoas que viveram em tempos diferentes, mas sua resistência permitiu que as novas gerações sobrevivessem para atuar incisivamente dentro da sociedade brasileira. Nas palavras de Álvaro Tukano, o Movimento sempre existiu para os povos indígenas. Ele afirma:

> Antes da chegada do branco, o Movimento Indígena já existia. Respeitávamos os povos vizinhos, tínhamos a nossa história, fazíamos as festas, defendíamos nosso território. Isso foi muito bom. Mas, com a chegada do branco, mudaram os nossos costumes. Ele não foi capacitado a conviver com o meio ambiente e começou a devastar, fazendo tudo ao contrário. Começou a haver confrontos, aconteceram muitas guerras.

Eliane Potiguara (2004, p. 79) compartilha desta mesma visão de Álvaro, quando afirma que:

> A coisa mais bonita que temos dentro de nós é a dignidade. Mesmo se ela está maltratada. Mas não há dor ou tristeza que o vento ou o mar não apaguem. E o mais puro ensinamento dos velhos, dos anciãos, parte da sabedoria, da verdade e do amor. Bonito é florir no meio dos ensinamentos impostos pelo poder. Bonito é florir no meio do ódio, da inveja, da mentira ou do lixo da sociedade. Bonito é sorrir ou amar

---

[7] Conferir a tese de doutorado de Maria Helena Ortolan Matos: *Rumos do movimento indígena no Brasil contemporâneo: experiências exemplares no Vale do Javari*, defendida na Unicamp, em 2006. Ali ela apresenta os desdobramentos do Movimento Indígena após os anos 1980.

quando uma cachoeira de lágrimas nos cobre a alma! Bonito é poder dizer sim e avançar. Bonito é abrir as portas a partir do nada. Bonito é renascer todos os dias. Um futuro digno espera os povos indígenas de todo o mundo. Foram muitas vidas violadas, culturas, tradições, religiões, espiritualidade e línguas. A verdade está chegando à tona, mesmo que nos arranquem os dentes!

3.3. IMAGENS QUE SE DESFAZEM: EDUCANDO A SOCIEDADE BRASILEIRA

Que o Movimento Indígena educou após ser educado parece ser uma verdade incontestável. Certamente é perceptível que muito do que acontece hoje dentro da sociedade brasileira – em termos educacionais, políticos e sociais – é, em parte, fruto da ação da sociedade civil organizada. A própria abertura política ocorrida no início de 1980 foi fruto da mobilização popular. Desse momento histórico nossos povos também participaram de diferentes formas, e ainda hoje continuam participando.

Talvez a maior contribuição que o Movimento Indígena ofereceu à sociedade brasileira foi o de revelar – e, portanto, denunciar – a existência da diversidade cultural e linguística. O que antes era visto apenas como uma presença genérica passou a ser encarado como um fato real, obrigando a política oficial a reconhecer os diferentes povos como experiências coletivas e como frontalmente diferentes da concepção de unidade nacional. Sobre esta importância, Roberto Cardoso de Oliveira (1988, p. 27) comenta que

> o Movimento Indígena, embora não conte com a mesma atenção que foi dada aos demais pelos estudiosos dos "movimentos sociais" no Brasil, possui uma inegável realidade e uma importância irrecusável para a compreensão das mudanças havidas nas instâncias indígenas e indigenistas. Porém, é um movimento social com feições muito próprias.

Este lastro, parentes, fez com que o movimento incentivasse e motivasse o surgimento de outras formas de ação, abrangendo temas específicos como educação, saúde, projetos econômicos, entre outros. Tais temas "chamaram" novas perspectivas de atuação para entidades de apoio como a Comissão Pró-Índio de São Paulo, que passou a atuar, sobretudo, na área de educação, elaborando publicações que fomentavam um olhar contrário ao estereótipo constituído ao longo do processo histórico nacional. Estas imagens que empobreciam as experiências dos povos indígenas – o índio era sempre visto como atrasado, selvagem, canibal, pobre e, também, como empecilho para o progresso nacional – foram sendo paulatinamente "arrancadas" do imaginário brasileiro para dar lugar a outras imagens mais próximas da verdadeira humanidade indígena.

Não pretendo afirmar que já nas décadas de 1980 e 1990 houve um avanço absoluto e que estas imagens distorcidas implantadas pelo processo colonialista não estejam mais em voga, mas sim que ali houve uma preocupação inicial, por ser uma estratégia de convencimento de que os povos indígenas tinham um lugar garantido nas terras brasileiras.

Renato Athias (2007, p. 33) afirma que "a política indigenista oficial aplicada depois da criação do SPI, em 1910, nunca enfocou de fato a diversidade cultural dos índios do Brasil. O índio sempre foi considerado uma categoria genérica, devendo ser integrado à sociedade nacional". Esta consideração enfoca justamente a tipificação que a política indigenista oficial fazia da figura do indígena como algo, uma coisa, genérico e atrasado e que precisava ser trazido para a civilização. Esta mentalidade paternalista era repetida à exaustão nos livros didáticos fartamente distribuídos às escolas primárias e secundárias, disseminando uma mentalidade negativa sobre nossos povos (MUNDURUKU, 2009).

Considerando que o papel principal do Movimento Indígena foi de ser articulador de uma nova consciência entre os indígenas e de aproximação com a sociedade nacional, entendo que houve modificações substanciais por conta do surgimento de entidades indígenas capazes de dar continuidade, sob novas configurações, aos princípios que motivaram o próprio movimento. Assim, é possível hoje verificar a existência não apenas de diversas entidades indígenas especializadas na defesa de temas específicos (educação, saúde, propriedade intelectual, tecnologia, cultura, entre outras), mas também a aprovação de leis que entendem que as sociedades indígenas estão presentes no contexto nacional para ficar e que, portanto, não se pode mais querer desqualificá-las, mas sim aceitá-las como sociedades diferenciadas e que podem contribuir para o processo histórico nacional. Nesta direção está tanto o artigo 231 da Constituição Federal – uma das grandes conquistas do Movimento Indígena da década de 1980 – quanto a recentemente aprovada lei n. 11.645/08, que estabelece as diretrizes e bases da educação nacional, para incluir no currículo oficial da rede de ensino a obrigatoriedade da temática "História e Cultura Afro-brasileira e Indígena" – uma conquista orquestrada pelo Movimento Indígena dos anos 2000 –, numa clara demonstração de continuidade das lutas indígenas contemporâneas e também do caráter educativo do Movimento Indígena brasileiro, que sempre foi o objetivo central desta obra.

Referências bibliográficas

ALBERT, Bruce; RAMOS, Alcida (org.). *Pacificando os brancos*; cosmologias do contato no Norte-Amazônico. São Paulo: Editora Unesp, 2002.

ALVAREZ, Gabriel O. *Saterê-Mawé*; do movimento social à política local. Brasília: Departamento de Antropologia da UNB, 2004 (Série Antropologia).

ARENDT, Hanna. *Origens do totalitarismo*. São Paulo: Companhias das Letras, 1989.

_____. *Entre o passado e o futuro*. São Paulo: Editora Perspectiva, 2002.

ATHIAS, Renato. *A noção de identidade étnica na antropologia brasileira de Roquette Pinto a Roberto Cardoso de Oliveira*. Pernambuco: Editora Universitária da UFPE, 2007.

BARBIER, René. *Pesquisa-ação na instituição educativa*. Rio de Janeiro: Jorge Zahar Editor. 1977.

BARBOSA, L. B. H. *O serviço de proteção ao índio e história da colonização do Brasil*. Rio de Janeiro, 1919, 80 pp. Mimeo.

BARRETO, Helder Girão. As disputas sobre os direitos indígenas. In: SEMINÁRIO DE DIREITO AMBIENTAL, 5. Rio Branco. Anais do Seminário de Direito Ambiental. Rio Branco: Centro de Estudos Judiciários, 2003. p. 63-69.

BATES, Henry Walter. *O naturalista no rio Amazonas*, 1891. São Paulo: Editora da Universidade de São Paulo (Série Brasiliana, 1979).

BELFORT, Lúcia Fernanda Inácio. 2006. A proteção dos conhecimentos tradicionais dos povos indígenas, em face da Convenção da Diversidade Biológica. (Dissertação de Mestrado) – Coordenação de Pós-graduação em Direito. Brasília/Distrito Federal: Universidade de Brasília.

BETTO, Frei. Como deixar-se moldar pelo sistema. In: *Caros Amigos*, 2000, IV(42), 26-27.

BUENO, Eduardo. A viagem do descobrimento. Rio de Janeiro: Editora Objetiva, 1998.

CARDOSO DE OLIVEIRA, Roberto. *A crise do indigenismo*. Campinas: Editora da Unicamp, 1988.

_____. *A sociologia do Brasil indígena*. Rio de Janeiro/Brasília: Tempo Brasileiro/Editora UnB, 1978 [1968].

_____. Etnicidade, eticidade e globalização. In: *O trabalho do Antropólogo*. Brasília: Paralelo 15, 1998.

CARNEIRO, Sueli. 2004. A construção do outro como não-ser como fundamento do ser. (Tese de doutorado em Educação) – Faculdade de Educação. São Paulo: Universidade de São Paulo.

CARNEIRO DA CUNHA, Manuela. *Os direitos do Índio (ensaios e documentos)*. São Paulo: Editora Brasiliense, 1987.

_____ (org.). *História dos Índios no Brasil*. São Paulo: Companhia das Letras, 1998.

CLASTRES, Pierre. *A sociedade contra o Estado*. 5. ed. São Paulo: Francisco Alves, 1990.

COMISSÃO PRÓ-ÍNDIO DE SÃO PAULO. *O índio e a cidadania*. São Paulo: Brasiliense, 1983.

COUTINHO, João Maria da Silva. Os Mundurucus. Informativo O Vulgarizador I. pp. 52-58.

DEPARIS, Sidiclei Roque. 2007. União das Nações Indígenas (UNI): Contribuição ao Movimento Indígena no Brasil (1980-1988). (Dissertação de Mestrado) – Programa de Pós-graduação em História. Mato Grosso do Sul: Universidade Federal da Grande Dourados.

FISCHMANN, Roseli. Identidade, identidades – indivíduo, escola: passividade, ruptura, construção. In: TRINDADE, Azoida L.; SANTOS, Rafael dos (orgs.). *Multiculturalismo*; mil e uma faces da escola. Rio de Janeiro: DP&A, 1999.

GAMBINI, Roberto. *Espelho índio*; a destruição da alma indígena. São Paulo: Arxs Mundi, 2000.

GEERTZ, Clifford. *O saber local*. Petrópolis: Vozes, 2002.

GOHN, Maria da Glória. *Teorias dos Movimentos Sociais*; paradigmas clássicos e contemporâneos. 3. ed. São Paulo: Loyola, 2002.

_____. Empoderamento e participação da comunidade em políticas sociais. *Saúde e Sociedade*, v. 13, n. 2, pp. 20-31, maio-agosto 2004. Disponível em: <http://www.apsp.org.br/saudesociedade/XIII_2/artigos> (Faculdade de Saúde Pública da USP e Associação Paulista de Saúde Pública).

_____. *Movimentos socias e educação*. São Paulo: Cortez, 2009.

GRAMSCI, Antonio. *Os intelectuais e a organização da cultura*. Rio de Janeiro: Civilização Brasileira, 1978.

HALL, Stuart. *Da Diáspora*. Belo Horizonte: Editora da UFMG, 2006.

HARTT, Carlos Frederico. *Contribuições para Ethnologia do Valle do Amazonas*. Rio de Janeiro: Arquivos do Museu Nacional, VI, 1-174, 1885.

JUNQUEIRA, Carmem; CARVALHO, Edgard de A. *Antropologia e indigenismo na América Latina*. São Paulo: Cortez, 1981.

KEHL, Maria Rita. *O tempo e o cão*; a atualidade das depressões. São Paulo: Boitempo Editora, 2009.

KRENAK, Ailton. *O lugar onde a terra descansa*. Rio de Janeiro: NCI, 2000.

LANDER, Edgard (org.). *La colonialidad del saber*; eurocentrismo y ciencias sociales. Buenos Aires: Clacso, 2003.

LARAIA, Roque de Barros. *Cultura*; um conceito antropológico. Rio de Janeiro: Jorge Zahar Editor, 2005.

LUNARDI, F. De Manaos a Mundurucania. *Rev. Geográfica Americana*, Buenos Aires, XI, 175-82, 1939.

MELLATI, Julio Cezar. *Índios do Brasil*. São Paulo: Edusp, 2007.

MENENDEZ, Miguel A. A área Madeira-Tapajós: situação de contato e relações entre colonizador e indígenas. In: *História dos Índios do Brasil*. São Paulo: Companhia das Letras/FAPESP, 1992.

_____. Uma contribuição para a etno-história da área Tapajós-Madeira. 1981. Dissertação de mestrado (Mestrado em Antropologia) – Faculdade de Filosofia, Letras e Ciências Humanas. São Paulo: Universidade de São Paulo.

MINDLIN, B. A nova utopia indígena: os projetos econômicos. In: Carmen Junqueira; Edgard de Assis Carvalho (Org.). Antropologia e indigenismo na América Latina. São Paulo: Cortez, 1981, v. 1, pp. 19-37.

MUNDURUKU, Daniel. *O banquete dos deuses*; conversa sobre a origem e a cultura brasileira. São Paulo: Global, 2009.

NASCIMENTO, Rosirene. *Relatório de Saúde do CIMI norte II*, 1983.

NORONHA, J. M. *Roteiro da viagem da cidade do Pará*. Pará, 1862. Mimeo

NOVAES, Sylvia Caiuby. *Jogo de espelhos*. São Paulo: Edusp, 1993.

OLIVEIRA FILHO, João Pacheco. "Nosso governo": os Ticuna e o regime tutelar. São Paulo/Brasília: Editora Marco Zero/MCT/CNPq, 1988.

ORTOLAN MATOS, Maria Helena. (Versão original). *O processo de criação e consolidação do movimento pan-indígena no Brasil (1970-1980)*. (Dissertação de Mestrado). Brasília: Departamento de Antropologia da Universidade de Brasília, 1997.

_____. (Versão original). *Rumos do movimento indígena no Brasil contemporâneo*: experiências exemplares no Vale do Javari. (Tese de Doutorado). São Paulo: Departamento de Antropologia da Universidade Estadual de Campinas, 2006.

PINHEIRO, M. T. da C. *Exploração do rio Juruena*. CLTE. Relatório III, anexo i, 1915.

PINSKA, J. O alto Madeira. *Revista da Sociedade de Geografia do Rio de Janeiro III*, Rio de Janeiro, 1887.

POTIGUARA, Eliane. *Metade cara, metade máscara*. São Paulo: Global Editora, 2004.

RAMOS, Alcida. Mundurucu: Social change or false problem? [S.l.]: *American Ethnologist*, v. 5, n. 4, 1978.

_____. Indigenismo de resultados. Brasília: Fundação Universidade de Brasília, 1990 (Série Antropologia).

_____. *Os direitos do índio no Brasil na encruzilhada da cidadania*. Brasília: Fundação Universidade de Brasília, 1991 (Série Antropologia).

_____. *As origens históricas de Parintintins*. Brasília: X Congresso Brasileiro de Geografia, 1940.

REIS, Arthur Cesar Ferreira. *Santarém*; seu desenvolvimento histórico. Rio de Janeiro: Civilização Brasileira, 1979.

RIBEIRO, Darcy. *Os índios e a civilização*; a integração das populações indígenas no Brasil Moderno. São Paulo: Companhia das Letras, 2004

RIBEIRO, B. G. *Bases para uma classificação dos adornos plumários*. Rio de Janeiro: Anais do Museu Nacional XLIII, 59-120, 1957.

RICARDO, Carlos Alberto. Cronologia. *Revista Tempo e Presença*, Rio de Janeiro, CEDI, n. 153.

RODRIGUES, J. Barbosa. O canto e a dança silvícola. *Rev. Brasileira*, Rio de Janeiro, ano III, Tomo IX, 1881.

RONDON, C. M. da Silva. *Conferências realizadas em 1910 no Rio de Janeiro e São Paulo*. Rio Janeiro, 1922.

SARLO, Beatriz. *Tempo passado*; cultura da memória e guinada subjetiva. São Paulo: Companhia das Letras/Editora da UFMG, 2005.

SCHADEN, Egon. *Ensaios etno-sociológicos sobre a mitologia de algumas tribos indígenas do Brasil*. São Paulo: EDUSP. Sociologia VIII, n. 4, 1945.

_____. Estudos de aculturação indígena. *Rev. do Museu Paulista*, São Paulo, n. 14, 1963.

SHIVA, Vandana. *Monoculturas da mente*; perspectivas da biodiversidade e da biotecnologia. São Paulo: Global Editora, 2002.

_____. *Biopirataria*; a pilhagem da natureza e do conhecimento. Petrópolis: Vozes, 1987/2000.

SILVA, Joana Fernandes. *A temática indígena na escola*. Mato Grosso: UFMT, 1995.

SOUZA FILHO, Frederico Carlos Marés. Tutela dos Índios: proteção ou opressão. In: SANTILLI, Juliana (org.). Os Direitos Indígenas e a Constituição. Brasília: Núcleo de Direitos Indígenas. Porto Alegre: Sérgio Antonio Fábris Editor, 1993. p. 295-312.

SOUZA, Márcio; BESSA, J. R. *Os índios vão à luta*. Rio de Janeiro: Editora Marco Zero, 1981.

SPIX, Johann Baptista von. *Viagem ao Brasil: 1817-1820*. São Paulo: Melhoramentos, 1976.

TAUKANE, Darlene. *A história da educação escolar entre os Kurâ-Bakairi*. Mato Grosso: Edição da Autora, 1999.

TELLO, J. C. El uso de las cabeças humanas artificialmente mumificadas. Lima, *Revista Universitária*, XIII, iii, 478-533, 1918.

TERENA, Marcos; FEIJÓ, Ateneia. *O índio aviador*. Sao Paulo: Editora Moderna, 2002.

TOCANTINS, Antonio Manuel Gonçalves. *Estudos sobre a tribo Mundurucu*.[S.l.]: Separata do IHG; tomo XL, parte II, 1977.

TREECE, David. *Exilados, aliados, rebeldes*; o movimento Indianista, a política indigenista e o Estado-Nação Imperial. São Paulo: Edusp, 2008.

VEIGA, Juracilda; SALANOVA, Andrés. *Questões de educação escolar indígena: da formação do professor ao projeto de escola*. Brasília: Núcleo de Cultura e Educação Indígena, 2001.

_____. D'ANGELIS, Wilmar da Rocha. *Escola indígena, identidade étnica e autonomia*. Campinas: Núcleo de Cultura e Educação Indígena, 2003.

VELHO, Gilberto. *Projeto e metamorfose*; antropologia das sociedades complexas. 3. ed. Rio de Janeiro: Jorge Zahar Editor, 2003.

WAGLEY, Charles. *Lágrimas de boas vindas*; os índios tapirapé do Brasil central. São Paulo: Edusp, 1988.

Rua Dona Inácia Uchoa, 62
04110-020 – São Paulo – SP (Brasil)
Tel.: (11) 2125-3500
http://www.paulinas.com.br – editora@paulinas.com.br
Telemarketing e SAC: 0800-7010081